Jim Dreaver

Frei von Geschichten leben

Die Übung wacher Präsenz

Jim Dreaver

Frei von Geschichten leben

Die Übung wacher Präsenz

aus dem Amerikanischen übersetzt von
Gabriele von Schroeter

Titel der Originalausgabe:
end your story. Begin your life ... – Mastering the Practice of Freedom

Originally published in the USA by Satori Books, 2009 / Los Angeles, California
ISBN 978-0-615-32423-4
Published in Germany under license from Jim Dreaver

Bibliografische Information der Deutschen Bibliothek
Die Deutsche Bibliothek verzeichnet diese Publikation in der Deutschen Nationalbibliothek; detaillierte Daten sind im Internet über http://dnb.ddb.de abrufbar.

1. Auflage 2012

Tel.: 08071 – 94813, Fax: 08071 – 94814, http://www.sheema.de

ISBN 978-3-931560-43-0

Übersetzung: Gabriele von Schroeter
Titelbild: © Herbie - www.fotolia.com
Gesamtkonzeption: Sheema Verlag, Cornelia Linder, www.sheema.de
Druck und Bindung: FINIDR, s.r.o., Český Těšín

Haftungsausschluss:
Dieses Buch dient keinem rechtlichen, medizinischen oder sonstigen berufsorientierten Zweck, sondern ausschließlich Bildungszwecken. Die hier gegebenen Informationen ersetzen keine fachspezifische Beratung oder Behandlung. Wer rechtlichen, medizinischen oder sonstigen speziellen Rat oder Hilfe sucht, sollte sich an einen geeigneten Spezialisten wenden. Eine qualifizierte Anwendung der in diesem Buch vorgestellten Verfahren erfordert eine persönliche Schulung und ist nicht allein durch Lektüre zu erlernen. Wer die Übungen und Praktiken des Autors anwendet, tut dies in eigener Verantwortung. Autor und Verlag übernehmen keine Haftung für vermeintliche oder tatsächliche Schäden irgendeiner Art, die in Verbindung mit dem Gebrauch oder dem Vertrauen auf irgendwelche in diesem Buch enthaltenen Informationen auftreten könnten.

Für Adam, in Liebe.

Und für seine Generation,
und alle kommenden Generationen ...

„Wer auf seinem Weg ohne Führer wandert,
braucht wohl hundert Jahre
für eine Reise von zwei Tagen."

Rumi

Inhalt

Stimmen zum Buch

Carlos Santana
empfiehlt das Buch „end your story. Begin your life ... – Mastering the Practice of Freedom" auf seiner Website (Link: http://www.santana.com/carlos/wocm.aspx, Stand: Oktober 2011) und schrieb am 22.03.2011 auf seiner Facebook Seite:
„Folgendes bringt heute mein Herz zum Klingen: Wenn wir jemals globale Heilung erreichen wollen, braucht es mehr Liebe in und von der gesamten Menschheit. Jim Dreaver"

Petra Weiß, Deutschland,
Executive Director NHF Germany, www.thenhf.com
Wir leben in einer Zeit, in welcher es zwingend notwendig ist, „bewusst zu sein". Jim hat dies durch sämtliche Facetten des Lebens in seinem Buch deutlich gemacht. Zu erkennen, „was wir sind", ist klar zu verstehen und mit der Einfachheit seiner Schreibweise haben wir hier die großartige Möglichkeit den Schleier der Illusion zu durchschauen und somit die Einzigartigkeit des Lebens wahrhaftig zu leben. Je mehr Menschen dies sehen, desto liebenswürdiger gestaltet die Menschheit ihr Leben und das der Natur ohne Gewalt, sondern ausschließlich mit der Erkenntnis von „was wir sind".
Es gibt viele Bücher zu diesem Thema. Ich habe viele gelesen, aber Jim´s „einfache" Art, dies hier deutlich zu machen, gibt jedem Leser die Chance endlich sein eigenes Leben zu leben. Deshalb beende Deine Geschichte, welche Du Dir tagein tagaus immer wieder erzählst, erkenne dieses Muster und die gigantische Illusion ist durchschaut.

Erich Schiffmann, Autor des Titels „Yoga: The Spirit and Practice of Moving into Stillness"
Es gibt in diesem Buch keine schicken Haltungen oder besonders raffinierten Atemtechniken, das hier ist das Wahre. Eine wunderschöne Lehre. So luzide und klar. Lassen Sie die Vorstellungen davon los, wer Sie sind und was die Welt ist, Ihre „Geschichte", und entdecken Sie Ihre wahre Natur. Ich kenne Jim jetzt seit fast 30 Jahren. Wir haben uns gemeinsam zur Klarheit gekämpft. Er hat es wunderbar verstanden, sowohl die Lehre, als auch ihre Praxis deutlich zu machen, beiden damit Relevanz für unser Leben heute zu verleihen und ein unterhaltsames, interessantes Leseerlebnis zu bieten.

Robin Sharma, Autor der Bestseller „The Monk Who Sold His Ferrari"/„Der Mönch, der seinen Ferrari verkaufte: Eine Parabel vom Glück" und „The Saint, The Surfer and The CEO"
Ein kraftvolles Buch, reich an Weisheit, das Ihnen helfen wird, Ihr großartigstes Leben zurück zu erobern.

Madhukar Thompson, Autor des Titels „The Odyssey of Enlightenment"
Ich liebe dieses Buch! Es ist für jeden, der es mit der Erleuchtung und der Freiheit, die sie bringt, ernst meint. Durch seine eigene Erfahrung und Weisheit, entmystifiziert Jim Dreaver das Erwachen, und mit einfachen Werkzeugen, die er Lehre und Praxis nennt, macht er Verwirklichung von Seite zu Seite spürbarer und erreichbarer. Grundlegend und umfassend, leicht zu verstehen und im besten Sinne praktisch, kann dieses Buch den Weg des Suchenden tatsächlich um Jahrzehnte verkürzen.

Dr. John Amodeo, Autor der Titel „The Authentic Heart" und „Love & Betrayal", Co-Autor von „Being Intimate"
„Frei von Geschichten leben" macht komplexe und verwirrende östliche Vorstellungen durch die reiche persönliche Erfahrung des Autors dem westlichen Denken zugänglich. Mit außerordentlicher Klarheit und Einfachheit nimmt uns dieses Buch mit auf eine Reise zur Erfüllung unserer tiefsten Hoffnungen und Sehnsüchte.

Dr. Susan Campbell, Autorin der Titel „Getting Real" und „Truth in Dating"
In einfachem, geradlinigem Stil geschrieben, ist dieses Buch ein Geschenk für die Welt. Ich würde es eine wesentliche Zutat des Lebens nennen.

Bob Nozik, Prof.Dr.med.em. University of California, Autor des Titels „Happy 4 Life: Here´s How to Do It"
Auf dieses Buch haben alle nach spiritueller Erleuchtung Strebenden gewartet. Jim nimmt die zeitlosen spirituellen Wahrheiten des Ostens und präsentiert sie auf pragmatische, leicht verständliche Art aus westlicher Perspektive. Jim`s Buch wird Sie auf den richtigen Pfad zu spiritueller Erleuchtung führen; es hat mein Leben verändert und wird auch Ihres verändern.

Darren Main, Autor des Titels „Yoga and the Path of the Urban Mystic“
Für viele fühlt sich das Leben wie ein Hürdenlauf an – dieselben, sich stets wiederholenden Muster, eine Erzählung generierend, die unsere Fähigkeit, wahrhaftig zu leben, einschränkt. „Frei von Geschichten leben“ fließt über vor Weisheit. Jim Dreavers Worte sind inspirierend und lebensverändernd. Dieses Buch bietet einen kraftvollen und doch einfachen Weg aus dem Gefängnis des Denkens zur ausgedehnten Freiheit, deren Potenzial in jedem von uns steckt.

Lyra Mayfield & Charles Stein, Boulder, Colorado
Für uns ist Jim`s Lehre jener von Eckhart Tolle ähnlich. Aber anders als Tolle, der ein unerwartetes, spontanes Erwachen erlebte, kam Jims Erwachen nach Jahren spiritueller Suche. Sein Buch „Frei von Geschichten leben“ macht seine Lehre leicht zugänglich und seine Führung geerdet und hilfreich.

Stefano Siciliano, Nellyford, Virginia
In diesem Buch hat Jim das Unsagbare vereinfacht und sehr deutlich gemacht. Seine Worte sind kraftvoll und zielen ins Herz der Wahrheit: Alles zwischen unseren Ohren ist eine Geschichte. Ich bin seit 38 Jahren ein Suchender. Jims Buch half mir, zu erkennen, dass auch das Suchen eine Geschichte ist. Die Übung der Freiheit allein ist unschätzbar wertvoll.

Vision

Ich habe eine Vision ... Es herrscht endlich Frieden auf Erden; ein dynamischer, lebendiger und schöpferischer Frieden. Alle Länder sind im Grunde wie eine große und glückliche Familie. Natürlich kabbeln und zanken sie sich noch miteinander, wie das in Familien so ist. Und sie haben weiterhin ihre nationalen Probleme mit der Wirtschaft, den Umwelt-Herausforderungen und verschiedenen sozialen Themen.

In der gesamten Menschheit existiert jedoch genügend Bewusstsein, um Kooperation und Harmonie zwischen den Nationen zu sichern. Kriege und Terrorismus sind überwunden. Der Reichtum ist gleichmäßiger verteilt, das heißt extreme Armut und Hunger sind sehr selten geworden. Sehr wenige sind noch unterdrückt oder versklavt.

Die Menschen auf der ganzen Welt denken und handeln zum Wohle aller. Sie sorgen füreinander, unterstützen einander und feuern sich gegenseitig an. Wettbewerb sieht so aus, dass jeder den anderen ermutigt, sein Bestes zu sein und sich selbst zu übertreffen in was auch immer sie tun. Mit so viel Liebe und gutem Willen in der Atmosphäre, herrscht wirklich Friede auf Erden.

Wie wurde dies möglich? Ganz einfach. Genügend von uns wandten sich lange genug nach innen, um zu der Weisheit, Liebe und Freiheit, die in uns liegt, zu erwachen. Wir erkannten, dass die gesamte Vorstellungswelt zwischen unseren Ohren, all unsere persönlichen, kulturellen, nationalen, religiösen und ethnischen Geschichten im Grunde nicht real sind.

Wir sahen, dass die Geschichten, die wir uns und anderen erzählten, erschienen und wieder verschwanden, sich verschoben und wandelten, wir jedoch als sie wahrnehmende, sie gestaltende Bewusstheit, immer gegenwärtig, immer hier sind. Wir kamen zu der Erkenntnis, dass es keine Feinde gibt außer denen, die wir mit unserem Verstand herstellen. Dieses Wissen befreite uns von psychischem und emotionalem Leiden, und das ist die Quelle unseres persönlichen und des allgemeinen Friedens, der Freude und Sinnhaftigkeit.

Dies ist also meine Vision. Das Buch, welches Sie in Händen halten, ist mein Beitrag, sie zu verwirklichen. Wenn die Vision ein Echo bei Ihnen auslöst, teilen Sie sie mit anderen. Zu der Wahrheit zu erwachen, wer und was wir sind, ist unsere wesentlichste Aufgabe. Das war es schon immer, aber jetzt mehr als jemals zuvor. Indem wir zusammenarbeiten, können wir die Welt verändern.

Einleitung

Die Lehre und Praxis, welche das Herz dieses Buches ausmachen, stammen direkt aus meiner eigenen Erfahrung als ein nach Wahrheit Suchender. Zwanzig Jahre lang war ich auf spiritueller Entdeckungsreise nach der Erleuchtung oder innerer Freiheit.

Dann, im Frühjahr 1995, endete meine Suche, als ich endlich meine wahre Natur begriff. Seitdem bin ich im Frieden, frei von Konflikten und Leiden. Die hauptsächlichen Bestandteile meiner eigenen Geschichte – der Geschichte, wie ich erkannte, dass ich nicht meine eigene Geschichte bin – stehen in diesem Buch.

Eine wesentliche Geschichte gleich hier. Zwischen September 2003 und Ende Januar 2004 erlebte ich eine gesundheitliche Krise, die mein Leben im wahrsten Sinn des Wortes auf den Kopf stellte. Ich hatte drei Schlaganfälle, einer schlimmer als der andere. Als ich nach dem dritten Schlaganfall aus dem Krankenhaus entlassen wurde, konnte ich die rechte Gesichtshälfte nicht bewegen, mein rechter Arm und die rechte Hand waren ernsthaft behindert, ich zog das rechte Bein nach und hatte Schwierigkeiten, zu denken und zu sprechen. Meine Gesundung dauerte beinahe zwei Jahre.

Kurz nach den Schlaganfällen sagten einige Menschen, die mich nicht besonders gut kannten, zu mir: „Meine Güte, das muss Ihnen aber Angst gemacht haben“. Oder: „Sie müssen panisch gewesen sein!“ In Wahrheit hatte ich keine Angst. Schließlich hatte ich bereits meine wahre Natur begriffen. Ich hatte mich selbst als reine Bewusstheit erkannt, die niemals geboren wird und niemals stirbt. Wenn Sie wissend in dem Gewahrsein leben, das Sie sind, können Furcht und andere negative Gefühle Sie nicht länger als einen Moment berühren. Sie fließen einfach mit dem, was geschieht.

Meiner Ansicht nach ist das der Lackmus-Test für unsere Freiheit: Wie wir mit den Wandlungen und Herausforderungen des Lebens umgehen. Je unbewusster und weniger gewahr wir sind, desto eher werden solche Herausforderungen uns Anlass geben, in die Abwärtsspirale aus Unglücklichsein, Furcht, Depression, Verzweiflung, Elend und Leiden hineinzugleiten. Je bewusster und aufmerksamer wir sind, desto eher unterscheiden wir zwischen echten und imaginären

Herausforderungen. Von diesem Ort der Klarheit und des Gewahrseins der Gegenwart, gehen wir mit jedweder tatsächlichen Herausforderung um, die sich uns stellt – und zwar ruhig und vertrauensvoll, mit Weisheit und Liebe.

Deshalb habe ich dieses Buch geschrieben. Wenn Sie die Lehren aus diesen Seiten aufnehmen, und die Praxis jedes Mal anzuwenden lernen, wenn Sie emotionale Konflikte, Ärger oder Leiden empfinden, werden Sie erheblich viel schneller als ich zu Freiheit und innerem Frieden erwachen, welcher nicht von äußeren Umständen abhängt.

Die Lehre selbst ist einfach. Sie besteht darin, zu begreifen, dass – obwohl wir ein Geschichten-erzählendes Volk sind – unsere Geschichten kommen und gehen; sie wandeln sich, sind aber in unserer Essenz immerdar. Wir, als das reine, sehende, wissende Gewahrsein, sind immer noch hier, immer noch mit den Augen sehend, mit dem Körper empfindend, mit Herz und Bauch fühlend. Indem wir begreifen, dass wir das ewig Gegenwärtige sind und der Gedanke oder die Geschichte sich ewig wandelt, bedeutet das, erwacht und frei zu sein.

Die Praxis der Freiheit, die ebenfalls einfach ist, hilft Ihnen, die Lehre zu verkörpern und sie zu gelebter Erfahrung zu machen. Ich beschreibe die Praxis am Ende dieser Einführung. Bei einem Workshop, den ich im berühmten Esalen Institut gab, begriff ich zum ersten Mal, dass diese Praxis bei anderen Menschen wirkt. Esalen ist ein alternatives Zentrum für Fortbildungskurse und Retreats, das sich der Erforschung des menschlichen Potenzials verschrieben hat. Es liegt an der zerklüfteten Pazifik-Küste von Big Sur in Kalifornien.

Am dritten Tag des fünftägigen Workshops kam eine der Teilnehmerinnen zu mir und erzählte, sie habe in den vergangenen Jahren schon an vielen Kursen in Esalen teilgenommen, und sie berichtete von einem Mann, der dort arbeitete, mit dem sie persönliche Probleme hatte. Sie hatte ihn an jenem Morgen gesehen und überlegte sich gerade einen Weg, ihm nicht begegnen zu müssen, als ihr plötzlich die Praxis einfiel, die ich lehrte. Sobald sie sich ihres Unwohlseins bewusst geworden war, hielt sie inne und tat dann etwas, was sie noch nie zuvor ausprobiert hatte: Sie ging ganz und gar in die gegenwärtige Erfahrung ihres Konflikts. Dann sah sie sich in ihrem Innern die Geschichte an, die sie sich über diesen Mann erzählte, nämlich: „Wie kann ich mich von ihm fernhalten?“ Sie nahm wahr, dass es nur eine *Geschichte* war, ein Gedanke. Beinahe im selben Atemzug erkannte sie, dass sie nicht diese Geschichte war, dass sie überhaupt keine Geschichte war. Dass sie stattdessen das war, was die Geschichte *betrachtete*. Sie war das luzide, stets gegenwärtige Gewahrsein *hinter* der Geschichte. Als sie das erkannte, geschah etwas Magisches. Indem die Geschichte sich vor ihren Augen auflöste, verlor sich die emotionale Anspannung des Identifiziertseins mit der Geschichte und der Bemühung, dem Mann aus dem Weg zu gehen, und sie fühlte sich freier, klarer, mehr im Hier und Jetzt. Sie ging dann auf den Mann zu und hatte einen ganz neuen, unbelasteten Austausch mit ihm. Natürlich wurde sie durch einen Moment der Einsicht nicht ganz und gar frei, aber es war ein Anfang. Er brach eine Öffnung in die Schale ihres Egos und all der Geschichten, die es zusammenhielten. Sie erlebte einen Vorschein, einen Vorgeschmack der inneren Freiheit, die ihre wahre Natur ist.

Freiheit ist ein machtvolles Wort. Es ist vermutlich eins der beliebtesten Wörter der englischen Sprache. Jedenfalls hier in den USA, wo wir unsere Freiheit über alles schätzen. Aber was bedeutet es, frei zu sein?

Auf der Ebene, auf der die meisten Menschen etwas mit „Freiheit" anfangen können, bedeutet sie die Freiheit, über uns selbst und den Ausdruck unseres Lebens zu bestimmen: Unseren Beruf, unsere Freunde, unsere politische Meinung, unseren Glauben und unseren Wohnort selbst zu wählen.

Nach der Erfahrung meines Lebens verstehe ich Freiheit ganz anders. Auf ihrer lebendigsten Ebene bedeutet sie die Freiheit, zu *sein*, der wunderschöne, bewusste Mensch zu sein, der Sie sind. Sie bedeutet, *innerlich* frei zu sein, nicht durch geistige oder emotionale Grenzen beschränkt, nicht das Opfer emotionaler Reflexe. Frei zu sein bedeutet, sich entspannt zu fühlen, im Frieden, und jeden einzelnen Moment offen zu erleben. Das war die Erfahrung der Frau in Esalen.

Wie gelangen Sie also in diesen Zustand innerer Freiheit, der Freiheit, einfach zu sein? Der schnellste Weg, den ich kenne, und der das Thema dieses Buches ist, ist, sich der Verschiebung der eigenen Wahrnehmung zu unterziehen, welche direkt zu innerer Freiheit führt. Es bedeutet, wie die Frau in Esalen, zu sehen, dass Sie *nicht* ihre Geschichte sind. Sie sind überhaupt keine Geschichte. Sie sind nicht identisch mit ihrer psychischen und emotionalen Vergangenheit, und Sie sind auch nicht ihr Selbst-Bild. Sie sind nicht ihre kulturelle, ethnische, nationale, soziale oder religiöse Geschichte.

Und was ist eine Geschichte? Es ist alles, was wir denken oder zu uns selbst oder anderen sagen, um zu beschreiben, was geschehen ist, was geschieht oder was in der Zukunft geschehen wird. Manche Geschichten sind wahr, und manche sind ausgedacht, in jedem Fall sind sie bloß *Geschichten*, eine Ansammlung von Wörtern in unseren Köpfen.

Probleme entstehen und unsere Freiheit wird beschnitten, wenn die Geschichte uns definiert, wenn wir unsere Identität, unseren Sinn für Bedeutung daraus beziehen, wie in: „Das sollte nicht so sein", „Das ist ein schlechter Mensch", „Ich bin völlig allein, niemand liebt mich", „Ich bin als Kind verlassen/misshandelt worden" oder „Ich fürchte mich vor dem Urteil Gottes".

All unsere Geschichten, Erinnerungen und Erfahrungen haben unsere Persönlichkeit geformt, aber sie sind doch nur das: *Geschichten*. Sie mögen einmal wirklich gewesen oder wirklich erschienen sein, aber sie sind auf jeden Fall jetzt nicht mehr wirklich. Sie sind eine illusionäre Welt, die zwischen unseren Ohren existiert in Form von flüchtigen Gedanken, Glaubenssätzen, Bildern und Ideen vom „Selbst", mit den entsprechenden Gefühlen in Ihrem Körper.

Wenn Konflikte oder Leiden entstehen, wenn Sie reflexhaft reagieren, dann deshalb, weil eine Person oder ein Ereignis – wirklich oder in Ihrer Vorstellung – dem Blick oder der Erwartung widerspricht – Ihrer „Geschichte" – wie die Dinge sein sollten. Der Konflikt wird als verstörendes Gefühl erfahren, ob als Angst oder Zorn oder etwas anderes in Ihrem Körper.

Die beunruhigenden Gefühle existieren allerdings nur, weil die Geschichten sie nähren, sie am Leben halten. Und die Geschichten, Gedanken und Glaubenssätze ändern sich ständig. Sie kommen und gehen. Wenn Sie allerdings in Ihrem Kopf an keiner Geschichte festhalten, sondern einfach sehr gewahr und entspannt in der Gegenwart sind, ist Ihr emotionaler Zustand immer locker, harmonisch und im Fluss. Es ist sehr wichtig, dies zu verstehen, wenn Sie daran interessiert sind, wahren inneren Frieden zu finden.

Wahre Freiheit ist, seine Identität nicht in Geschichten zu finden, nicht in Ihrem Körper, Ihrem Geist oder Ihrer Persönlichkeit, sondern in dem Fluss des *Seins* von Augenblick zu Augenblick. Dann fühlen wir uns inspiriert, eine neue bewusste Geschichte für uns selbst zu schreiben, eine Geschichte, die *unser* eigenes und das Wohlergehen anderer unterstützt. So nähren wir unsere Leben, unsere Beziehungen und arbeiten mit dieser immer neuen Bewusstheit und den positiven, schöpferischen Geschichten, die sie hervorbringt. Als Ergebnis wird unsere Kraft sehr gestärkt, das zu manifestieren, was wir wahrhaftig brauchen und wollen, und das Leben selbst macht viel mehr Spaß.

Dies ist also ein Handbuch über den möglicherweise einfachsten und kürzesten Weg zu der befreiendsten Transformation, die wir erleben können. Warum einfachsten und kürzesten? Weil Sie nichts *tun* müssen, als lediglich zu üben, sehr wach zu sein und wahrzunehmen, wann Sie sich in einer Geschichte verfangen.

Während andere, traditionellere Praktiken wie Meditation, Yoga, Emotional Release Arbeit für Körper, Geist und Seele wohltuend sein können (und ich habe sie alle selbst praktiziert), müssen Sie tatsächlich keine davon ausüben, um Freiheit zu erlangen. Sie müssen noch nicht einmal gute Taten vollbringen, um frei zu werden, obwohl sie sicher welche tun werden, wenn Freiheit für Sie Wirklichkeit wird.

Alles, was für das Erwachen in Ihre wahre Natur notwendig ist, ist die Verschiebung der Wahrnehmung, der Art, wie Sie Wirklichkeit sehen und erfahren. Es ist die Verschiebung von der Erfahrung des Lebens aus einer begrenzten Perspektive („ich und meine Geschichte“) zu einer Sichtweise aus Ihrer Ganzheit heraus. Es ist das Erwachen zur ausgedehnten Wahrnehmung universaler Bewusstheit, jener Bewusstheit, die sich durch Sie, gerade jetzt, in Ihrer einzigartigen, individuellen Persönlichkeit ausdrückt.

Viele Menschen sind noch immer verwirrt, was Erwachen oder Erleuchtung angeht. Sie haben viele „Geschichten“ dazu. Eines der häufigsten Missverständnisse besteht darin, sich eine Art Erlösung oder verzauberten Seinszustand darunter vorzustellen, welcher einen ein für alle Mal von den Problemen und Herausforderungen des Lebens befreit. Das ist allerdings eine idealisierte Vorstellung, wie von einem Berggipfel herab. (Da war nichts „Ideales“ an den Schlaganfällen, die ich hatte, obwohl es mit Sicherheit Segnungen innerhalb dieser Erfahrung gab). Erwachen muss aus der entrückten Betrachtungsweise von einem Berggipfel aus in die reale Welt des Marktplatzes gebracht werden. Es muss sich in dem täglichen Kleinklein unserer Beziehungen, unserer Arbeit und unseres Alltags bewähren. Was gilt schließlich eine Wahrheit, die nicht hier, wo wir alle leben, blühen und gedeihen kann?

Die Welt steckt in der Krise, sie leidet an der Allgegenwart von Terrorismus, Krieg, Ungerechtigkeit, Unterdrückung, Armut, Hunger und Krankheit. All diese Konflikte existieren, weil das innere Unwohlsein und die Unsicherheit von Menschen nach außen projiziert werden. Sie identifizieren sich mit und halten sich an eine bestimmte „Geschichte" – ob kulturell, religiös, politisch oder persönlich – die sie immer wieder in ihrem Geist erschaffen, in dem Kampf um Sinn und Bedeutung und einen Zweck in ihrem Leben.

Die Geschichte wird natürlich von einer ganzen Ansammlung von Glaubenssätzen, Urteilen und Annahmen gestützt. Das Problem ist, dass Glaubenssätze von Natur aus Uneinigkeit schaffen. Im Extrem können sie zu der Bereitschaft führen, zu kämpfen und für das, was so leidenschaftlich „geglaubt" wird, zu sterben oder zu töten.

Die Welt braucht die Heilung durch das Erwachen mehr als jemals zuvor. Der Schlüssel zur Verkörperung dieses Erwachens liegt in dem Verstehen, dass es sich sehr stark um eine innere, persönliche Reise handelt. Sie müssen bereit sein, sich selbst aufrichtig zu betrachten, aus nächster Nähe zu untersuchen, wer oder was Sie glauben, zu sein. Wenn Sie nicht bereit sind, tief in dieses „Selbst" hineinzuschauen, das Sie als Vorstellung von sich selbst haben, wird die innere Freiheit sich Ihnen weiterhin entziehen. Sie werden weiterhin glauben, dass das, was Sie suchen – Glücklichsein, Wertschätzung, Zustimmung, Erfolg oder die Freiheit von Selbstzweifeln – außerhalb von Ihnen liegt.

Etwas kann jedoch Ihre Suche nach Selbstverwirklichung beschleunigen: Führung. Deshalb habe ich dem Buch das Zitat von Rumi vorangestellt: „Wer auf seinem Wege ohne Führer wandert, braucht wohl hundert Jahre für eine Reise von zwei Tagen."

Sie können allein erwachen, ohne Führung, aber das ist nicht besonders verbreitet und kann sehr lange dauern. Klare, objektive Führung beschleunigt Ihre Reise. Außerdem stellt es sicher, dass Sie zuverlässige Richtungsanweisungen erhalten für den Beginn des Prozesses der Selbstbefragung und wie man damit tief gehen kann, wenn Hindernisse auftauchen – was sicher der Fall sein wird.

In diesem Buch werde ich jeden Schritt des Weges mit Ihnen gehen und Ihnen zeigen, was Sie sowohl *tun*, als auch *wissen* müssen, um sich selbst in der kürzest möglichen Zeit zu befreien.

Ich erwähnte bereits das *Tun*. Es ist die Praxis. Wann immer Sie einen Konflikt spüren oder aus dem Gleichgewicht sind, halten Sie inne und achten darauf, was in ihrem Innern geschieht. Dann bleiben Sie bei dem, was Sie erleben, mag es eine Empfindung, ein Gefühl oder ein Geschehnis *ohne* jegliche Geschichte sein. Das ist der Schlüssel zu dieser Praxis: Zu lernen, Ihren Ängste, Konflikten und Dämonen zu begegnen ohne eine Geschichte, ohne Urteil, Widerstand oder geistige Ausweichmanöver.

Die Praxis erfordert Offenheit und emotionale Verletzlichkeit. Sie bedeutet nicht, dass Sie ein Fußabstreifer werden, über den die Menschen hinwegtrampeln dürfen. Sie entscheiden auf jeden Fall, was sich verändert und wo Veränderung nützlich oder erwünscht ist. Sie behalten die Fähigkeit, „Nein" zu unerwünschten Erfahrungen zu sagen. Aber im Innern leisten Sie niemals Widerstand. Erwachen ist vor allem ein Zustand psychischer und emotionaler Freiheit. Es zeigt sich als Nicht-Widerstand dem Leben gegenüber, eine allumfassende Fähigkeit des Fließens mit den sich stets wandelnden Lebensbedingungen und –umständen.

Aber um wirklich das Geheimnis des Erwachens zu erschließen (und zu verstehen, warum es immer noch ein „Geheimnis" bleibt im Geiste derer, die es noch nicht herausbekommen haben), gibt es etwas, was Sie *wissen* müssen. Dies ist die Lehre.

Hinter jedem negativen Gefühl, jeder Form persönlicher Angst existiert eine Art Geschichte, die Sie sich selbst erzählen. Sie müssen diese Geschichte als bloße *Geschichte* sehen und erkennen. Sie mag einen oder keinen Bezugspunkt in der Wirklichkeit haben, aber sie ist nur eine Art und Weise, die Dinge zu sehen, und sie ist nicht, wer oder was Sie *sind.*

Jede Geschichte, an der Sie bewusst oder unbewusst im Geist festhalten, steht Ihrer Fähigkeit, ganz und gar gegenwärtig zu sein und sich zu zeigen, im Weg. Freiheit liegt darin, zu begreifen, was die Geschichte herstellt, was Widerstand erhält und immer wieder Konflikt, Angst und Leiden in Ihnen auslöst. Aus der Perspektive der Bewusstheit und Ganzheit, die Ihre wahre Natur sind, müssen Sie

Ihr „Ich" durchdringen. Sie müssen das „Ich", das Ego, den *Geschichtenerzähler* durchschauen – der die Basis Ihrer Identität bestimmt, der „Person", von der Sie denken, dass Sie sie sind.

Die Lehre basiert auf nicht-dualistischer Weisheit. Sie heißt nicht-dualistisch, weil es letzten Endes keinen Unterschied zwischen Spirituellem und Materiellem gibt. Es ist alles eine Wirklichkeit. Der nicht-dualistische Ansatz ist auch als direkter Weg zum Erwachen bekannt. Er stellt sich dem einen Hindernis auf dem Weg zu wahrer innerer Freiheit – dem Glauben an die Empfindung des „Ich" als reale Existenz, getrennt vom Bewusstsein – und entschleiert ihn als die Illusion, die er ist.

Die Welt zwischen unseren Ohren, mit anderen Worten die Welt des „Ich", „mir" und „mein", ist nicht wirklich. Sie ist gemacht, eine Geschichte, die wir unser Leben lang produzieren und glauben. Indem wir unsere Gedanken, Glaubenssätze, Reaktionen und Ideen über uns selbst im Innern untersuchen, beginnen wir zu begreifen, dass unsere eigenen Geschichten sich dauernd verändern.

Je mehr wir das sehen, desto mehr kann das innere Drama uns verlassen. Wenn wir einfach mit unserem Atem gegenwärtig sind, unseren physischen Wahrnehmungen, unseren Gefühlen und unserer unmittelbaren Umgebung, dann lässt die Geschichte uns los. Wir beginnen, uns selbst als das reine, leuchtende Gewahrsein zu erkennen, welches die Wirklichkeit hier und jetzt sieht und erfährt, inklusive der Geschichten, die wir uns selbst erzählen.

Dieses Erkennen mag zu Beginn hauptsächlich intellektuell sein, aber im Lauf der Zeit wird es verkörpert. Immer häufiger wird es zu unserer gelebten Erfahrung und zeigt sich als ein Gefühl der Leichtigkeit, des Fließens und einer ebenso entspannten wie wachen Präsenz. Wenn unser Kopf klarer wird und unser Herz sich weiter öffnet, erwachen wir zur wahren Schönheit und Bedeutung des Lebens. Nachdem wir erkannt haben, dass alles in unserem Geist, auch die scheinbaren „Hindernisse", eine Illusion ist, werden die Barrieren und Hindernisse in der äußeren Welt plötzlich sehr handhabbar. Der Geist ist dann nicht länger eine Ablenkung, sondern ein machtvoller Verbündeter im Umgang mit den Problemen des Lebens. Die Bestimmung unseres Lebens wird deutlich, und letztlich leitet uns die Liebe in allem, was wir tun.

Die folgenden Seiten werden Sie darin unterstützen, diese Veränderung Richtung innerer Freiheit vorzunehmen. Vieles stammt aus den Gesprächen, die ich über Jahre mit unzähligen nach Wahrheit Suchenden privat und in meinen Workshops geführt habe. Außerdem erzähle ich viele Begebenheiten, um meine Botschaft zu verdeutlichen und biete immer wieder Mini-Meditationen an.

In jedes Kapitel ist der gesamte, nahtlose, nicht-dualistische Ansatz zum Erwachen hineingewoben, dessen Realisierung davon abhängt, zu begreifen, dass Sie weder Ihre Geschichte, noch Ihre Gedanken sind. *Sie sind die klare, stets gegenwärtige Bewusstheit, umfassend aller Dinge gewahr, auch der Inhalte Ihres Geistes.*

Im gesamten Buch werde ich diese Lehre betonen, sie in vielerlei Form wiederholen und sie aus vielen verschiedenen Blickwinkeln präsentieren. Auf diese Weise kann sie in Ihren Geist und Ihr Bewusstsein einsinken.

Während Sie diese Seiten lesen, sollte Ihnen sehr klar werden, was es bedeutet, ihre eigene „Geschichte" zu durchschauen und die Glaubenssätze, Ideen oder Konzepte des „Selbst", an denen Sie vielleicht noch festhalten, loszulassen. Je mehr Sie in der Lage sind, einfach präsent zu sein und alles loszulassen, woran Sie innerlich festhalten (im Einsehen, dass es nicht real ist), desto mehr werden Sie sich in das erwachte Gewahrsein hinein entspannen können, welches Ihre wahre Natur ist.

Dann werden Ihnen immer öfter Zeiten inneren Friedens und innerer Freiheit beschert sein, und die Zeitabschnitte von Auseinandersetzung, Stress und Leiden werden weniger und kürzer werden. Ein Gefühl der Liebe und Dankbarkeit dem Leben gegenüber wird Ihre vorherrschende Gefühlswirklichkeit sein. Dann können Sie die Gabe des Erwachens mit anderen teilen. Sie können die neue Geschichte, die Sie für Ihr Leben erschaffen, teilen. Auf diese Weise wird unsere Welt langsam vollendet.

Früher oder später wird der Zeitpunkt kommen, an dem Sie das letzte Tor zur Selbsterkenntnis durchschreiten. Dann wird ein grundlegendes und unerschütterliches Empfinden der Leichtigkeit, Gegenwärtigkeit und Schönheit Ihr eigen sein.

Die Übung der Freiheit

Die Essenz der Übung ist es, das Leben *jetzt* zu sehen und zu erfahren, genau in diesem Moment, frei von jeglichen Gedanken, Konzepten, Glaubenssätzen oder Geschichten. Sie projizieren Ihre eigenen Ideen oder Werte nicht auf das, was existiert. Sie versuchen nicht, es zu dem zu machen, was Sie wünschen oder wollen. Sie widerstehen ihm nicht, und Sie wollen es nicht anders haben. Sie akzeptieren es einfach, fließen damit und tanzen, wenn sich das anbietet, mit der gegebenen Situation, sei es ein inneres Gefühl oder ein äußerer Umstand.

Die meisten Menschen sind allerdings so tief mit ihrer Kerngeschichte identifiziert, dass Sie wirklich glauben, sie *seien* ihre Geschichte, und wenn es in ihrem Leben gut läuft, werden sie tendenziell selbstzufrieden. Meistens zeigen sie wenig Interesse am Erwachen zu tieferen Ebenen der Freiheit. Deshalb die dreistufige Praxis (Schritt 1 – 3) wie unten beschrieben. Ob es sich um kleine Leiden wie innere Unruhe, Langeweile oder Unmut handelt, oder um größere, wie den Tod eines geliebten Menschen, eine gesundheitliche Krise oder finanzielle Verluste, wir nutzen das Leiden, um die Praxis darin zu beginnen.

Persönliches Leiden jeglichen Grades wird zu unserem Tor zur Freiheit.

1. Schritt: Seien Sie präsent mit Ihrer Erfahrung

Jedes Mal, wenn Ärger, Konfrontation oder Kampf entstehen, Ihre emotionalen Reflexe ausgelöst werden oder Sie sich auf irgendeine Art herausgefordert fühlen, lernen Sie, damit präsent zu sein; erlauben Sie dem, zu sein. Lernen Sie, aufmerksam zu sein auf jede Störung in Ihrem Körper, Ihrem Energiefeld. Seien Sie damit. Leisten Sie keinen Widerstand durch Rationalisierung oder Analyse.
Fragen Sie sich: „Was erlebe ich gerade?" Seien Sie dann einfach dessen gewahr, was die Kontraktion oder Störung hervorruft. Atmen Sie und spüren Sie sie zu Ende, ganz bei den Empfindungen bleibend. Im Lauf der Zeit lernen Sie, solche Reaktionen willkommen zu heißen. Schließlich zeigen Sie Ihnen, worin Sie noch nicht frei sind.

Wenn die Leidenserfahrung ungewöhnlich stark ist, so dass es zu schwierig wird, dabei zu bleiben, dann gehen Sie damit einfach so um, wie Sie es gewohnt sind – aber machen Sie sich klar, dass Sie den Gefühlen irgendwann begegnen müssen, wenn Sie jemals frei sein wollen.
Atmen Sie in der Zwischenzeit tief, langsam und bewusst – das ist der beste Weg, um angesichts intensiver Gefühle präsent zu bleiben ...

2. Schritt: Nehmen Sie die Geschichte wahr

Hinter jedem reaktiven Gefühl – sei es Stress, Selbstzweifel, Schuld, Zorn, Neid, Eifersucht, Einsamkeit, Angst, Depression oder Furcht – stehen nahezu immer eine Geschichte, ein Glaube oder ein Gedanke. Nehmen Sie die „Geschichte" wahr, die Sie sich selbst erzählen und die Bedeutung, die Sie ihr geben, um das Gefühl am Leben zu erhalten. Es mag eine Geschichte aus der Vergangenheit sein, die die Reaktion hervorruft oder die Furcht vor etwas in der Zukunft. Keine neue Geschichte, keine vernunftgesteuerte Erklärung oder Analyse. Nehmen Sie einfach nur wahr.
Wenn Ihnen das hilft, sagen Sie sich selbst: „Oh, ich verfange mich gerade wieder in einer Geschichte."

3. Schritt: Sehen Sie die Wahrheit

Atmen Sie jetzt tief und langsam ein und aus, und entspannen Sie sich. Bleiben Sie weiterhin des Gefühls oder der Empfindung gewahr. Nehmen Sie wahr, wie die Geschichte, der Gedanke oder das Körpergefühl sich die ganze Zeit verändert. Es kommt und geht, erscheint und verschwindet, aber Sie als aufmerksames Wesen sind weiterhin ganz da. Ihre Gedanken wandeln sich, aber Sie als Hintergrund-Gewahrsein sind stets präsent.
Diese Wahrheit aus dem Blickwinkel des klaren, gegenwärtigen Gewahrseins, das Sie sind, zu sehen, führt zu einer Verschiebung der Energie. Das emotionale Zusammenziehen wird sich entwirren, und Sie werden sich entspannter und lockerer fühlen. Sie werden sich zu einem größeren Teil in der Gegenwart präsent fühlen, zentrierter, mit beiden Beinen auf dem Boden. Dann wird Ihnen alles wie neu

erscheinen, und Sie können mit dem, was ansteht, in Vertrauen und Stärke umgehen. Sie nutzen die Kraft der Gedanken bewusst. Sie sind in der Lage, sich deutlich mitzuteilen und zu erschaffen, wofür Sie leidenschaftlich empfinden.

Wenn Sie diese dreistufige Praxis beherrschen, werden Sie freier, gegenwärtiger und fließender über längere Zeiträume. Sie werden anfangen, sich als das Gewahrsein *hinter* der Geschichte zu erkennen, das Gewahrsein, welches Ihren Körper, Geist und Ihre Persönlichkeit beobachtet. Auf einer Ebene werden Sie beginnen zu erkennen, dass Ihre grundsätzliche Natur klare, lebendige, gegenwärtige Bewusstheit selbst ist.

Wenn Sie Ihre wahre Natur wirklich erfahren wollen, werden Sie früher oder später den vierten und letzten Schritt zum Erwachen gehen, denjenigen, der Sie ganz und gar und – soweit wir wissen können – endgültig befreien wird.

Worin besteht der vierte Schritt? Darin, das „Ich“ in Frage zu stellen, diesen Kern dessen, was Sie glauben, zu sein. In tiefer Selbstbefragung werden Sie entdecken, dass auch das nur eine „Geschichte“ ist – der Geschichten*erzähler*. Das „Ich“, welches seine Geschichte erzählt, ist nicht wirklicher, als jeder andere Gedanke. Obwohl er den Mittelpunkt Ihres persönlichen Lebens darstellt, können Sie den „Ich“-Gedanken nirgends in Ihrem Geist finden.

Irgendwann wird ihnen aufgehen, dass Ihre wahre Natur die schöne, zeitlose Bewusstheit hinter allem ist. Als Bewusstheit sind Sie die Quelle all Ihrer Erfahrung im Leben, auch des „Ich“-Gedankens, des Ego und all der vielen Geschichten, die Sie erzählen. Dies zu wissen und dieses Wissen dann zu verkörpern, bedeutet, frei zu sein.

Kapitel Eins

1. Schritt – Seien Sie mit Ihrer Erfahrung gegenwärtig

Unsere wahre Natur kann nicht mit Worten ausgedrückt werden. Bewusstheit, Gewahrsein, Wesenhaftigkeit und Präsenz sind Begriffe, die dem am nächsten kommen, was wir hier und jetzt sind. Wir beginnen immer mit diesem Augenblick, jetzt, mit der Gegenwart.

Was also über die Wirklichkeit jetzt gesagt werden kann, ist: Sie sind am Leben, geistesgegenwärtig, und Sie lesen dieses Buch. Was jetzt gerade wirklich ist, ist Ihre Existenz. Sie sind sich des Existierens, des am-Leben-seins *bewusst.* Ihre wahre Natur *ist* Bewusstheit selbst. Sie ist das Eine, stets Präsente, ob Sie schlafen oder wachen, ob Sie sich klar darüber sind oder nicht.

Was Sie in Ihrer Essenz sind, ist luzide, unwandelbare Bewusstheit, die jegliches in der sinnlich wahrnehmbaren Welt gebiert samt all Ihrer Gedanken, Geschichten, Erinnerungen, sowie ihren Körper, Geist und diese unverwechselbare Persönlichkeit, die Sie „Ich" nennen. Dies zu begreifen, heißt, die Worte zu begreifen, die dem Heiligen Franziskus zugeschrieben werden: „Was wir suchen, ist das, was sucht." Sie werden Ihrer selbst gewahr, Ihrer wahren Natur, Bewusstheit, des Gewahrseins oder der Präsenz selbst.

Die meisten Menschen sind sich dessen nicht bewusst. Sie leben tendenziell wie in einem Traum – einem Traum, der sich manchmal in einen Albtraum verwandelt. Sie nehmen ihr Ego und ihre Gedanken – das persönliche „Selbst" und seine vielen Geschichten – für wahr, sind gefangen in gewohnheitsmäßigen Mustern von Auseinandersetzung, Selbstzweifel und Sorge und erhalten nur gelegentliche Einblicke in die zeitlose Schönheit und das Mysterium der Existenz.

Das Ziel spiritueller und transformativer Arbeit ist, aus diesem

Traum zu erwachen; sich freizumachen vom internen Dialog; die geistig erschaffene Illusion von „mir und meiner Geschichte“ – die imaginäre Welt zwischen Ihren Ohren – zu durchschauen, derentwegen Sie sich abgetrennt und weit weg von anderen fühlen.

Diese Geschichten, Erinnerungen und Erfahrungen haben Ihre Persönlichkeit geformt, aber sie sind nach wie vor nur Ihre *Geschichten.* Sie waren vielleicht einmal wirklich, aber sind es definitiv nicht mehr. Sie sind eine imaginäre Welt in Ihrem Kopf in Form flüchtiger Gedanken, Glaubenssätze, Bilder und Ideen vom „Selbst“ mit den korrespondierenden Wahrnehmungen und Gefühlen in Ihrem Körper. Und sie sind stets veränderlich, kommen und gehen; *Sie* aber, als beobachtendes und erfahrendes Gewahrsein, sind immerdar.

Jedes Mal wenn Sie die Wahrheit dessen sehen, wird Ihr Kopf frei, Ihr Körper entspannt sich, Ihr Herz öffnet sich, und Sie erleben ein Loslassen von innerer Auseinandersetzung, Stress und Leiden. Sie werden, mit einem Wort, *präsent.*

Erwachen selbst bedeutet, zu begreifen, dass Sie nicht Ihre Geschichten sind, nicht Ihre Gedanken, sondern, dass Sie die Bewusstheit sind, in welcher Geschichten und Gedanken – in der sämtliche Existenz – erscheint. Sie sind kein Objekt, kein Mensch in Raum und Zeit, der höchstens zwischendurch Einblicke in die Bewusstheit, die Quelle der Schöpfung hat. Sie sind keine Welle, die nur immer mal zwischendurch ihre Verbindung zum Ozean erinnert. Sie sind eher Bewusstheit selbst, die sämtliche Schöpfung durch die Augen des menschlichen Wesens, das „Sie“ sind, erblickt. Sie sind der Ozean selbst, manifestiert in dieser menschlichen Form der einzelnen Welle.

Wenn diese Erkenntnis einsetzt, erleben Sie sich verbunden mit einer unerschöpflichen Quelle von Weisheit, Liebe und innerer Freude. Anstatt aus einem Mythos oder einer Geschichte heraus zu leben, wer Sie sind und was der Sinn des Lebens ist, leben Sie im Gewahrsein, in der Gegenwart. Bedeutung und Identität hängen nicht länger von Glaubenssätzen, Geschichten oder Umständen ab, sondern entströmen direkt der Schönheit und Dynamik der Lebenskraft selbst. Sie steigen aus dem Gefühl der Einheit auf, aus dem Gefühl intimer Vertrautheit mit dem Leben – aus der Fülle und dem Duft des *Seins* selbst. Sie leben in einem Zustand der Offenheit, in einem Zustand, alles, was sich Ihrer Aufmerksamkeit anbietet, willkommen zu heißen.

Mit diesem Erwachen zur Wahrheit des Seins beherrscht das unaufhörliche Geplapper des Verstandes Ihr Bewusstsein nicht länger. Ihr innerer Zustand wird einer von Klarheit und Leichtigkeit – und strahlt dies zuzeiten auch aus. Ihnen wird eine tiefe, unendliche Stille bewusst, eine universale Ausdehnung ohne Mitte und ohne Begrenzungen. Sie fühlen sich eins mit dieser Stille.

Aus dieser inneren Stille heraus nutzen Sie das Denken – inklusive des „Ich"-Gedankens – als das außerordentlich schöpferische Werkzeug, welches es ist, jedoch ohne Anhaftung an den Vorgang des Denkens selbst, noch an die Vorstellung von „Ich", „mir" und „mein". Wann immer Sie diese persönlichen Pronomen benutzen, ist Ihnen klar, dass Sie als unpersönliche Bewusstheit sprechen und sich lediglich durch die persönliche Gestalt ausdrücken. Sie benutzen Sie auf funktionale Art und Weise, ohne persönlichen Besitzanspruch, Stolz oder emotionale Reflexhaftigkeit. Durch diese Offenheit und Freiheit vom Ego, von der Anhaftung an eine persönliche Perspektive, wird das Leben sehr viel müheloser. Unabhängig davon, was sich ereignet, hat jeder Tag die Qualität von Zauber und Abenteuer.

Stellen Sie das Ihrer Erfahrung gegenüber, wenn Sie noch nicht zur Wahrheit erwacht sind. Wann immer Sie „Ich" oder „mein" sagen, ist da eine sehr deutliche Identifikation mit dem Persönlichen, dem Ego-Selbst – mit irgendeiner Geschichte, einem Urteil, einer Erwartung, Annahmen oder einem Programm. Sie fühlen sich häufig gespalten, etwa: „Ein Teil von mir empfindet *so*, ein anderer Teil von mir empfindet aber *so*."

Vielleicht haben Sie eine Ahnung, aber da ist kein anhaltendes Gewahrsein von dem Zustand, eins zu sein mit der Totalität der Bewusstheit. Stattdessen sind Isolation, Getrenntsein und ein Gefühl des Alleinseins, sogar der Bedeutungslosigkeit die vorherrschende Erfahrung. Es ist diese persönliche Identifikation mit Ihrer Geschichte, mit dem, was Sie „denken", dass Sie sind, welche Selbstzweifel, Stress, Sorge und Angst hervorruft. Sie bringt die Erfahrung von Auseinandersetzung und Leiden immer wieder hervor.

Erwachen, so wird deutlich werden, bedeutet die Freiheit von Auseinandersetzung und Leiden. Das ist das Versprechen der inneren Suche. Es kommt nicht darauf an, in welchen äußeren Umständen, noch, wo auf der Welt Sie leben – innere Freiheit kann

Ihre sein, einfach, weil sie Ihre wahre Natur ist. Die Empfindungen, welche mit dem Etabliertsein in purer Bewusstheit einhergehen, sind entspannte Leichtigkeit, Harmonie und Präsenz, Offenheit und Willkommenheißen, Dankbarkeit und Anerkennung. Sie spüren die Energie der Lebendigkeit in Ihrem Körper. Gedanken können da sein oder nicht da sein, Sie sind jedenfalls nicht identifiziert mit ihnen. Es ist kein „Du" im Weg. Es existiert nur der Fluss des Seins, was im Zen das „Sosein" des Lebens genannt wird, und Sie sind eins mit dem Sosein. Dann geschieht alles aus der Einheit heraus.

Wahrhaftig, sich selbst als Bewusstheit zu erkennen und dann diese Erkenntnis zu verkörpern, ist die größte Gnade ...

Erkennen Sie, wenn Sie sie empfinden können, Ihre wahre Natur, in diesem Moment. Seien Sie einfach sehr präsent, sehr gewahr alles dessen, was ist ... Lassen Sie dieses Gewahrsein, das Sie sind, dann Ihren Körper durchfluten ... Nehmen Sie wahr, wie Ihr Atem in dem Gewahrsein Ihres Seins ein- und ausströmt ... Nehmen Sie dann in Ihrem Körper wahr, wie Sinneswahrnehmungen aufsteigen und wieder verschwinden ... wie Gedanken, Bilder und Geschichten in Ihrem Geist kommen und gehen ... Seien Sie sich Ihres Selbst gewahr als die Aufmerksamkeit, die Bewusstheit, die alles wahrnimmt, was ist ...

Unsere Geschichten angemessen betrachten

Vielen Menschen fällt es schwer und sie gehen in die Abwehr, wenn ich sage, sie seien nicht ihre Geschichte. Schließlich sind sie so sehr mit ihrer Geschichte identifiziert. Die Geschichte der gesamten Menschheit ist tatsächlich eine unendlich verwobene Geschichte. Die Theologin Ann Foerst beschrieb uns als Geschichten-erzählendes Volk – homo narrandus. Es gibt so viele Geschichten wie es Menschen gibt, und es ist nur natürlich und menschlich, diese Geschichten miteinander zu teilen.

Eine Geschichte ist einfach das, was wir denken oder glauben oder anderen erzählen, um zu erklären, was geschehen ist, was gerade geschieht oder was in unserem Leben geschehen wird. Auf diesem

Weg gewinnen wir Sinn und Bedeutung in unserem Leben, bis wir uns an eine tiefere Seinsebene anschließen und mit unserer Identität nicht mehr von einer Geschichte abhängig sind.

Es gibt Geschichten von Bedürfnissen und Sehnsüchten, von Fülle und Mangel, Zufriedenheit und Unzufriedenheit, Erfolg und Versagen, Gerechtigkeit und Chaos, Reichtum und Armut, Gesundheit und Krankheit, Hoffnung und Verzweiflung. Manchmal sind unsere Geschichten alltäglich und unspektakulär, manchmal sind sie lustig oder sogar aufregend oder inspirierend; und manchmal sind sie schmerzhaft oder traurig. Geschichten oder Parabeln dienen auch als Lehrstücke. Wir lernen aus ihnen. Wir nutzen sie als Werkzeuge zum Lernen, um bestimmte Lektionen zu illustrieren. Aber was für Gefühle sie auch erwecken oder welche Lektion sie uns auch lehren, unsere Geschichten sind nicht, wer oder was wir sind. Sie sind nur vorübergehende Ausdrucksformen.

Jene, die im Begriff sind, zu Wahrheit und innerer Freiheit zu erwachen, verstehen dies auf einer bestimmten Ebene. Sie lernen aus der Geschichte, aber sie verlieren sich nicht in ihrer Dramatik. Stattdessen beziehen sie ihre Identität daraus, einfach in jedem Moment wach und gegenwärtig zu sein, aus dem Fluss der Energie und Fülle wie er *jetzt* empfunden wird.

Die meisten Menschen identifizieren sich allerdings immer noch auf der persönlichen Ebene mit irgendeiner Geschichte. Das Festhalten an diesen Geschichten bewirkt die emotionale Erfahrung von Himmel oder Hölle oder etwas dazwischen in unseren Körpern, Köpfen und Herzen. Heftige Gefühle sind immer das Ergebnis des Identifiziertseins mit einer Geschichte. Wenn wir einfach nur präsent sind als das Gewahrsein, welches wir sind, nicht identifiziert mit einer Geschichte, dann ist unser emotionaler Zustand stets unbeschwert, harmonisch und fließend.

Bevor wir diese Verschiebung unserer Identität nicht vollzogen haben, und solange wir uns selbst nicht auf der Ebene reiner, ursprünglicher Bewusstheit erkennen, sind wir zu einem Leben in Ungewissheit, Angst und Leid verurteilt.

Leiden ist die persönliche Antwort auf Schmerz und unangenehme Erfahrungen durch das Entwerfen einer Geschichte im eigenen Kopf. Damit Leiden entstehen kann, muss eine Person vorhanden sein, ein „Ich“, welches leidet. Menschen haben immer eine Geschichte, die mit ihrem Leiden zusammenhängt. Oder anders gesagt: Schmerz + eine Geschichte = Leiden.

Wenn Sie innerlich freier werden, sind Schmerz und unangenehme Erfahrungen genau das: Schmerz und unangenehme Erfahrungen. Sie mögen sich zunächst über ein Ereignis aufregen, aber dann erinnern Sie sich, wer und was Sie sind – reine Bewusstheit, die sich in diesem Körper, Geist und dieser Persönlichkeit ausdrückt, die Sie sind – und dann handeln Sie einfach entsprechend. Sie bauen keine Geschichte mehr darum herum, oder wenn Sie es tun, dann ist es eine absichtliche, tatsachengestützte Geschichte. Eine Geschichte, die beschreibt, was tatsächlich geschah oder geschieht.

Beinahe jedes menschliche Leiden auf der Welt hat seine Ursache in der Identifikation mit irgendeiner Geschichte und wird erschaffen von Menschen, die ihre Geschichten für die Wahrheit halten. Es mag eine persönliche Geschichte von Verlassensein, Einsamkeit, Schuld oder Angst sein. Es mag eine Geschichte sein, die von Macht und Kontrolle handelt. Es kann sich um eine staatlich verordnete religiöse Geschichte handeln mit ihren eigenen strengen und verbindlichen Regeln und dem daraus folgenden Verleugnen der Menschenrechte. Es mag eine selbstgewählte religiöse Geschichte mit einer ganzen Anzahl von Glaubenssätzen und Dogmen sein, welche Sie sich genötigt sehen, zu befolgen.

Je mehr Sie in Ihrer eigenen Geschichte aufgehen, Ihrer Version der „Wahrheit“, desto eher werden Sie dem widersprechen, was ich hier mitteile. Ob es eine persönliche Geschichte von Unsicherheit, Stolz oder Angst ist, eine kulturelle Geschichte, die Ihnen Anlass gibt, sich mit einer bestimmten ethnischen Gruppe oder ihren Bräuchen zu identifizieren, oder eine der vielen Glaubensgeschichten, die der Menschheit stets als „die Wahrheit und der Weg“ präsentiert wurden, Sie werden eher noch stärker daran festhalten. Mit dem Nachdenken über das Loslassen einer Geschichte, jeglicher Geschichte, mit der Sie zuvor identifiziert waren, kann sehr viel Angst aufkommen.

In meiner Arbeit werde ich manchmal gefragt: „Aber wer oder was bin ich *ohne* meine Geschichte?“ Wenn Sie die Antwort auf diese Frage in der Tiefe Ihres Wesens wissen, dann werden Sie frei sein, und Ihre Suche nach sich selbst wird zu Ende sein. Es ist meine Absicht,

Sie, die Leser, zu dieser Antwort hinzuleiten, und eines kann ich Ihnen jetzt schon sagen: Sie werden Sie auf beinahe jeder Seite dieses Buches finden.

Heißen Sie Ihre Erfahrungen willkommen

Viele Menschen haben Schwierigkeiten damit, sehr unangenehme Erfahrungen willkommen zu heißen. Das ist nur natürlich, wenn Sie sich jedoch vollends dem Erwachen verschrieben haben, werden Sie im Lauf der Zeit die feine Kunst des Willkommen-heißens erlernen.

Für den Augenblick genügt es, einfach präsent zu sein in dem, was Sie fühlen oder erleben. Mit der Zeit, wenn Sie freier werden von dem, was Sie bindet, wird das Willkommen-heißen leichter werden. Sie werden sogar die Haltung entwickeln „immer her damit"! Sie *wollen* sehen, wo Sie immer noch in Leiden oder reflexhaftem Handeln gefangen sind, denn von diesen Dämonen wollen Sie sich ja befreien.

Sie müssen akzeptieren und im Letzten willkommen heißen, was auch immer innerhalb ihrer Erfahrung entsteht. Es ist schließlich das, was *ist*. Es ist die Wirklichkeit, und wie die spirituelle Lehrerin Byron Katie sagt, wenn Sie sich mit der Wirklichkeit streiten, verlieren immer Sie. Wenn Sie aber akzeptieren, was ist, dann sind Sie damit in Übereinstimmung, und Sie können darauf einwirken, etwas zu verändern, zu heilen oder zu reparieren.

Bevor das Erwachen nicht zu ihrer Realität wird, haben die meisten Menschen Schwierigkeiten, vollends und vor allem ohne feste Vorstellungen präsent zu sein. Sie fordern geradezu einen Plan.

In dieser Arbeit benutzen Sie Ihr eigenes Leiden als den Plan, um präsent zu sein. Sie leugnen es nicht, Sie versuchen es nicht zu vermeiden oder ihm zu entkommen. Sie versuchen es nicht zu rationalisieren oder es durch irgendwelche Verstandesbewegungen zu verstehen. Sie treten ihm geradewegs entgegen, indem sie es akzeptieren und es sogar, wie ich schon sagte, willkommen heißen.

Jetzt wird Ihnen vielleicht plötzlich die Gesamtheit der Situation bewusst. Sie nehmen vielleicht die Geschichte wahr, die Sie sich selbst erzählen, welche die Trauer verursacht, und Sie können sich vielleicht bestätigend sagen: „Ich bin *nicht* meine Geschichte!" Dies führt vielleicht zu einer Wandlung. Plötzlich sind Sie ganz und gar gegenwärtig, nicht länger in den Fängen irgendeiner selbst-identifizierenden Geschichte. Sie mögen eine Ahnung Ihrer wahren Natur bekommen, dessen, was Sie *sind*. Sie sind die beobachtende Bewusstheit.

Aber für viele von Ihnen wird dieser Wandel von kurzer Dauer sein, und sie werden zurückkehren in das Bestimmtsein von ihrer Geschichte. Immerhin haben Sie es jetzt erlebt. Sie hatten einen Moment der Einsicht. Sie haben die Wahrheit Ihres Wesens geschmeckt.

Bleiben Sie bei der Praxis wacher Präsenz, und ich verspreche Ihnen, es wird einfacher werden. Sie werden mehr und mehr erwachte oder erleuchtete Augenblicke erleben. Der Körper hat ein Zellgedächtnis von Ganzheit und Leichtigkeit. Er erinnert sich an seinen natürlichen Zustand. Wenn Sie im Zustand der Ganzheit sind, ist es beinahe, als würden die Zellen sagen: „Ah, so fühlt es sich *richtig* an." Dann wird sich das Leben selbst leichtgängiger, harmonischer, mehr im Fluss anfühlen.

Die Vorstellung, dass Willkommen-heißen wahrhaftiges Annehmen ist, hat bei meinem Prozess des Erwachens eine große Rolle gespielt. Je mehr ich bereit war, anzuerkennen, dass ich nicht frei war, immer noch in Konflikt und Leiden lebte, desto eher richtete ich mich auf die wahre Freiheit aus. Und das machtvollste Mantra, das meinem Erwachen voraus ging und das ich benutzte, wann immer ich widerstreitende Gefühle hatte, war: „Ich heiße diese Erfahrung willkommen, sie zeigt mir, wo ich noch nicht frei bin."

Mit anderen Worten: Freunden Sie sich mit Ihren Ärgernissen, Schatten, Dämonen und negativen Gefühlen an. Hören Sie auf, vor ihnen davonzulaufen und drehen Sie sich stattdessen um, um sich ihnen zu stellen. Das widerspricht unserem gelernten Verhalten, nämlich in Widerstand und Leugnung zu leben. Die Kraft darin, eine wirklich willkommen-heißende Einstellung zu entwickeln, zeigt Ihre Akzeptanz dessen, wo Sie sich gerade befinden. Sie müssen es nicht mögen, aber Sie akzeptieren es. Anerkennen bringt wiederum sofortige Entspannung, eine Erleichterung des Daseins und eine Erlaubnis, die dann die Tür öffnen könnte zu der Verschiebung Ihrer Wahrnehmung, welche Erwachen heißt.

Offenheit, Akzeptanz und Hingabe an das, was ist, erschaffen schließlich einen sichereren Weg zur Freiheit als Widerstand und

Kampf. Sie müssen tief in sich selbst hineinsinken, um herauszufinden, wer und was Sie sind, und das können Sie nicht, solange Sie mit den Tatsachen ringen oder sich Ihrer Situation in irgendeiner Weise widersetzen.

Jean Klein, der Mann, der die Rolle meines spirituellen Lehrers spielte und dem ich zum ersten Mal 1984 begegnete, sprach von der Wesentlichkeit des Willkommen-heißens. „Heiße Deine Erfahrung willkommen", pflegte er zu sagen.

Jean war in Europa geboren, hatte in Wien Musik studiert, während des zweiten Weltkriegs in der Resistánce gekämpft und war ein naturheilkundiger Arzt geworden. Er hatte immer ein leidenschaftliches Interesse an der Wahrheit, an einem Leben frei von der materiellen Besessenheit, die sich im Europa der Nachkriegszeit ausbreitete. Deshalb verbrachte er einige Jahre in Indien, wo er von verschiedenen spirituellen Meistern lernte.

Mit der Zeit wurde er selbst ein Meister, ein begabter Repräsentant von Advaita Vedanta. Das ist die Erleuchtungs-Tradition, die auch als „der direkte Pfad" oder nicht-dualistischer Pfad bekannt ist, da sie direkt die Bewusstheit anspricht, die *eine* Energie, welche unsere wahre Natur ist.

Jean war ein urbaner, kultivierter und intellektuell gebildeter Mann. Obwohl er in mancher Hinsicht weit entfernt war von dem normalen Auf und Ab des Marktplatzes und mehr vom Stil eines Lehrers auf einem Berggipfel an sich hatte, war er doch von dieser Welt. Er war kein enthaltsam lebender, asketischer Lehrer im weißen Gewand, der abseits alles Weltlichen lebte. Er genoss die schönen Dinge des Lebens. Obwohl er manchmal etwas entrückt sein konnte, war er doch einer von uns, und er betonte stets die einfache aber grundlegende Wahrheit über das Erwachen: Die Bezeichnungen „Lehrer" und „Schüler" sind nur Hilfsmittel. Wenn Sie erkennen, dass Sie in Ihrer Essenz dasselbe wundervolle Wesen sind, für das Sie Ihren Lehrer halten, dann werden Sie frei sein.

Kurz nach unserer ersten Begegnung hatte ich eine Einzelsitzung bei ihm. Mit allem Engagement des wahren Suchenden erzählte ich ihm, dass ich das Gefühl hatte, ich sollte mich von meiner Frau scheiden lassen, die meine spirituelle Praxis nicht unterstützte, meinen Sohn verlassen, meine Chiropraktik-Praxis aufgeben und zurückgezogen irgendwo leben, wo ich viele Stunden am Tag meditieren und meine Energie wirklich auf das Erreichen der Erleuchtung ausrichten könnte.

Er sah mich eine Zeit lang mit seinen klaren blauen Augen an, und sie sprühten und funkelten. (Vermutlich dachte er sich: „Was denkt dieser arme Mensch da bloß!“) Dann lächelte er und sagte mit seinem deutlichen europäischen Akzent: „Verändern Sie nichts in Ihrem Leben. Seien Sie einfach, der Sie sind. Sie sind wunderschön und genau richtig so wie Sie sind.“

Sofort entspannte ich mich. Später begriff ich, dass ich Empfänger einer Übertragung gewesen war, einer Energie-Infusion von Licht und Wärme aus seinen Augen. Niemand hatte mir je gesagt, dass ich wunderschön und genau richtig war so wie ich war. Ich hatte stets gedacht, ich sei nicht gut genug. Von diesem Moment an begann ich, mich selbst auch mit all meinen Fehlern zu akzeptieren.

Jean trug weiterhin zu meinem Erkennen bei, indem er mich anleitete, mit meiner Aufmerksamkeit zurückzutreten und mich als *Raum* zu erfahren, in dem mein Körper sich zeigt, in dem der Atem geschieht, in dem die Persönlichkeit mit ihren Empfindungen, Gefühlen und Gedanken aufsteigt.

Diese Übung zu machen, wenn ich furchtsam oder gestresst war, half mir, wieder ruhig, aber unbeteiligt präsent zu sein. Mit „unbeteiligter Präsenz“ meine ich, ich empfinde sehr wohl das unangenehme Gefühl, und habe dennoch im selben Moment das Gefühl, frei davon zu sein, sowie die ersten Schimmer des Begreifens, dass diese Freiheit und dieses uneingeschränkte Gewahrsein meine wahre Natur sind und *nicht* das Gefühl oder die Geschichte, die der Anlass waren.

Die Aufmerksamkeit auf das Erwachen zur Freiheit ist integraler Bestandteil des ganzen nicht-dualistischen Ansatzes. Richten Sie sich in der Offenheit Ihrer wahren Natur ein, und leben Sie dieses Verständnis dann jeden Tag. Bleiben Sie bei der lebenslangen Arbeit, ein liebenderes und mitfühlenderes menschliches Wesen zu werden. Wenn Sie jedoch mit dem Erwachen eine Geschichte verknüpfen: Lebendiges Beispiel selbstloser Liebe zu sein – wie die meisten Menschen sich das vorstellen – dann werden Sie das Ziel schwerlich erreichen. Sie werden immer wieder hinter Ihre eigenen unrealistischen Erwartungen zurückfallen.

Das Erwachen wartet auf jeden einzelnen von uns, genau weil es unsere wahre innere Natur ist. Erwacht zu sein macht Sie nicht besser oder klüger, als die anderen Menschen. Es verschafft Ihnen keine Überlegenheit. Es macht Sie lediglich frei. Es befreit Sie von Konflikten, Sorgen und Befürchtungen und lässt Sie zurückkehren zu tiefem innerem Frieden und Erfüllung, Unschuld und Offenheit von Geist und Herz; Dinge, die Sie einmal wussten, als Sie noch sehr, sehr jung waren. Der Unterschied ist, dass Sie jetzt die Weisheit, Reife und Lebenserfahrung des Erwachsenendaseins haben, welche als schützendes Gefäß für diese neue Art zu sehen und in der Welt zu sein dienen.

Je mehr von uns diesen inneren Frieden finden, der mit dem Erwachen zu dem kommt, wer und was wir hinter all den Glaubenssätzen, Mythen und Geschichten sind, desto mehr Frieden wird in die Welt einkehren. Dann können unsere Kinder in einer Atmosphäre von Liebe und Fürsorge aufwachsen, statt in Angst und Ungewissheit. Dann können wir als globale Gemeinschaft zusammenkommen, um unsere mannigfachen sozialen und wirtschaftlichen Probleme zu lösen.

Welches bessere und selbstlosere Motiv für das Erwachen, für die Erleuchtung, könnte es geben?

Kein Widerstand, kein Leiden

Sie müssen besonders wachsam sein, wenn Ihre Geschichte aktiviert ist oder wenn der „Ich“-Gedanke sich zum Mittelpunkt auf der Bühne Ihres Bewusstseins macht. Die Qualität der Zeugen-Präsenz kann ausreichen, um solche Gedanken zu unterbrechen und anzuhalten.

Sie werden sehen, dass der „Ich“-Gedanke nicht das ist, was Sie sind. Schließlich können Sie den „Ich“-Gedanken beobachten, Sie können Zeuge der Mechanismen Ihres eigenen Geistes sein. Sie können die Geschichte, die Sie sich selbst erzählen, betrachten, während sie sich entfaltet. Deshalb können Sie diese Geschichte schwerlich *sein.*

Sie können das „Ich“ nicht sein. Sie sind, wer oder was auch immer betrachtet. Sie sind, wer oder was auch immer schaut, bezeugt. Das ist die Lehre in der Praxis: Zu sehen, dass Sie *nicht* Ihre Geschichte sind. Das allein kann den Moment des Erkennens initiieren.

Erwachen bedeutet, zu derselben Erkenntnis zu kommen, wie

der Buddha: Es gibt kein unabhängiges „Selbst“. Diese psychische und emotionale Entität, als die wir uns selbst begreifen, existiert tatsächlich gar nicht, außer als Vorstellung, als Geschichte, als fiktionale Schöpfung zwischen unseren Ohren.

Aufgrund der Konditionierung, der kulturellen und sozialen Mythen, in denen wir aufgewachsen sind, sind wir überzeugt, es gäbe tatsächlich ein getrenntes, besonderes „Ich“, welches in unserem Körper lebt. Da ist ein „Ich“ in diesem Körper, welches vor meiner Geburt von irgendwoher kommt und das nach meinem Tod irgendwohin gehen wird. Wir glauben das mit solcher Inbrunst, dass dieses „Ich“, dieses Ego, sich ganz real anfühlt. Der Gedanke, es loszulassen, macht uns wirklich Angst. Wenn Einsamkeit, Depression oder Missmut uns in jeglicher Form heimsuchen, spüren „wir“ das auf jeden Fall – was natürlich die Vorstellung bestärkt, da sei „jemand“ in diesem Leiden von Körper und Geist.

Das Erwachen enthüllt, dass Leiden nur dann genau deshalb auftritt, weil wir so *identifiziert* mit unserem Körper, Geist und unseren Sinnen sind. Wir identifizieren uns mit unserem Ego, mit der Vorstellung von einem „Ich“ und mit all den Geschichten, die das unterstützen.

Wenn wir erkennen, dass dieses „Ich“, welches wir für unser Wesen halten, nur eine Vorstellung ist, die wir geglaubt haben, eine Geschichte, die wir uns wiederholt all die vergangenen Jahre selbst erzählt haben, dann lösen sich alle Gedanken des besonderen, einzigartigen, getrennten „Jemand“ auf , und das Leiden fällt von uns ab. Da ist tatsächlich keine Person, die leiden könnte.

Wir kehren in den natürlichen Zustand, unsere wahre Identität der reinen Bewusstheit, zurück. Wir halten nicht länger an irgendeiner Vorstellung von uns selbst oder davon, wie die Dinge sein sollten, fest, so dass da nichts mehr in uns ist, was dem Fluss des Lebens widersteht.

Die Lehre und die Praxis sind die Werkzeuge, die Sie benutzen werden, wann immer Sie sich in einem Zustand von Auseinandersetzung, Ärger, Sorge oder Leiden befinden. Sie werden Ihnen dazu verhelfen, sich klar zu werden. Sie werden Sie in die Lage versetzen, Ihre Energie schnell und ökonomisch zu bewegen, wann immer Sie sich unwohl, angestrengt oder ängstlich fühlen. Sie werden Sie in die Lage versetzen, Ihren Bewusstheitszustand anstatt des Zusammenziehens in einen der Expansion und Entspanntheit zu versetzen.

Wenn Sie so mit der Lehre und Praxis arbeiten, werden sie im Laufe der Zeit eins werden. Sie werden Ihnen zur zweiten Natur werden, so wie atmen, Bewegung, Wahrnehmung und fühlen. Wenn Lehre und Praxis eins werden, werden Sie sich an der Schwelle zu wahrer innerer Freiheit finden. Vielleicht sind Sie nicht ganz und gar frei, aber Sie werden erkennen, dass Sie frei genug sind und dass die meisten Ihrer Sorgen- und Angst-Geschichten Sie verlassen haben. Das innere Zwiegespräch wird deutlich abgenommen haben, und Sie werden einfach präsenter sein. Sie werden jetzt ein Mensch sein, der überwiegend im Frieden mit sich selbst ist.

Selbstzweifel, persönliche Auseinandersetzung und Leiden werden Ihnen nur noch selten zusetzen. Wenn doch, werden Sie schnell wahrnehmen, wie Sie sich im Konflikt und einer Geschichte, die Sie sich selbst erzählen, verheddern. Dann praktizieren Sie. Benutzen Sie das Willkommens-Mantra: „Ah, ich heiße diese Situation willkommen. Sie zeigt mir, wo ich noch nicht frei bin." Nehmen Sie die Geschichte wahr, und dieses Wahrnehmen wird Ihr Schlüssel zur Rückkehr in ein erhöhtes Gewahrsein sein, zu einer Lebendigkeit und Offenheit dem gegenwärtigen Moment gegenüber.

Gegenwärtig zu sein heißt, im Jetzt zu leben

Woher wissen Sie, wenn Sie präsent sind? Wenn keine Geschichten oder Gedanken Sie ablenken, so dass Ihr Geist klar und Ihre Aufmerksamkeit ungeteilt und wach hier ist – hier und jetzt – dann sind Sie präsent. Ihr Körper fühlt sich entspannt. Sie sind wie ein ausgewogen sich drehender Kreisel, der auf seinem Platz und ohne die kleinste Erschütterung summt, aber mit Ihrer Bewusstheit sehr angeschlossen an das, was in Ihnen und um Sie herum vorgeht. Sie sind ganz und gar im Fluss des Augenblicks, wach und empfindend allem gegenüber, was ist ...

Seien Sie das jetzt. Versuchen Sie, mit Ihrem Gewahrsein hinter sich zu treten ... Treten Sie aus der Geschichte zurück, aus den Inhalten Ihres Verstandes heraus ... Visualisieren Sie dann leeren Raum in sich ... ungeheuren leeren Raum, der doch ganze

Welten enthält, auch die Welt Ihres Körpers, Ihres Geistes, Ihrer Persönlichkeit, Gedanken und Geschichten ... Sie sind dieses sehr deutliche Gewahrsein, dem alles einfach gegenwärtig ist ... Empfinden Sie, wie es ist, all dies zu sein. *Diese summende Präsenz, diese allwissende Bewusstheit ... Öffnen Sie dann die Augen und* seien *Sie das Gewahrsein, das Sie sind ...*

Ich erinnere mich an einen Tag vor vielen Jahren, als ich mit meinem Freund Erich Schiffmann eine Wanderung in den Hügeln von Santa Rosa machte. Er ist ein Meister des Yoga, und von ihm hörte ich die Analogie des Kreisels zum ersten Mal. Wir sprachen über Yoga und andere Wege zur Transformation und was das wirkliche Ziel war, wenn ein Lehrer mit Schülern arbeitete.

Er sagte: „Was auch immer sie in den Moment der Gegenwart bringt, darum geht es."

Erichs Worte brachten es auf den Punkt. Sie waren knappe doch kraftvolle Zen Lehre – oder in diesem Fall – Yoga Lehre. Der Pfad zum Erwachen führt ins Jetzt. Es geht um die Entdeckung, dass nur das Jetzt existiert, dass Zeit ein willkürliches mentales Konstrukt ist. Obwohl funktionale Zeit die natürliche Weiterentwicklung und Ausdehnung der Schöpfung ist, ist sie doch immer noch willkürlich. Schließlich haben wir die Uhr erfunden. Wir trafen die Entscheidung, den Tag in vierundzwanzig Stunden einzuteilen, die Stunde in sechzig Minuten und so weiter.

Dann gibt es die psychologische Zeit, das Ego, das „Ich" lebt in seiner Geschichte, seinen Erinnerungen der Vergangenheit, seinen Gedanken über die Zukunft. Das „Ich" ringt darum, präsent zu sein, aber es wird von der Vergangenheit verfolgt und lebt entweder in Angst vor der Zukunft oder klammert sich an die Hoffnung, dass die Zukunft jene Freude und Erfüllung bringen wird, die im Jetzt fehlen. Unter der Hoffnung, irgendwo tief in der Psyche lauernd, ist die Angst, dass die Zukunft sich vielleicht doch nicht so glücklich entfalten wird.

Häufig werde ich gefragt: „Aber was ist mit dem Pläne machen?" Planen ist eine Funktion des Verstandes, und wenn Sie Pläne machen müssen, dann machen Sie Pläne. Aber wenn Sie damit fertig sind, kehren Sie immer zurück in das Gewahrsein der Gegenwart.

Solange wir uns als getrennte psychische/emotionale Entität betrachten, solange wir identifiziert und dieser Welt zwischen unseren Ohren verhaftet bleiben, die „Ich", „mir" und „mein" heißt, leben wir in andauernder Unsicherheit. Unter aller Unsicherheit liegt Angst. Wir haben Angst vor ungewollten Resultaten, vor dem Alleinsein, davor, krank und hilflos zu sein, und letztendlich vor dem Sterben. Die Furcht vor dem Tod ist nicht einmal so sehr die Furcht vor dem Sterben des Körpers, sondern davor, was mit „mir" geschieht – der „Person", die ich meiner Meinung nach in meinem Körper bin – wenn dieser Körper stirbt.

In Advaita Vedanta wird diese Identifikation mit „Selbst" und „Geschichte" Avidya oder Unkenntnis genannt. Unwissenheit ist der fundamentale Fehler, der erste Fehler, die originäre Sünde. Sie ist das Äquivalent der biblischen Geschichte des Fallens aus der Gnade, in der Adam und Eva die Frucht vom Baum der Erkenntnis von Gut und Böse aßen – Erkenntnis als Metapher für „Selbsterkenntnis" gemeint. Als Adam und Eva begannen, sich mit ihrem persönlichen Wahrnehmen des „Selbst" zu identifizieren, begannen all ihre Schwierigkeiten.

In derselben Art sind wir die Schöpfer unserer eigenen Unsicherheit, Furcht und Leiden durch die Unkenntnis unserer essenziellen Natur. Die meisten Menschen haben zum Beispiel Angst vor dem Tod und was dann mit *ihnen*, dem „Ich", geschieht, wenn sie sterben.

Niemand von uns kann das mit Sicherheit wissen, aber wir können eine klare, intuitive Anschauung davon entwickeln, was geschieht. Um das jedoch tun zu können, müssen Sie zunächst herausfinden, wer diese „Person" ist, die Sie für sich selbst halten. Das bedeutet, sich eine der grundlegenden und befreiendsten Fragen überhaupt zu stellen: „Wenn ich einen Gedanken beobachten kann, sogar einen „Ich"- oder „mein"-Gedanken, dann kann ich dieser Gedanke nicht sein. Wer oder was beobachtet also? Wer oder was bin ich?"

Im Lauf der Zeit wird klar werden, dass diese Fragen stellende innere Stimme wiederum ein Gedanke ist, eine weitere Vorstellung. Sie werden erkennen, dass wer oder was Sie sind, diese Bewusstheit ist, die alles wahrnimmt und bezeugt, auch den aufsteigenden „Ich"-Gedanken.

Mit anderen Worten, Ihre wahre grundlegende Natur ist reines, stilles Gewahrsein, das sich durch Körper/Geist/Selbst mit ihrem Namen ausdrückt.

Ihre wahre Natur zu erkennen bedeutet, durch die Tür mit der Aufschrift „Erleuchtung" zu gehen. Es bedeutet, sich selbst von der gedankenbasierten Welt in Ihrem Kopf zu befreien. Es bedeutet, zu entdecken, dass es nur diesen gegenwärtigen Moment gibt, jetzt. Die Vergangenheit ist eine Erinnerung, und die Zukunft ist einfach sich ausdehnende Gegenwart. Und der Schlüssel, dies zu entdecken, ist das Gewahrsein, die Präsenz selbst. Höchst präsent und offen gegenüber allem Existierenden zu sein, bringt Sie vollends in die Gegenwart, in der alle Schöpfung geschieht. Alles geschieht genau hier, genau jetzt. Dieser Moment jetzt ist die Wirklichkeit.

Das zu begreifen, ist das Geheimnis des Zeitmanagements. Menschen, die Probleme mit der Zeit haben, die sich gestresst fühlen, weil sie scheinbar immer zu wenig Zeit haben, leben tendenziell in ihrem Kopf. Die meisten ihrer Gedanken drehen sich um die Zukunft, und wie sie darin so viel zu tun haben und so wenig Zeit dafür.

Aber wenn Sie erkennen, dass Sie nicht Ihre Geschichte sind, nicht Ihre Gedanken, sondern das Gewahrsein dahinter, dann leben Sie in der Gegenwart, der zeitlosen Zone, wie ich sie nenne. Dann haben Sie reichlich Zeit. Egal, was die Uhr sagt, es ist immer jetzt. Sie gelangen dahin, jeden Moment als neu wahrzunehmen. Das ist sehr befreiend.

Ein Suchender fragte mich einmal: „Als ich in der High School war, arbeitete ich nebenbei in einer Lebensmittelfabrik, wo es immer eiskalt war. Ich arbeitete in einem Raum ohne Fenster unter Neonlicht. Es fühlte sich wirklich wie die Hölle für mich an. Was mich einzig aufrecht hielt, war der Blick zur Uhr und der Wunsch, es möge endlich halb fünf sein, damit ich dort raus kam. Ist das nicht verständlich, so eine Umgebung zu hassen und sich nichts sehnlicher zu wünschen, als da herauszukommen? Wie kann man auf das Jetzt ausgerichtet bleiben, wenn man es mit einem so schrecklichen Jetzt zu tun hat und Phantasie und Tagträume einen da rausholen können?"

Es ist natürlich, unseren Ort in der Gegenwart nicht zu mögen, wenn wir noch nicht frei sind. Das ist die unerweckte menschliche Konditionierung, und sie heißt „Leiden". Das Problem ist nicht die Gegenwart. Es ist das „Ich", diese „Person", die Sie vermeinen zu sein, die unfroh ist, die sich wohlwollend an bessere Zeiten erinnert, die es nicht ertragen kann, was gerade passiert, und die auf die Uhr starrt oder auf den Kalender und von einer besseren Zukunft träumt.

Erleuchtung bedeutet, diese Vorstellung vom „Selbst“, die Sie in Ihrem Kopf aufgebaut haben seit Sie ungefähr zwei Jahre alt waren, als total unrealistisch zu erkennen. Einmal gesehen, einmal durchschaut, werden Sie erwachen. Sie werden ganz und gar und ohne Anstrengung in der Gegenwart leben, denn Sie werden verstehen, dass einzig die Gegenwart existiert. Sie werden stets im Frieden sein. Sie werden stets gut gelaunt mit allem, was geschieht, fließen können. Klar, vielleicht erwartet Sie morgen Abend mehr Spaß, wenn Sie eine aufregende Verabredung oder irgendetwas anderes Spannendes vorhaben, aber Sie verschwenden keine Zeit auf solche Gedanken.

Schließlich gibt es nur das Jetzt, immer nur das Jetzt, und sogar in einer eiskalten, fensterlosen Lebensmittelfabrik zu arbeiten ist okay, wenn Sie innerlich frei sind.

Wann auch immer Sie erleben, dass Sie etwas tun, was Sie eigentlich nicht mögen, hilft es, sich zu fragen: „Wenn ich ein erleuchteter Zen Meister (oder Sufi oder christlicher Mystiker oder was immer Sie inspiriert) wäre, wie würde ich das angehen?“ Und bis Sie in der Lage sind, dieser inneren Einsicht auch zu folgen und entsprechend zu handeln, ist es hilfreich, sich zum Beispiel einen zweiten Pullover zur Arbeit mitzunehmen.

Denken Sie daran, dass erwachte Menschen nicht von ihrer persönlichen Geschichte oder jeglicher anderen Geschichte über die Wirklichkeit bestimmt werden. Wenn Sie überhaupt von etwas bestimmt sind, dann sind es zeitlose Schönheit, Schwingung und die schöpferische Energie dieses Augenblicks *jetzt*. Sie ehren die Vergangenheit, sie behalten die Zukunft im Auge, aber sie sind immer genau hier, voller Anerkennung und im Fluss mit dem, was gerade geschieht.

Ich werde häufig gefragt: „Wie kann ich mich daran erinnern, präsent zu sein, im Hier und Jetzt zu sein? Es scheint so einfach zu vergessen, und dann bin ich doch gestresst?“

Darum üben wir die Praxis. Wann immer wir aufgeregt oder leidend sind, ist das Erste, ganz dabei zu sein. Sehen Sie sich dann die Geschichte an, die Sie sich dazu erzählen, und nehmen Sie wahr, dass Sie nicht diese Geschichte sind. Sie sind das Gewahrsein hinter der Geschichte. Seien Sie dann einfach präsent mit der Wahrnehmung oder dem Gefühl, ohne etwas verändern zu wollen, ohne mit dem Verstand eine neue „Geschichte“ darum herum zu entwerfen.

Wenn Sie nicht mit Ihrem eigenen persönlichen Guru leben oder einen hochentwickelten Partner haben, der Sie regelmäßig erinnert (was die meisten Menschen vermutlich zu Anfang sehr ärgerlich finden würden!), ist es Unaufmerksamkeit selbst, welche Sie zurück in die Aufmerksamkeit bringt. J. Krishnamurti war der erste Lehrer, von dem ich tatsächlich hörte, wie er diesen Satz gebrauchte, dass Gewahrsein unserer Unaufmerksamkeit uns in die Aufmerksamkeit zurückbringt.

Was ich seitdem herausgefunden habe, ist Folgendes: Sie hören die Wahrheit über das Präsentsein oft genug, und Sie fangen an, Präsenz mit der Klarheit, Lockerheit und dem tiefen Wohlbefinden des erwachten Zustands zu assoziieren. Dann wird es leicht. Leiden wird zum Auslöser.

Wann immer Sie ein Leid empfinden, sich unglücklich fühlen, im Konflikt oder voller Sorge sind, ist es eine Erinnerung daran, zu atmen, mit dem gegenwärtig zu sein, was immer gerade geschieht und nach der Geschichte Ausschau zu halten, die Sie gerade dominiert und die Ihr Unwohlsein verursacht. Begreifen Sie dann, dass Sie nicht Ihre Geschichte sind; Sie sind das Gewahrsein, welches jetzt hier ist. Also kehren Sie zu dieser erhöhten Aufmerksamkeit in diesem gegenwärtigen Moment zurück.

Ein Kollege sagte einmal zu mir: „Wenn ich präsent bin, gibt es keine Schwierigkeiten."

Interessanterweise sind wir häufig am gegenwärtigsten, wenn Gefahr droht oder wir eine tatsächliche Krise erleben. Die Situation erfordert unsere Präsenz. Deshalb suchen Menschen nach abenteuerlichen Erfahrungen wie Bergsteigen oder Klettern oder Surfen oder Snowboarding. Diese Aktivitäten zwingen sie, derart präsent zu sein, dass sie sich sehr lebendig fühlen.

Wenn Sie aber den Pfad des Erwachens gehen, werden Sie sich immer lebendig, präsent und verbunden mit dem gegenwärtigen Augenblick fühlen, egal, was Sie tun. Und Sie können trotzdem Berge besteigen, surfen oder snowboarden.

Was aber, wenn die emotionale Kontraktion – Zorn oder sagen wir Furcht – so schnell geschieht, dass sie Sie überholt, und es keine offensichtliche Geschichte gibt? Wenn das geschieht, erleben Sie einfach das Gefühl. Spüren Sie den Zorn, spüren Sie die Furcht. Sie atmen und kommen irgendwie da durch. Es ist wichtig, nicht in den

Kopf zu gehen, nicht herausfinden zu wollen, warum Sie so empfinden. Bauen Sie keine neue Geschichte darum herum. Wenn das Gefühl nachlässt, dann können Sie in ihren Kopf gehen und nach der Geschichte suchen, die Ihre Reaktion hervorgerufen hat. Dafür müssen Sie vielleicht tief in Ihre Vergangenheit schauen.

Es gibt immer eine Geschichte hinter ihrem Zorn oder Ihrer Furcht, die besagt, wie Ihnen immer schon übel mitgespielt oder wie Ihnen Angst gemacht wurde.

Meditation

So wie Erleuchtung ein schickes Wort für Selbsterkenntnis und innere Freiheit ist, ist Meditation ein schickes Wort dafür, sehr präsent zu sein, Gedanken, Sinneswahrnehmungen und Gefühle in ihrem Entstehen und Vergehen zu beobachten, ohne ihnen anzuhaften.

In der Einführung hatte ich gesagt, dass Sie nicht meditieren oder etwas anderes Bestimmtes tun müssen, um Freiheit oder Erleuchtung zu finden. Beide sind ganz und gar das Ergebnis einer Verschiebung der Wahrnehmung durch das Erkennen, dass Sie nicht Ihre sich stetig wandelnde Geschichte sind, nicht dieses „Ich", welches Sie als Ihr Selbst angenommen haben, sondern stattdessen reines, immer präsentes Gewahrsein selbst. Es gibt Menschen, die niemals formell meditiert und doch dieses plötzliche Erwachen zur Wahrheit ihres Wesens erlebt haben und deren Leben dadurch transformiert wurden.

Wenn Sie zum gegenwärtigen Zeitpunkt jedoch noch nicht vollends erwacht sind, wenn Sie noch mit irgendeiner Geschichte oder einem „Selbst" identifiziert sind, kann Meditation eine nützliche Praxis sein, mit der Sie Ihren Verstand zur Ruhe bringen und sich diese „Person", die Sie in Ihrer Vorstellung sind, näher ansehen können. Es war auf jeden Fall eine sehr wesentliche Übung für mich.

Die Essenz des Meditierens ist, zu sitzen und sehr gewahr zu sein, was sich in Ihnen und um Sie herum zuträgt. Sie können für einen festgelegten Zeitraum von fünf Minuten oder fünfzehn Minuten meditieren, eine Stunde oder länger. Meditation hilft, Ihren Verstand zu üben, so dass Sie ihn zu meistern beginnen, anstatt dass Ihre Gedanken – die

Geschichten in Ihrem Kopf – Sie beherrschen. Sie verhilft Ihnen dazu, das Zeugenbewusstsein oder die Präsenz zu entwickeln. Sie ermöglicht Ihnen, der höchste Beobachter Ihres Geistes, Ihrer Emotionen und körperlichen Vorgänge zu werden. Das ist ein sehr wesentlicher Schritt.

Wenn es Ihnen leicht fällt, in die Rolle des distanzierten Betrachters Ihrer eigenen inneren Prozesse zu schlüpfen, dann sind Sie der Freiheit nahe. Ich sage „nahe", denn solange Sie noch mit irgendeiner Vorstellung oder einem Bild von sich selbst als „Zeuge" oder „Beobachter" identifiziert sind, herrscht Dualität – „Ich" und „andere" – und Sie sind noch nicht wahrhaft frei. Wahre Freiheit existiert dann, wenn Sie sich nicht mit einem Bild oder einer Vorstellung in Ihrem Geist identifizieren und einfach gänzlich gewahr, präsent und in Kontakt mit jedem sich entfaltenden Moment sind.

Wenn Sie meditieren, sitzen Sie vielleicht mit offenen Augen oder sie mögen geschlossen sein. Es gibt wirklich keine Regeln. Die Hauptsache ist die Qualität des Gewahrseins, welches Sie pflegen. Wenn Sie wahrhaft präsent sind, ist es unerheblich, ob Ihre Augen geöffnet oder geschlossen sind. Die Erfahrung von Zeitlosigkeit und lebendigem Dasein ist dieselbe.

Wenn Sie sich die Zeit nehmen, morgens eine Weile zu sitzen und zu meditieren, werden Sie das eine wunderbare Art finden, den Tag zu beginnen. Natürlich wird es nicht immer so wunderbar sein am Anfang! Manchmal werden Sie mit Anspannung, Befürchtungen und anderen unangenehmen Zuständen ringen. Aber es ist Teil der Meditation, mit all dem umzugehen.

Um frei zu sein, müssen Sie willens sein, das Tempo zu verlangsamen und alles, was aufsteigt, anzuschauen, willkommen zu heißen. Sie müssen ein spiritueller Krieger sein. Aber indem Sie freier werden, leben und bewegen Sie sich *aus* dieser Freiheit, und dann können Sie sich schnell bewegen und handeln, wenn es die Situation erfordert.

Wenn Sie mit Ihrem Gewahrsein zurücktreten und einfach Ihren Geist beobachten, während Sie sitzen und meditieren oder Ihr Auto auf der Autobahn steuern, werden Ihre Gedanken sich über kurz oder lang beruhigen. Natürlich bleiben Sie gleichzeitig der Autobahn und all des Verkehrs gewahr, wenn Sie sich Ihren Geist beim Autofahren anschauen! Wenn Meditation für Sie etwas Neues ist, kann es zu Beginn schwierig sein, einigen Abstand von seinem eigenen Verstand zu bekommen. Aber das legt sich mit zunehmender Übung. Am Ende dieses Kapitels erläutere ich eine spezifische Übung dafür.

Je mehr Abstand Sie entwickeln, desto klarer, ruhiger und geräumiger wird Ihr Geist sich anfühlen. Dann werden Sie in der Lage sein, in noch tiefere Regionen des Bewusstseins vorzudringen. Wenn der oberflächliche Lärm sich legt, können die tieferen Töne gehört werden.

Albert Einstein hat angeblich gesagt, dass wir nur fünf bis zehn Prozent unserer Verstandeskraft nutzen. Das liegt daran, dass wir in denselben alten Gedankenmustern gefangen bleiben. Deepak Chopra sagte einmal, wir hätten ungefähr 65.000 Gedanken am Tag, und 90 Prozent von ihnen seien die gleichen, wie gestern. Das ist sicher nicht sehr originelles oder schöpferisches Denken!

Wenn sich Räume öffnen in Ihrem Geist, kann neues Denken sich darin entfalten. Das bedeutet Einsicht, Imagination, Kreativität, Weisheit und seherische Fähigkeiten, wie zum Beispiel in die Zukunft zu sehen oder Ebenen der Realität wahrzunehmen, die den üblichen Sinnen nicht so offensichtlich zugänglich sind. Der Geist selbst ist nicht lokalisierbar, er hat keinen festen physischen Ort. Analytisches Denken hat hingegen einen Ort, von dem es herkommt. Es kommt von einem Punkt hinter der Stirn und zwischen den Augen, der als „drittes Auge" bekannt ist.

Ein lärmender, überaktiver Verstand ist eines der Haupthindernisse vor der Freiheit. Meditation handelt davon, zu lernen, in gegenwärtigem Gewahrsein zu bleiben und Denken als Werkzeug *anzuwenden*, anstatt aus seinem Kopf und seinen Gedanken heraus zu leben mit nur einem gelegentlichen Schimmer von klarem Gewahrsein. Dann kontrolliert Ihr Geist Sie nicht länger, sondern Sie, als Bewusstheit, lenken ihn.

Je mehr Sie die Qualität entspannter jedoch wacher Präsenz verkörpern, desto mehr gelangen Sie an den Ort, an dem Ihr Geist durchgehend ruhig, klar und geräumig ist. Diese Geräumigkeit erlaubt den Gedanken, zu kommen und zu gehen. Sie sind dann kein Problem mehr. Sie erlauben sich nicht länger, sich mit ihnen zu identifizieren oder ihnen anzuhängen. Dann sind Sie in der Lage, Ihre Absicht kraftvoll auszurichten, wenn das notwendig ist, und Ihre rationalen und intuitiven Denkweisen mit Kreativität und Originalität zu nutzen.

Manchmal werde ich gefragt: „Meditieren Sie noch?“ Als ich auf dem Weg der Erkenntnis meiner wahren Natur war, war Meditation eine wesentliche tägliche Praxis für mich. Zu Anfang half mir das Meditieren, meinen wilden Verstand zu zähmen, und dann tiefer in die Klarheit einzutauchen, die ich nach und nach zu erfahren begann. Aber wenn Sie einmal wissen, wer und was Sie sind, meditieren Sie auf sehr reale Weise die ganze Zeit. Sie sind immer gewahr und stets präsent, so dass keine Notwendigkeit mehr besteht, formell zu meditieren. Dennoch sitze ich manchmal noch gern, besonders am Morgen. Es ist gut, einfach zu sitzen und zu *sein* – stille zu sein, wach und sehr gewahr alles dessen, was ist. Es ist eine gute Möglichkeit, die eigenen Absichten zu überprüfen, was Sie in Ihrem Leben manifestieren wollen.

D.T. Suzuki, der berühmte Zen Meister sagte: „Sogar nach der Erleuchtung muss die Praxis fortgesetzt werden, um die Erfahrung zu vertiefen und zu erweitern.“

In der Zen Meditation ist die grundlegende Praxis Za-Zen, was in der Essenz einfach sitzen und präsent sein bedeutet. Je mehr Sie üben, auf diese Art bewusst gewahr zu sein, desto mehr verkörpern Sie die Bewusstheit, welche Sie sind, und desto mehr drücken Sie Ihre wahre, erleuchtete Natur in jedem Wort, jeder Handlung und jedem Tun aus.

Lassen Sie uns wahre Meditation, eine Meditation über das reine Sein, jetzt erfahren ...

Seien Sie einfach präsent mit allem, was ist ... Atmen Sie nun tief und langsam ein und aus, und entspannen Sie sich ... Nehmen Sie die Gedanken, Glaubenssätze und Geschichten wahr, die Ihnen durch den Kopf gehen wie zum Beispiel: „Mir ist unbequem“ oder „Dieser Moment kann es noch nicht sein, es muss doch noch was anderes geben ...“. Beobachten Sie dann, wie alles Beobachtbare aufsteigt und wieder vergeht, auch diese Gedanken, aber Sie als reines Gewahrsein sind immer da ... Jeder Gedanke, jede Empfindung und jedes Gefühl verschiebt und verwandelt sich ...
Sie aber sind das immer gegenwärtige Gewahrsein hinter allem ...
Spüren Sie also die Energie Ihrer wahren Natur ...
Seien *Sie das Gewahrsein, das Sie sind ...*

Nutzen Sie Ihre Meditation als Forschungsinstrument

Jemand sagte einmal zu mir: „Ich hatte viele Fragen, die ich meinen Lehrern in der Schule und im College stellen wollte und auch den spirituellen Lehrern, bei denen ich gelernt habe. Aber meistens war ich zu nervös, zu ängstlich, um mich zu melden, oder wenn ich dann endlich Mut gefasst hatte, war es zu spät, und ich hatte meine Chance verpasst. Wie kann ich damit umgehen – oder besser noch, damit ein für alle Mal Schluss machen?"

Ich beriet diesen Menschen folgendermaßen: „Wenn Sie nach der Geschichte suchen, die Sie sich selbst erzählen, müssen Sie sich vielleicht fragen: Was ist mit dieser Nervosität, die ich immer verspüre, wenn ich eine Frage stellen will? Woher kommt sie? Wovor habe ich Angst?"

Das ist Selbstbefragung in Aktion. Sie müssen echtes Gewahrsein und Präsenz zu dieser Untersuchung beitragen. Ihre Präsenz ist tatsächlich die am wirksamsten transformierende Kraft, die Ihnen zu Verfügung steht. Wenn Sie die Kraft der Präsenz möglichst oft jeden Tag und Tag für Tag hintereinander üben, wird sie Ihnen über kurz oder lang zur zweiten Natur. Fügen Sie diese Präsenz Ihrer Meditation hinzu, nehmen Sie Ihre Ängste wahr – diese schmerzhaften Erinnerungen aus der Vergangenheit – auf diese wache und offene Weise, und sie werden ihre Macht über Sie verlieren.

Sie werden mehr und mehr erkennen, dass Sie tatsächlich das klare, gegenwärtige Gewahrsein oder die Bewusstheit sind, die sich die Geschichte oder die Erinnerung anschaut. Dann verlieren die Erinnerungen und Geschichten ihre emotionale Ladung. Sie hören auf, ein Auslöser für Sie zu sein. Niemand kann dann einen Reflex bei Ihnen auslösen, jedenfalls nicht in bedeutsamer Weise.

Sie sind menschlich, und es wird Reste geben. Sie haben vielleicht immer noch die Tendenz, nervös zu werden, wenn Sie eine Frage stellen wollen, aber Sie werden einfach ganz in die Gegenwart gehen, atmen, ganz und gar im Moment sein, und dann werden Sie die Hand heben und die Frage trotz allem stellen. Vielleicht gibt es ein kleines Zögern, eine Spur Nervosität in Ihrer Stimme, aber das wird nichts ausmachen. Es ist nicht schlimm. Es wird Sie nicht zurückhalten. Sie werden nicht länger von der Angst blockiert sein.

Viele unserer Erinnerungen sind unbewusst, also werden sie sich nicht unmittelbar zeigen. Sie werden die Geschichte vielleicht nicht sofort erkennen. Also leben Sie einfach mit der Frage. Jeden Tag, wenn Sie in Meditation sitzen, stellen Sie sie erneut und schauen sie mit neuen Augen an. Sie behalten sie den Tag über im Hinterkopf.

Solange Sie die Frage klar definieren – „Was geht mit mir an diesem bestimmten Punkt vor? Warum kickt mich das so an?" – versichere ich Ihnen, die Antwort wird mit der Zeit kommen, und meistens kommt sie eher früher als später. Wir bekommen immer, worum wir bitten. Es ist das Gesetz des Universums.

Vielleicht kommt sie im Traum oder während Sie sich die Haare waschen. Wenn Sie mit der Frage leben, können Sie alles Mögliche tun, und dann plötzlich, in einem unerwarteten Moment, wird Ihnen die vergessene Erinnerung oder das Bild wieder einfallen. Wenn Sie es einmal gesehen haben, werden Sie es nicht wieder vergessen.

Sobald Sie dann allein mit sich sind, setzen Sie sich in Meditationshaltung hin oder machen Sie einen meditativen Spaziergang in der Natur, und schauen Sie es sich an. Beleuchten Sie die schmerzende Stelle, die Erinnerung, die Geschichte mit dem Licht Ihres Gewahrseins.

Denken Sie daran, dass diese Arbeit der Selbstbefragung nichts mit dem Leugnen oder Zurückweisen Ihrer Empfindungen und Gefühle zu tun hat. Sie müssen verstehen, dass unerlöste Erinnerungen, besonders jene verknüpft mit Scham, Verrat, Verlassenwerden, Zurückweisung oder Versagen, negative Gefühle lebendig erhalten. Diese negativen Gefühle werden als Schuld, Neid, Eifersucht, Vorurteil, Einsamkeit, Depression, Sinnlosigkeit und Verzweiflung erlebt. All diese Gefühle sind mit irgendeiner Geschichte verknüpft. Es ist die Geschichte, die diese Gefühle nährt.

Wenn also solche Gefühle entstehen, seien Sie präsent, heißen Sie sie willkommen mit dem Blick darauf, dass sie Ihnen zeigen, wo Sie noch nicht frei sind. Betrachten Sie dann die Geschichte, die Sie sich selbst erzählen. Die Geschichte ist es, die die negativen Empfindungen und Gefühle am Leben erhält. Je mehr Sie die Vergangenheit und die Geschichte loslassen, desto freier sind Sie von diesen Gefühlen. Und Sie lassen die Geschichte los, indem Sie einsehen, dass sie nicht real ist.

Wenn Sie beim Loslassen der Geschichte Schwierigkeiten mit den verstörenden Gefühlen haben, dann schauen Sie sich dieses Problem direkt an. Nehmen Sie es in Ihrem Körper wahr. Seien Sie sehr präsent. Versuchen Sie nicht, es zu analysieren oder zu verstehen. Gehen Sie nicht in Ihren Kopf. Erschaffen Sie nicht noch mehr Geschichten darum herum. Seien Sie nur sehr aufmerksam, und beobachten Sie es. Wenn Sie sich in den Geschichten-erzählenden Verstand, das „Ich", nicht einmischen, wird die Energie sich schneller wandeln. Sie werden sich entspannter und insgesamt präsenter fühlen.

Die großartige Lehre der Advaita, des nicht-dualistischen Weges, ist, dass diese Geschichten und Erinnerungen keine Basis in der gegenwärtigen Realität haben. Sie sind Illusionen, die wirklich erscheinen, wenn wir ihnen anhaften, wenn wir uns mit ihnen identifizieren. Das muss wieder und wieder erfahren werden. Sie müssen eine kraftvolle Präsenz dazu einbringen, so dass das Sehen lebendig und dynamisch wird.

Wenn Sie es wirklich erkennen, klärt sich Ihr Geist, Ihre Gefühle werden stabil und harmonisch, und Sie fühlen sich innerlich gut. Sie sind entspannt und locker in der Gegenwart. Dann fließt Ihre emotionale Energie spontaner und authentischer. Vielleicht weinen Sie, wenn etwas Trauriges geschieht; Sie mögen zornig werden, wenn Sie etwas Ungerechtes miterleben; Sie lachen vielleicht, wenn Sie etwas Lustiges hören: Aber das geschieht alles ganz natürlich, und es gibt kein Festhalten an irgendetwas. Sie sind einfach hier in der Gegenwart und tanzen mit dem stets sich wandelnden, immer neuen, immer interessanten Schauspiel der Schöpfung.

Es ist tatsächlich wieder wie ein Kind zu sein. Kleine Kinder leben sehr im Moment. Sie empfinden Dinge sehr tief, und dann lassen sie sie los, indem ihre Augen sich mit neuem Erstaunen etwas anderem zuwenden, das sich gerade ereignet. Frei zu sein bedeutet, diese kindliche Qualität der Unschuld und des Neuen zu haben, außer dass Sie auch all die Weisheit aus den Jahrzehnten Ihrer Lebenserfahrung haben.

Suzuki Roshi, der Zen-Meister, welcher so viele Amerikaner dazu inspirierte, mit der Zen Praxis zu beginnen, nannte es „Anfängergeist". Er sagte: „Im Anfängergeist gibt es viele Möglichkeiten, aber in dem des Experten wenige."

In der Meditationsübung am Ende dieses Kapitels zeige ich Ihnen, wie die Übung der Freiheit in jeder Situation Ihres Lebens anzuwenden ist, die Schmerz, Auseinandersetzung oder Leiden verursacht.

Sie fügt Ihrer täglichen Meditation eine wunderbar befreiende Dimension hinzu. Anstatt in der Meditation möglichst inneren Frieden und Erneuerung zu finden (was an sich in Ordnung ist), nutzen Sie sie dann als Instrument zum Erwachen, zur Verwirklichung Ihres Selbst und zur Erleuchtung. Sie nutzen sie als Eintrittskarte zur ultimativen Freiheit.

Tauchen Sie in den Brunnen Ihres eigenen Seins

Es gibt viele körperliche Praktiken und Übungsdisziplinen, um Ihnen dabei zu helfen, die Energie Ihrer wahren Natur zu erwecken.

Yoga ist eine solche. Ich entdeckte es in meinen späten Zwanzigern. Patanjali, historischer Philosoph des Yoga, schrieb in den Eingangsversen seiner Yoga Sutras: „Yoga ist das Beruhigen der Gedankenwellen des Geistes."

Wenn die Gedankenwellen des Geistes ruhig und still werden, gibt es nicht länger Störungen, Konflikte oder Angst in unserer Psyche. Dann können wir die Wirklichkeit mit atemberaubender Klarheit sehen, und wir fühlen uns verbunden mit der ungeheuren Kraft und Energie hinter der Schöpfung selbst – der Energie unserer wahren Natur. Yoga verhilft zu einer Integration von Körper, Geist und Seele. Yoga-Stellungen – Asanas – einzunehmen, ist eine Bewegungsmeditation. Die Pausen und Perioden des Ruhens in Stille dazwischen können zutiefst wundervoll und heilsam sein. Wann immer sie Ihrem Körper ein erhöhtes Gewahrsein entgegenbringen, Ihren Körper bewusster bewohnen, spüren Sie seine Lebendigkeit deutlicher. Sich auf Empfindungen und Gefühle auf der somatischen Ebene einzuschwingen, entfernt Sie von Ihrem Geist. Die mit dem Denken verknüpften Probleme loszulassen, beschert Ihnen eine direkte Erfahrung von Fülle und Kraft des Jetzt. Eine erhöhte Bewusstheit Ihrem Körper gegenüber ist einer der Schlüssel zum Erwachen.

Ich entdeckte das zum ersten Mal, als ich Yoga bei Erich Schiffmann studierte. Nicht lange nach dem Beginn unserer Freundschaft, besuchte ich ihn an einem Samstag Nachmittag bei ihm zuhause. Wir machten zusammen Yoga und entschieden dann, gemeinsam in Meditation zu sitzen. Als wir mit geschlossenen Augen beisammen saßen, nahm ich die übliche Spannung in meinem Körper wahr und die ruhelose Geräuschkulisse und das Geschnatter in meinem Geist. Je länger ich saß, und je mehr ich meine Atmung verlangsamte, desto mehr beruhigte sich mein Geist.

Dennoch stellten sich der wahre Frieden und die Heiterkeit, die ich für kurze Augenblicke im Yoga und in der Meditation gekostet hatte, nicht ein. Ich war erst ein paar Jahre auf meinem spirituellen Weg. Die ganze Reise des Erwachens war mir immer noch recht neu. Ich war dankbar für einen Freund wie Erich, einen Reisegefährten auf meinem Weg.

Nachdem wir vielleicht fünfzehn bis zwanzig Minuten gesessen hatten, begann ich, wieder unruhig zu werden. Ich öffnete meine Augen, um einen Blick auf Erich zu erhaschen. Seine Augen waren geschlossen, und er hatte ein friedliches Lächeln im Gesicht. Was auch immer seine innere Erfahrung ausmachte, sie fühlte sich offensichtlich gut für ihn an. Es war deutlich, dass er tief mit einer Quelle innerer Freude verbunden war, und diese Wahrnehmung erzeugte einen plötzlichen, heftigen Neid in mir. Ich wollte ihn beinahe schon fragen: „Hey, was hast Du da drin gefunden? Ich will auch was davon haben."

Dann aber hörte ich mich innerlich sagen: „O.k., Jim, warum tauchst Du nicht in Dich hinein und schaust mal, ob Du nicht auch so einen Ort in Dir finden kannst?"

Und so geschah es. Ich schloss meine Augen erneut, atmete langsam und bewusst. Ich wurde sehr präsent und ließ mein Gewahrsein tief in meinen Körper hineinsinken. Indem ich jeden Muskel und jede einzelne Zelle meines Körpers entspannte und öffnete, begann ich die feinste und lebendigste Energie in mir zu spüren, wie sie sich bewegte und wie in feinen Bläschen aufstieg. Es war, als ob jede Zelle belebt und zart von innen massiert würde. Es fühlte sich ganz wundersam an. Als ich fortfuhr, bewusst zu atmen und diesem Gefühl in mir noch weiter nachgab, begann auch ich zu lächeln. Es fühlte sich tatsächlich so an, als ob mein ganzes Wesen innerlich lächeln würde.

Einige Zeit später öffnete ich meine Augen und – wie es mit diesen Dingen so geht – Erich öffnete seine in genau demselben Moment. Wir sahen uns wissend an, lächelten beide, warfen den Kopf in den Nacken und begannen schallend zu lachen. Dann legte ich meine

Handflächen aneinander, verbeugte mich und sagte: „Namasté", ein Wort aus dem Sanskrit, welches bedeutet „Ich ehre die Gottheit in Dir ... dieselbe Gottheit, die in mir ist". Im Stillen dankte ich meinem Freund für seine Übertragung.

Das war eine der wesentlichsten Lektionen, die ich erhalten habe. Im stille werden und nach innen gehen tauchen Sie wirklich in den Brunnen Ihres eigenen Seins und entdecken auf diese Weise die Quelle wahren Wohlbefindens. Sie entdecken die heilende Energie der Glückseligkeit – was die Yogis die Shakti-Energie nennen, die göttliche Schwingung oder das Gefühl, das in uns lebt. Mit dieser Glückseligkeit auch nur wenige Minuten verbunden zu sein, ist sehr heilsam. Es ermöglicht Ihnen, mit Klarheit, Leichtigkeit und Präsenz durch den Rest des Tages zu gehen.

Eine Meditationsübung

Je mehr Sie üben, präsent zu sein, desto mehr wird Präsenz Ihnen zur zweiten Natur. Durch bewusstes Meditieren – ein Verlangsamen Ihrer Atmung, Entspannen und Empfinden Ihres Körpers, um vollends reaktionsbereit und wach im Hier und Jetzt zu sein – befreien Sie sich von den Geschichten, Gedanken und Bildern, welche Konflikte, Sorgen und Selbstzweifel verursachen.

In der folgenden Meditationsübung halten Sie die Augen eine Weile geschlossen. Lesen Sie sie entweder zuerst ganz durch, um sicherzustellen, dass Sie sie verstanden haben, oder Sie bitten eine/n FreundIn, Sie hindurchzuleiten; danach können Sie dasselbe für ihn/sie tun.

Setzen Sie sich in bequemer Haltung hin. Nehmen Sie einige Momente lang Ihre Umgebung wahr, und schließen Sie dann die Augen. Atmen Sie langsam und bewusst in Ihren Bauch, Beckenbereich und die Beine hinunter.

Lassen Sie nun Ihr Gewahrsein sich ausdehnen bis es sich so anfühlt, als schwebten Sie als lokalisierbares Feld von Aufmerksamkeit leicht über und hinter Ihrem Kopf. Nehmen Sie von diesem Punkt aus die Länge und Breite Ihres Körpers wahr. Machen Sie Ihren Körper zum Beobachtungsobjekt, als sei er ein Baum, ein

Haus, ein Auto oder ein anderer Mensch. Empfinden Sie sich, Ihr wirkliches Sein, als das Gewahrsein in dem Ihr Körper lebt. Sie haben einen Körper, aber Sie sind im Grunde nicht Ihr Körper. Ihr Körper ist eher ein Ausdruck oder die Erweiterung des Gewahrseins, das Sie sind.

Dehnen Sie jetzt Ihren Hörsinn aus und lauschen Sie den Geräuschen aus Ihrer Umgebung – sei es Ihr Atem oder eine Vogelstimme, ein Auto, die Stimme eines anderen Menschen oder das Summen irgendeines Geräts. Nehmen Sie wahr, wie alle Geräusche aus stillem Gewahrsein hervorkommen und sich in ihm wieder auflösen; Sie jedoch, das präsente Wesen, welches die Geräusche wahrnimmt, sind immer da.

Achten Sie dann auf die Empfindungen und Gefühle, wie sie sich in ihrem Körper verschieben und verändern. Nehmen Sie wahr, dass Sie das allgegenwärtige, unwandelbare Gewahrsein sind, welches das Kommen und Gehen der Empfindungen und Gefühle betrachtet.

Sehen Sie sich jetzt die Geschichten, Gedanken, Glaubenssätze und Bilder an, die Ihnen durch den Kopf gehen. Achten Sie auf den „Ich"-Gedanken, den „mein"-Gedanken. Bemerken Sie, wie Sie all diese Gedanken denken, aber sie sind nicht Ihr wahres Wesen. Gedanken, selbst negative oder urteilende Gedanken, kommen und gehen einfach innerhalb des größeren Feldes des Gewahrseins, das Sie sind ...

Nehmen Sie wahr, wie Sie Gedanken genauso zum Objekt der Beobachtung machen können, wie Ihren Körper, Ihren Atem und alles andere. Betrachten Sie Ihre Gedanken, wie Vögel, die am Himmel Ihres Geistes vorüberziehen. Im einfachen Beobachten, ohne sich in einem bestimmten Gedanken zu verfangen, entstehen Stille und Frieden.

Nutzen Sie jetzt den Frieden, den Sie möglicherweise empfinden, um eine Situation oder ein Thema zu untersuchen, das Ihnen bis vor kurzem Mühe bereitet hat. Nutzen Sie den Frieden, um in eine tiefere Schicht Ihrer Gegenwärtigkeit zu gelangen. Wenden Sie dazu die Schritte der Übung zur Freiheit, oder – wie ich sie auch nenne – der Übung wacher Präsenz, an ...

Schritt 1: Seien Sie in der Situation gegenwärtig, wie auch immer sie beschaffen ist. Wenn sie besonders intensiv ist und einen Sturm an Gedanken und Gefühlen hervorbringt, müssen Sie eventuell noch tiefer atmen und bewusst dabei bleiben. Ist die Intensität zu hoch, gehen Sie damit so gut um, wie es Ihnen möglich ist; vielleicht müssen Sie sogar eine Pause einlegen und beim nächsten Mal in der Meditation dorthin zurückkehren. Irgendwann werden Sie die Situation jedoch annehmen wollen, willkommen heißen, da sie Ihnen zeigt, wo Sie noch nicht frei sind.

Schritt 2: Nehmen Sie den Gedanken oder die Geschichte wahr, die Sie sich erzählen. Zum Beispiel: Warum geschieht das mir? Ich schaff das nie. Ich kann niemandem trauen. Ich muss das haben, um glücklich zu sei. Ich bin es nicht wert u.s.w. Nehmen Sie es nur wahr, ohne sich in Analyse oder Begründung zu verlieren. Sie können sich selbst sagen: Oh, da habe ich mich also wieder in dieser Geschichte verfangen.

Schritt 3: Sehen Sie die Wahrheit ... und die Wahrheit ist, dass Gedanken und Geschichten einfach kommen und gehen, so wie Leiden kommt und geht. Sie aber sind das ausgedehnte, aufmerksame Wesen, das immer da ist. Also atmen Sie, entspannen Sie sich und seien Sie das wunderschöne, aufmerksame Wesen, das Sie sind ...

Öffnen Sie sanft Ihre Augen. Wenn Sie dann bereit sind, erheben Sie sich langsam und bewusst von Ihrem Stuhl oder Meditationskissen, und gehen Sie in Ihren Tag.

Kapitel Zwei

2. Schritt – Nehmen Sie die Geschichte wahr

Bis zum Alter von etwa zwei Jahren waren Sie reine, Ihren kleinen Kinderkörper durchdringende Bewusstheit. Sie waren sich Ihrer Empfindungen, Gefühle und sensorischen Stimulation sehr bewusst, aber die Vorstellung, ein „Selbst" mit einer persönlichen Geschichte zu sein, war Ihnen noch unbekannt. Sie lebten in der Gegenwart. Nur Ihre Erfahrung des Jetzt war für Sie wirklich.

Irgendwann um das zweite Lebensjahr entwickelte sich das Denken soweit, zwischen „Selbst" und „anderem" zu unterscheiden. Nach und nach begannen Sie, einen Unterschied zwischen sich und anderen Menschen wahrzunehmen. Sie begannen zu glauben, dass ein einzigartiger Mensch in Ihnen lebte; diese Vorstellung wurde von Ihrer Familie ebenso verstärkt, wie von Ihrer sozialen und kulturellen Umgebung.

Und so begann der Sturz aus der Gnade. Sie aßen vom Baum der „Selbst"-Erkenntnis und betraten die Welt der Dualität, von schwarz und weiß. Sie begannen, sich mit Vorstellungen von „richtig" und „falsch", „gut" und „schlecht" zu identifizieren. Sie begannen, sich selbst als getrennte Person zu sehen, jemand, der an vielen Aktivitäten und Erfahrungen Freude hat, der jedoch auch eine Menge Konflikte und Leiden erlebt hat, wenn die Dinge sich nicht so entwickelten, wie Sie wollten.

Jetzt, als Erwachsener, hängen Sie fester denn je dem Glauben an, dass da ein feststellbares Selbst in Ihrem Körper lebt, welches getrennt von allen anderen Menschen ist. Sie haben Ihre wahre, ursprüngliche Natur vergessen: Den Ozean reiner Bewusstheit, der sich in der einzigartigen Wellenform Ihrer bestimmten Körper/Geist/Seele-Einheit manifestiert. Sie haben Ihre Freude abhängig gemacht von Ereignissen außerhalb Ihrer selbst. Sie leben in der Vergangenheit oder der Zukunft, selten im Hier und Jetzt. Die Bedingungen Ihres Lebens bestimmen Sie in unterschiedlich starker Art und Weise. Sie sind emotional reaktiv. Sie sind leicht zu provozieren.

Manchmal fühlen Sie sich wie ein Opfer der Umstände Ihres Lebens. Ein Opfer kann man definieren als jemanden, der völlig identifiziert ist mit ihrer oder seiner Geschichte und deren Auswirkungen. Die meisten Opfer sind zum Beispiel sehr geneigt, jedem Bereitwilligen ihre Leidensgeschichte zu erzählen. Menschen in der Opferfalle haben jegliche Verbindung zu ihrer wahren Natur verloren.

Ihrer einfachsten Definition nach sind Erleuchtung und Erwachen das Wiederentdecken der Wahrheit, wer und was Sie sind. Es geht darum, nach innen zu schauen und der Tatsache ins Auge zu blicken, dass die Person, von der Sie seit Ihrem zweiten Lebensjahr glauben, dass Sie sie sind, eine Illusion ist. Sie ist nicht real.

Alle die Glaubenssätze, Urteile, Erinnerungen, Ansichten, Stereotypen und Erfahrungen, die Sie in Ihrem Geist angesammelt haben, die die Geschichte Ihres Lebens ausmachen und die Vorstellung stützen, eine Person mit einer Geschichte zu sein, sind genau das – nur eine Geschichte. Die Geschichte hat tiefe Wurzeln, und sie hat Ihre Persönlichkeit geformt und geprägt. Sie hat zu dem Gesicht beigetragen, welches Sie jetzt der Welt zeigen. In Wirklichkeit hat Ihre psychische und emotionale Geschichte wenig mit der Gegenwart jetzt zu tun, mit dem, was tatsächlich gerade vor sich geht.

All Ihre Gedanken und Glaubenssätze darüber, wer und was Sie sind, halten Sie davor zurück, offen und bereit in der Gegenwart zu sein. Die Pläne und Betrachtungen in Ihrem Kopf, welche emotionale Spannung in Ihrem Körper hervorrufen, fungieren als Hindernis zwischen Ihnen und anderen Menschen. Sie blockieren eine wahrhaftige Verbindung mit anderen. Sie verhindern die Möglichkeit wahrer Intimität. Sie verhindern letztlich den Strom der Liebe.

Wann immer Sie sich in der Gegenwart authentischer Liebe finden, werden Ihre negativen Glaubenssätze über sich selbst angesprochen, Ihre Selbstzweifel werden aktiviert, und Sie werden sich sagen, Sie seien es nicht wert. Oder Sie sagen sich, Sie seien es zwar wert, aber dann denken Sie, Sie müssten bestimmte Rollen spielen oder sich in bestimmter Weise verhalten, um die Liebe lebendig zu erhalten.

Ob es die Liebe oder einfach das Leben ist, solange Sie sich als Person mit einer Geschichte begreifen, sind Sie nicht wirklich präsent. Solange Sie mit einer Vorstellung oder Geschichte vom „Selbst" leben, wird es immer ein Problem mit dem „Selbst"-Bewusstsein geben. Es wird immer einen Plan oder bestimmte Rücksichten in Ihrem Geist geben. Sie stellen sich ständig selbst in Frage. Sie bewerten sich selbst oft und in der Konsequenz bewerten Sie auch andere.

Erwacht zu sein, bedeutet, zu wissen, wer oder was Sie wirklich im tiefsten Innern Ihres Wesens sind, jenseits all Ihrer Gedanken, Glaubenssätze, Vorstellungen und Geschichten *darüber*, wer Sie sind. Es bedeutet, sich als eins mit und Ausdruck von universaler Bewusstheit zu wissen und zu empfinden, die sich als Körper/Geist/Selbst manifestiert, das Sie sind.

Dieses Wissen bringt ein enormes Empfinden innerer Freiheit, der Freiheit von persönlichen Problemen und Leiden. Es bringt die Erfahrung wahren inneren Friedens, des Friedens, der alles Begreifen übersteigt. Wenn Sie einmal zu diesem Frieden erwacht sind, wenn Sie erkannt haben, nichts zu sein – und genauso alles – dann können Sie Ihr Wissen mit der Welt teilen. Sie können Ihren Frieden mit der Welt teilen.

Stellen Sie sich sich selbst und die Welt im Frieden vor. Das allein sollte genug Motivation sein, die Wahrheit dessen, wer und was Sie sind, zu entdecken. Interessanterweise sagte einmal jemand zu mir: „Die Welt im Frieden... wäre das nicht irgendwie langweilig?" Ich antwortete: „Wenn Sie wahrhaft im Frieden wären, würden Sie so eine Frage nicht stellen."

Schließlich ist Langeweile ein Zustand des unruhigen, unzufriedenen Geistes, der eine Form von Stimulation oder Anregung sucht. Wahrer innerer Frieden ist ein Geist, der klar, ruhig und ausgedehnt ist. Ein Geist, der wach und reaktionsbereit in der Gegenwart ist. Ein Geist, der liebevoll und ohne Furcht ist. Ein Geist, frei von jeglichem Gedanken an ein „Selbst" und daher interessiert an allem und offen gegenüber allen Möglichkeiten.

Reste

Einmal fragte ein Mann Jean Klein: „Was, wenn jedermann auf der ganzen Welt erleuchtet würde?“ Jean sah den Mann an und lächelte. „Dann würde nur noch getanzt ...!“

Mit Tanzen meinte er natürlich auch Festlichkeit, Spiel und Kreativität. Aber das bedeutet nicht, dass die üblichen menschlichen Probleme und Herausforderungen verschwinden. Mit dem Erwachen leben wir nicht plötzlich in müheloser Vollkommenheit.

Wie Jean bei anderer Gelegenheit sagte, Erleuchtung bedeutet nicht, dass die Probleme verschwinden, es bedeutet nur, dass sie nicht länger problematisch sind. Sie gehen einfach mit den Herausforderungen vor Ihrer Nase um. Sie gehen damit von einem sehr klaren, präsenten und aufgeschlossenen Ort aus um.

Nisargadatta Maharaj, ein Guru aus Bombay, wurde von vielen Suchenden aus dem Westen besucht. Einmal fragte ihn jemand, ob er noch Ängste habe. Er antwortete: „Manchmal erlebt der Geist eine alte emotionale oder mentale Reaktion, aber sie wird sofort wahrgenommen und vernichtet. Schließlich hat man immer noch eine Persönlichkeit, also ist man immer noch deren Idiosynkrasien und Gewohnheiten ausgesetzt.“

Als ich diesen Satz von Nisargadatta las, dessen Name bedeutet „der im natürlichen Zustand lebt“, war das sehr befreiend für mich. Es nahm mir eine große Last von der Seele. Es war also in Ordnung, immer noch menschlich zu sein, sogar manchmal noch Momente der Angst zu erleben.

Mir wurde klar, dass selbst große Weise, die seit Jahrzehnten in der Wahrheit leben, menschlich sind. Ihre Körper versagen ihnen den Dienst; sie haben Augenblicke, in denen das Instrument, der Geistkörper, überhaupt nicht klar ist. Sie haben Verdauungsschwierigkeiten; sie sind vielleicht manchmal gereizt. Sie sind nicht immer so ausgeglichen und liebevoll. Sie können schnippisch, abgehoben oder zurückgezogen sein. Ihre normale Menschlichkeit erlaubt uns, ebenso unperfekt zu sein, was eine Menge Druck von uns nimmt. Dann können wir uns leichter in die Klarheit und Präsenz hinein entspannen, die unsere wahre Natur sind.

Jean sprach von diesen Reaktionen aus der Vergangenheit. Er nannte sie Reste, daher habe ich das Wort. Befreiung bedeutet, durch die Geschichte von „mir, mein und mich" hindurch zu sehen, so dass Sie Ihre Identität und Bestimmung nicht länger von Ihrem Denkprozess oder Ihrer persönlichen Geschichte ableiten. Sie kommt stattdessen *aus dem Sein selbst*, aus der Fülle und Schwingung der Lebenskraft, der Schöpfungsenergie, wie sie hier und jetzt empfunden werden kann. Sie erkennen sich selbst als Bewusstheit, das unwandelbare Gewahrsein, in dem der Fluss der Schöpfung sich ereignet.

Wenn Erwachen einmal geschieht, sind Sie frei. Aber Elemente Ihrer persönlichen Geschichte, diese Überbleibsel der Vergangenheit, sind noch immer in der Muskulatur Ihres Körpers verschlossen. Jeder Heiler oder Körperarbeiter begreift dieses Phänomen. Es ist ähnlich dem, was der spirituelle Lehrer Eckhart Tolle, ein Meister der Kunst der Präsenz, den Schmerzkörper nennt. Diese Reste können von Zeit zu Zeit aktiviert werden.

Wenn Sie zum Beispiel Ihrer Natur nach vor der Selbstrealisierung ungeduldig waren, werden da Überbleibsel dieser Tendenz zur Ungeduld sein, auch nachdem Sie erwacht sind, wenn auch sehr viel seltener. Oder wenn Sie vor dem Erwachen Angst vor Konfrontationen hatten, wird der größte Teil Ihrer Furcht mit dem Begreifen der Wahrheit dessen, wer Sie sind, verschwinden. Aber sollten Sie dann in eine konfrontative Situation geraten, kann ein Echo aus der Vergangenheit ausgelöst werden. Es mag mit anderen Worten ein kurzes Aufflackern der alten Ängste geben.

Der Unterschied liegt darin: Wenn Sie erwacht sind, nehmen Sie es wahr, und es verschwindet. Sie glauben nicht mehr daran. Sie geben keine Energie mehr hinein, und es löst sich auf. Solche Ärgernisse sind wie Wellen, momentane Störungen in dem weiten, klaren Ozean, der Ihre natürliche Bewusstheit ist, Ihr natürlicher Seinszustand. Oder, um die See-Analogie zu benutzen: Die Oberfläche des Sees, Ihres Wesens, mag beunruhigt werden, wenn der Wind kräftig weht, aber tief unten bleiben Sie unerschüttert, klar und ruhig ...

Halten Sie jetzt inne und seien Sie präsent mit was auch immer Sie gerade erfahren ... Nehmen Sie wahr, ob Sie irgendwo Spannung oder Unwohlsein empfinden, ob mental, emotional oder körperlich ... Akzeptieren Sie es, lassen Sie die Empfindung da sein ... Nehmen Sie die Geschichte wahr, die Sie sich vielleicht erzählen ... Atmen Sie dann, entspannen Sie sich und sehen Sie die Wahrheit... Die Geschichten, Gedanken, Empfindungen und Gefühle kommen und gehen unaufhörlich ... aber Sie als betrachtendes Gewahrsein sind immer da ... Sie brauchen jetzt keine Geschichte, die bestimmt, wer Sie sind ... Sie brauchen keine Vorstellung, kein Bild und keinen Gedanken davon, „jemand" zu sein ... Sie sind Ihrer selbst in der Wirklichkeit jetzt gewahr und das genügt ... Von hier aus geschieht alles ....

Jenseits der Dualität

Wenn ich unterrichte, wird mir die folgende Frage in vielerlei Variation gestellt: „Ich weiß, dass häufig vom Erwachen als nicht-dualistischem Gewahrsein gesprochen wird, als Freiheit von der normalen Dualität des täglichen Lebens. Ich verstehe allerdings nicht, wie wir über die Dualität hinausgehen können. Mir scheint, dass sie in Form von Nacht/Tag, gut/schlecht, glücklichen/traurigen Zeiten Realität ausmacht. Wir leben in einer Welt der Gegensätze, und man kann das Eine nicht ohne das Andere haben. Man kann die Höhen nicht ohne Tiefen haben."

Offensichtlich gibt es Tag und Nacht, Wohlbefinden und Schmerz, heiß und kalt sowie Reichtum und Armut in der Welt, aber diese Unterscheidungen sind nicht eindeutig und so klar wie schwarz oder weiß.

Was dem einen Glücksmomente verschafft, bereitet dem anderen Schmerzen oder Unzufriedenheit. Der Tag verdunkelt sich nach und nach zur Nacht, und morgens früh kündigt die Dämmerung die Wiederkehr des Tageslichts an. Aber in manchen Teilen der Welt, wie den Polarregionen, dauert der Tag im Sommer zwanzig Stunden und länger. Reichtum und Armut sind auch eine Sache der Wahrnehmung. Was wir hier im Westen als Armut bezeichnen, wäre in manchen Entwicklungsländern bereits großer Reichtum.

Der Kern der oben gestellten Frage ist, dass wir die Höhen nicht ohne Tiefen haben können. Das ist nur dann wahr, wenn wir unser Glück auf Ereignisse und Umstände außerhalb von uns selbst beziehen. Wenn Sie Ihre Erfüllung an Ihren Partner binden, dann fühlen Sie sich gut, solange Ihr Partner glücklich ist und Sie gut behandelt. Wenn Ihr Partner unglücklich ist und das an Ihnen auslässt, Sie schlecht behandelt, dann fühlen Sie sich schlecht. Sie mögen die Situation nicht und werden unangenehm davon beeinflusst.

Dasselbe Prinzip kann man auf alles andere auch anwenden. Wenn das Geld reichlich in Ihre Taschen fließt, bringt das Freude. Wenn Sie mehr ausgeben, als hereinkommt, dann bringt das in den Worten von Dickens´ Mr. Micawber Elend. Oder Sie mögen tiefe, beseligende Meditationserfahrungen machen, die Sie als Ihr „spirituelles Leben" bezeichnen. Aber Ihr „materielles Leben" – Ihre Beziehung oder Ihre Arbeit – bringen eine Menge Konflikte und Leiden hervor.

Lassen Sie mich noch einmal sehr klar sagen: Wenn Sie sich für Ihr Glück und Wohlbefinden auf externe Faktoren verlassen, werden Sie unweigerlich zwischen Zeiten des Wohlbefindens und Zeiten des Unangenehmen hin und her pendeln. Dann sind Sie in Dualität gefangen. Sie sind dann Opfer der Dualität. Es kann nicht anders sein.

Tatsächlich ist es so, je abhängiger Sie für Ihr Glück von äußeren Dingen sind, desto wahrscheinlicher leben Sie mit einem chronischen, untergründigen Gefühl der Unsicherheit, nie ganz sicher, wann das Blatt sich wenden und Ihre Glückssträhne zu Ende sein könnte. Das ist das Los der meisten Menschen, aber das muss nicht so sein.

Wenn Sie im Gewahrsein, der Offenheit und Freiheit Ihrer wahren Natur leben, dann hängt Ihr essenzielles Wohlbefinden nicht länger von äußeren Ereignissen und Umständen ab, noch davon, was andere Menschen denken, sagen oder tun. Es kommt aus dem Inneren. Es strahlt aus Ihnen als direkter Ausdruck der Schönheit, Fülle und Freude des *Lebens* selbst. Frieden ist mit anderen Worten Ihre wahre Natur.

Wenn das Erwachen Wirklichkeit wird, sind Sie stets im Frieden mit sich, unabhängig davon, was außen geschieht. Sie leben die ganze Zeit in der Welt mit ihrer dualistischen Realität. Sie treffen Entscheidungen und handeln so, dass Sie die optimalen Umstände für Ihr eigenes Überleben, die Befriedigung Ihrer Bedürfnisse und Ihr Wohlbefinden erschaffen. Je reibungsfreier Ihr Leben auf der materiellen, physischen Ebene verläuft, desto freier sind Sie, Ihre Energien dem Dienst an anderen und der Erfüllung Ihres Schicksals zur Verfügung zu stellen.

Sie erschaffen positives Karma. Karma bedeutet einfach, dass jede Handlung einen Widerhall hat, was sich als Kettenreaktion ausdrückt. Positives Karma ist bewusstes Handeln und erzeugt Empfindungen von Liebe, Mitgefühl und gutem Willen. Negatives Karma wird von unbewussten Handlungen hervorgerufen und führt immer zu Leiden.

Aber ich wiederhole: Die Schönheit des Erwachens und seine Wesentlichkeit liegen darin, dass unser grundlegender Friede und Wohlbefinden nicht davon abhängen, ob die äußeren Bedingungen mehr oder weniger günstig sind. Es befreit Sie wirklich von der Anhaftung und der Dominanz äußerer Vorgänge und damit auch von der unvermeidlichen Unsicherheit und dem Leiden, das solche Anhaftung bringt. Es befreit Sie vom Leiden, indem es Sie von der Idee befreit, „jemand" zu sein, der anhaften und leiden könnte.

Ich erinnere mich sehr deutlich an den ersten Geschmack von Erleuchtung oder Erwachen, den ich bekam. Es war ein wahrhaft lebensveränderndes Ereignis. Wie all solche Erweckungen, kam es völlig unerwartet.

Es geschah ein Jahr nachdem ich das Palmer College für Chiropraktik in Davenport, Iowa, beendet hatte. Ich war zum Studium der Chiropraktik in die USA gekommen und lebte in Santa Rosa in Kalifornien. Eigentlich wollte ich gern Schriftsteller werden, Romane schreiben, aber mir gefiel auch die Idee, Menschen zu helfen, und ich dachte, Chiropraktik wäre eine gute Interims-Karriere. Mein Plan war, nach dem Ausbildungsabschluss nach Neuseeland zurückzukehren, eine Praxis aufzubauen, Romane zu schreiben und vielleicht in die Politik zu gehen, damit meiner Großmutter väterlicherseits folgend, die als dritte Frau ins neuseeländische Parlament gewählt worden war.

Während meines letzten Ausbildungsjahres an der Chiropraktiker-Schule hatte ich eine gesundheitliche Krise. Mein Brustraum wurde ganz eng, und ich bekam Atemnot. Ich vollzog eine Serie von Atemübungen und hatte mir irgendwie eingebildet, dass, wenn ich meinen Atemfluss nicht bewusst kontrollierte, ich ganz und gar zu atmen aufhören und sterben würde.

Daraus entstanden alle möglichen Angstgefühle. Es kam soweit, dass ich abends Angst hatte, einzuschlafen. Manchmal machte ich den halbherzigen Versuch, zu beten, aber ich glaubte nicht wirklich an Gott. Schließlich fiel ich aus lauter Überanstrengung in Schlaf, und wenn ich am nächsten Morgen erwachte, dankte ich für die Tatsache, noch am Leben zu sein.

Das war für mich eine sehr quälende Zeit, eine Zeit großer persönlicher Not. Es braucht allerdings solche Art Leiden, damit wir tief in uns selbst hineinschauen. Zu jener Zeit begriff ich das nicht, aber meine spirituelle Reise, meine Suche nach innerer Freiheit, hatte begonnen.

Um mit dieser Situation umzugehen, begann ich mit Yoga. Bei meinem Morgenlauf hörte ich auf, die Zeit zu stoppen, um zu sehen, wie schnell ich gelaufen war, und machte stattdessen meinen Wunsch bewusst, die Natur mehr zu genießen, tatsächlich inne zu halten und Dinge wahrzunehmen, wie den Ruf des Eichelhähers im Apfelbaum oder das Summen der Bienen um die Blüten. Ich ließ den Versuch, meinen Atem zu kontrollieren, los und begann, einfach mehr zu vertrauen, mehr im Moment zu sein.

Ich belegte einen Kurs in Transzendentaler Meditation, und das machte einen großen Unterschied: Zweimal am Tag für zwanzig Minuten innehalten und sitzen, um nur zu sein. Nach einigen Monaten wurden die Angstzustände weniger, und ich begann wieder gut zu schlafen.

Als Teil meiner Suche nach Verstehen las ich die Bücher von Hermann Hesse, Alan Watts und besonders des spirituellen Philosophen J. Krishnamurti. Als ich in die Schriften Krishnamurtis eintauchte, lösten sich bald alle Reste meines wie auch immer gearteten Glaubens an Gott auf. Krishnamurti war in vieler Hinsicht der ultimative spirituelle Ikonoklast. Er sagte, das Gefängnis aus Glaubenssätzen und Vorstellungen hält uns in Fesseln und verursacht all unser Leid. Freiheit, sagte er, liegt in der Freiheit vom Netz der Gedanken, von allen Vorstellungen über Gott. Erst dann würden wir entdecken, was mit dem Wort „Gott“ gemeint sei.

Es war an einem Sommermorgen, als ich meinen Geschmack von Erleuchtung bekam. Ich war früh aufgewacht und nahm einen Strahl Sonnenlicht wahr, der durch die Fensterläden fiel. Mein Blick war wie magnetisiert von den Sonnenstäubchen, die da im Licht tanzten. Dann hörte ich den sanften, klagenden Ton einer Trauertaube, und plötzlich löste sich alles in meinem Geist auf. Jeder Gedanke, jedes Überbleibsel nächtlicher Träume, alles verschwand einfach, und ich lag da im außerordentlichsten Zustand von Klarheit, Bewegungslosigkeit und Einheit, den ich je kennengelernt hatte. Es gab nicht einmal ein Empfinden eines „Ich", das diese Erfahrung machte. Es gab nur die Wahrnehmung zeitloser Präsenz, gänzlich ohne Spannung oder Konflikt.

Nach einer Weile kam mir ein Gedanke zu Bewusstsein: „Das ist es also, wovon Krishnamurti und all die anderen Lehrer reden. Es gibt nichts zu suchen. Es ist alles hier. Das Leben ist wunderschön und vollkommen, so wie es ist."

Das erstaunliche Gefühl der Einheit verblasste im Lauf des Tages, und ich kehrte nach und nach in mein normales, intellektuelles, leicht angespanntes Selbst zurück. Aber etwas hatte sich in mir unwiderruflich verändert. Es war, als hätte mein Ego-gebundenes Bewusstsein ein Loch bekommen. Ich hatte von der Wirklichkeit hinter der Wirklichkeit gekostet. Auf einer Ebene begriff ich, dass ich diese Wirklichkeit *war*. Ich hatte einen Blick auf die göttliche Vollendung der Schöpfung erhascht, die Schönheit, welche immer hier ist unter der Oberfläche aus Lärm und Kampf.

Jetzt wusste ich, wonach ich suchte. Ich wollte immer mit dieser Klarheit leben, dieser Leichtigkeit und Einheit mit dem Leben. Ich hatte mich dem ganz verschrieben und wusste instinktiv, ich würde alles tun, jedes Opfer bringen, das nötig war.

Als Ergebnis meines inneren Entschlusses, verwendete ich die nächsten achtzehn Jahre meines Lebens darauf, das Ziel der Selbstverwirklichung zu verfolgen; um ganz und gar in der Freiheit zu wurzeln, die ich nun als meine wahre Natur erkannt hatte. Sogar als ich nach außen ein normales, weltliches Leben lebte, wurde dies zum zentralen Thema meiner Existenz.

Die mächtige Dominanz persönlicher Geschichten

Bis wir sie als das erkennen, was sie sind, beherrscht uns eine Vielzahl persönlicher Geschichten, und sie sind sehr tief verwurzelt. Es braucht Zeit, unsere Geschichten aufzustöbern, um sie als das sehen zu können, was sie sind: *Bloß* Geschichten mit entsprechenden emotionalen Folgereaktionen im Körper, aber keiner sonstigen, darüber hinausgehenden substanziellen Realität.

Es gibt Geschichten von Ehrgeiz und Entbehrung, Bedürftigkeit und Wünschen, Sehnsüchten und Lust, Gier und Hunger, Schuld und Abwehr, Trauer und Verzweiflung, Hoffnung und Sehnen, Freundschaft und Verrat und so weiter und so weiter.

Der Grund dieser Geschichten liegt häufig in einer Form persönlichen Traumas oder Missbrauchs. Es kann ein psychisches oder emotionales Ereignis sein, das einmal oder vielmals geschehen ist, oder es kann ein körperliches Ereignis wie eine Krankheit, ein Unfall oder irgendein anderes Unglück sein. Manchmal ist das psychische oder emotionale Ereignis mit physischem Trauma verknüpft.

In jedem Fall machen wir aus dem, was uns zugestoßen ist, eine Geschichte und einen zugehörigen Charakter (die von uns projizierte Persönlichkeit) und nach und nach schließen wir uns darin ein. Über viele Jahre werden wir zu dieser Geschichte und dem Charakter; sie werden tatsächlich zu dem, was wir meinen, zu sein. Die von der Geschichte erzeugten intensiven Gefühle erscheinen uns sehr real, und das unterstreicht nur noch die Bedeutung der Geschichte in unserem Leben.

Lassen Sie uns einige der Geschichten, die wir uns erzählen, näher betrachten; sie halten uns im Abstand zum Strom des Lebens, lassen uns uns selbst als Opfer der Umstände empfinden oder als Opfer des Lebens selbst. Hier sind sie, die reinen, schmucklosen Versionen ohne alle Rationalisierungen, Rechtfertigungen oder persönlichen Erzählungen (die nur noch mehr „Geschichten" sind), welche üblicherweise dabei sind:

- *Ich bin es nicht wert, ich fühle mich schuldig, ich schäme mich.*
- *Ich war/bin ein verlassenes, missbrauchtes, verletztes Kind.*
- *Niemand möchte mit mir zusammen sein.*
- *Das Leben ist hart, ungerecht.*
- *Du kommst nur vorwärts, indem du andere Menschen betrügst.*
- *Du kannst niemandem vertrauen.*
- *Ich kann nicht gut mit Geld umgehen.*
- *Ich würde so gern das und das tun, aber ich mach´s nicht, weil ich nicht sicher bin, ob ich es könnte.*
- *Er/Sie ist meine einzige Chance, glücklich zu werden.*
- *Ich brauche/muss unbedingt dies oder jenes haben, um glücklich zu sein.*

- *Ich bin für Meditation oder Selbstreflexion zu beschäftigt.*
- *Ich schaffe es nicht, meinen Verstand zur Ruhe zu bringen.*
- *Ich werde älter, das ist schrecklich.*
- *Ich hab´s echt vermasselt.*
- *Ich bin verwirrt/ einsam/ deprimiert/ unglücklich.*
- *Mir ist langweilig. Ich brauche etwas Neues und Interessantes, um mich anzuregen.*

Der Charakter, von dem ich oben sprach, wird häufig Teil dessen, was Psychologen unseren „Schatten" nennen, da wir keine bewusste Wahrnehmung von ihm haben. Erst später, wenn wir von etwas angestoßen werden, was uns an das ursprüngliche Ereignis erinnert, erleben wir das Drama, welches mit mentaler und emotionaler Reaktivität verknüpft ist. Wir sind beleidigt, werden böse oder empfinden jegliche andere Art menschlicher Gefühle: Trauer, Einsamkeit, Depression, Scham, Schuld und so weiter.

Der Schatten repräsentiert in der Jung´schen Terminologie den unbewussten Aspekt unseres Handelns, die Antreiber Ihres Handelns, deren Sie nicht einmal gewahr sind. Der Schatten erhebt sein Haupt als das, was manchmal „Dämonen" genannt wird. Persönliche Dämonen können sich in vielerlei Formen und Maskierungen zeigen, wie ich oben andeutete: Furcht, Neid, Eifersucht, Süchte, Schuld, Selbstzweifel, Selbstbewertung, Depression, Verzweiflung und Phobien jeder Art.

Der Schatten ist der verstoßene Teil Ihres Selbst. Je mehr Sie sich nach der Freiheit sehnen und je genauer Sie auf Ihre eigenen Gedanken, Gefühle, Handlungsmotive und Antriebe achten, desto mehr Schattenaspekte bringen Sie ans Licht des Gewahrseins, wo Sie sie sehen können. Und in diesem Sehen, der Verschiebung der Wahrnehmung, geschieht Heilung.

Sie sehen ihn – Ihren Zorn zum Beispiel – und Sie sehen auch die Geschichte, die Sie sich selbst erzählen. „Wie kann dieser Mensch mir das antun!" Dann atmen Sie in das Gefühl. Sie bleiben sehr präsent, zutiefst wachsam. Die Geschichten und die emotionalen Reaktionen, die sie hervorrufen, verwandeln sich ständig, aber Sie erinnern sich daran, dass Sie die reine, unwandelbare Bewusstheit sind und die Geschichte *betrachten.* Bleiben Sie an diesem Ort des Gewahrseins, und

Sie werden erleben, wie die mit dem Zorn verbundenen Vorstellungen und Gefühle sich auflösen und eine neue Energie der Ganzheit sich entfaltet.

Als ein weiteres Beispiel dieser Wahrnehmungsverschiebung erinnere ich mich an eine Freundin, die mich vor vielen Jahren darauf hinwies, wie sehr ich bestimmte Menschen verurteilte. Vielleicht lag es an der liebevollen Art, in der sie es sagte, denn ich hatte eine Art Erscheinung: „Meine Güte, ich *bin* so harsch im Urteilen." Ihre Beobachtung bremste mich geradezu aus, und von da an wurde ich wesentlich weicher. Indem ich die Wahrheit über mich selbst erblicke, fällt mein Verurteilen anderer ebenso von mir ab.

Psychotherapie oder eine andere Form von Beratung sind Möglichkeiten, Unterstützung beim Aufdecken Ihrer Schatten zu bekommen und sich mit den Geschichten rund um Ihre persönlichen Dämonen zu arrangieren. Meditation, ob in der Form tatsächlichen Sitzens oder einfach sehr bewussten, dauerhaften Selbst-Gewahrseins oder Selbstbefragung funktionieren gut, wenn Sie hoch motiviert sind, die Wahrheit in sich selbst zu finden. Es erfordert eine bestimmte emotionale Reife, das allein zu tun. Sie müssen eine Leidenschaft für die Wahrheit und die Freiheit haben. Sie müssen bereit sein, Ihrem Schatten und Ihren Dämonen gegenüberzutreten und herauszufinden, wie real oder irreal sie sind.

Und Sie müssen geduldig sein, mitfühlend und sich selbst verzeihend. Jean Klein sagte immer, dass die Konditionierung, „jemand" zu sein – unserem Ego aufgeprägt mit seiner offensichtlichen persönlichen Reaktivität und seinem weniger offensichtlichen Schattenselbst – tief verwurzelt ist. Sich freizumachen von der Identifikation mit einem Empfinden von „Ich", mit der Vorstellung eines „Ich", das in meinem Körper/Geist lebt, ist die Haupthürde zum Erwachen.

Wir sind überzeugt, dass da wirklich „jemand" drin sei, obwohl da niemand ist. Da ist nur Bewusstheit, leuchtende, selbst-gewahre Präsenz, die sich durch den Körper/Geist ausdrückt und als „wir" erscheint.

Erwachen oder Erleuchtung ist eine Verschiebung von der Figur zum Grund. Sie behandeln sich nicht länger als Objekt, als Figur unter unzähligen anderen. Stattdessen erkennen Sie sich als Grund – als der Grund des Seins, als Bewusstheit. Sie wissen, dass Sie der Ozean sind, der sich als Welle manifestiert, während Sie zuvor dachten, Sie seien einfach nur eine weitere Welle, noch ein getrenntes menschliches Wesen in der unendlichen See der Bewusstheit. Wenn Sie das einmal erkannt haben, sind Sie frei.

Manchmal begegnete ich Menschen, die versuchten, sich durch den direkten, nicht-dualistischen Ansatz vom Leiden zu befreien, aber sie schienen in ihren Gedanken steckenzubleiben. Ich hatte den Eindruck, es hätte ihnen besser getan, ein oder zwei Jahre mit einem praktischen Lehrer zu arbeiten, der sie tatsächlich wieder mit ihren Empfindungen und Gefühlen hätte verbinden können. Manchmal ist Katharsis, der tatsächliche Ausdruck intensiver Emotion notwendig, um sich davon zu befreien.

Kurz bevor ich Jean Klein kennenlernte, hatte ich über ein Jahr eine Reihe intensiver Workshops bei einem Therapeuten namens Stefano Sabetti besucht. Er war ein Meister im Arbeiten mit emotionaler Energie und darin, Menschen mit ihrer Verletzlichkeit zu verbinden. Er verschaffte Menschen Zugang zu ihren tieferen, unausgedrückten Emotionen – ihrer Trauer, ihrem Zorn oder ihrer Angst – und lud sie ein, diese durch eine Katharsis oder eine andere Form des Ausdrucks zu erlösen. Es war gute Arbeit, was ich die „Blut und Eingeweide" Arbeit der Transformation nenne. Das öffnete mich emotional sehr für die Lehren Jean Kleins über innere Freiheit. Wenn Sie Lehrer werden, können Sie die Menschen nur soweit begleiten, wie Sie selbst gereist sind. Wenn Sie Ihren eigenen Zorn zum Beispiel nicht bearbeitet haben, werden Sie schwer mit dem Zorn anderer Menschen umgehen können, wenn er auftaucht. Sie werden unabsichtlich zornige Studenten oder Klienten anziehen und keine Mittel haben, wirkungsvoll mit ihnen zu arbeiten.

Das Wesentliche ist dabei die Absicht. Wenn Sie die klare Absicht haben, offen gegenüber jeglicher ungelöster emotionaler Energie zu sein, die noch in Ihnen existiert, dann wird das Leben Ihnen das bringen, was Sie brauchen. Das könnte genau der richtige Therapeut sein; oder Sie erleben und erlösen sie vielleicht allein aufgrund dessen, was in Ihren Beziehungen geschieht.

Nur indem Sie diese inneren Dämonen einladen, hervorzukommen und sie ermutigen, sich zu zeigen, initiieren Sie den Prozess. Die Einladung, das Willkommen-heißen ist der wesentliche Schritt, sich von ihnen zu befreien. Das ist die fortlaufende tägliche Meditation

– dieses innere Gewahrsein alles dessen, was in Ihnen stattfindet, Ihrer eigenen Urteile, Befürchtungen, Unglücklichkeiten, Vorurteile, Ihrer Schattenseite.

Menschen, die noch in Ihrer eigenen Geschichte verfangen sind, haben immer irgendeine Art Schatten. Vielleicht ist es der Priester mit seiner unerlösten sexuellen Sehnsucht nach Frauen oder nach Jungen. Oder vielleicht ist es die so wohlerzogen und freundlich erscheinende Frau, die bösartig wird, sobald man ihr widerspricht. Vielleicht ist es der Ehemann, der seiner Frau vorspielt, alles sei in Ordnung, dessen Unzufriedenheit und negatives Urteil sich jedoch in passiv-aggressivem Verhalten äußert, in abfälligen Bemerkungen und verletzendem Handeln, welche die Ehe unterminieren.

Der Weg, sich vom Schatten und seinen Dämonen zu befreien, ist, sehr präsent zu sein. Fangen Sie an, Ihr Verhalten wahrzunehmen, Ihre Reaktionen und die Wirkung, die Sie auf Menschen haben. Das verlangt ein verbindliches Bekenntnis zur Aufrichtigkeit sich selbst und dem eigenen Wachstum gegenüber. Sie müssen willens sein, die Antwort des Universums zu hören, ob in der Form direkter Kommunikation mit anderen oder in der Art, wie Menschen auf Sie reagieren. Diese tieferen, dunkleren Aspekte des Selbst anzuschauen, ist meist nicht sehr schön, aber es ist das Geschenk dieser Arbeit des Willkommen-heißens. Es ist Arbeit, die uns einlädt, uns sanft und nachsichtig zu behandeln, uns selbst zu verzeihen.

Es sind die unbewussten Elemente in Ihrer Geschichte, Ihre Glaubenssätze und Motivationen, von denen Sie bestimmt werden. Je bewusster Sie sich dessen werden, was in Ihrem Innern lebt, desto weniger Macht haben diese Kräfte über Sie. Im klaren, nach innen gerichteten Licht des Gewahrseins, geleitet von einem liebevollen, mitfühlenden Herzen – und von einer starken, kriegergleichen Präsenz, wenn nötig – wird sich der Schatten enthüllen. Weil Sie ihn nicht mit Energie versorgen, fängt er an, von selbst zu zerfallen. Das ist die Wirkung der transformierenden Kraft der Bewusstheit.

Reste des Schattens und jener alten Dämonen mögen manchmal noch ihr Haupt erheben, aber dann erkennen Sie sie und glauben Ihnen nicht mehr. Sie denken einfach nicht mehr in jene Richtung, weil Ihnen das nicht dienlich ist. Ihr Gewahrsein bleibt in der Gegenwart.

Ich werde oft gefragt, warum wir dieselben Lektionen wieder und wieder lernen müssen. In jeder leidvollen Situation liegt eine Lektion, die zu lernen ist. Die Arbeit besteht darin, die Lektion zu erkennen und herauszufinden, was Sie daran lernen sollen. Anstatt in der immergleichen Geschichte, dem immergleichen Dilemma zu verharren, werden Sie in die Lage versetzt, von jeder Lektion zu profitieren und leicht und einfach zur nächsten fortzuschreiten.

Je schneller Sie von der Anhaftung an Ihre eigene Geschichte ablassen und nur lauschen und aufmerksam sind auf das, was ist, desto eher werden Sie die Lektion erkennen, die es zu lernen gilt, und desto näher werden Sie der Freiheit sein, die Sie suchen. Dann werden Sie häufiger eine schöpferische Kraft in Ihrem Leben sein.

Und wenn im Innern Ihres Kopfes keine Geschichte spielt, Sie sich aber emotional zusammengezogen oder feststeckend fühlen, dann praktizieren Sie einfach. So wie jetzt ...

Seien Sie der emotionalen Kontraktion gewahr, was immer sie sei ... Sie zeigt Ihnen, wo Sie noch nicht frei sind ... (Vielleicht sind Sie mit der Geschichte dahinter noch nicht vertraut, aber Sie können sicher sein, dass es irgendwo in Ihrem Unterbewusstsein dazu eine gibt) ... Atmen Sie, entspannen Sie sich und beobachten Sie, wie die Empfindungen der Kontraktion sich subtil verschieben und verändern ... Aber Sie als beobachtendes Gewahrsein, das sie empfindet, sind immer da ... Bleiben Sie also das klare, strahlende, stets präsente Gewahrsein, das Sie sind ...

Auf einer Ebene werden Sie begreifen, dass Sie klare, unwandelbare Bewusstheit sind, die alles betrachtet. Sie sind die zeitlose Bewusstheit, die alles ansieht, was ins Sein gelangt – Ihren Körper, Geist und Ihre Persönlichkeit – und auch den stets veränderlichen Strom von Empfindungen und Gefühlen.

Nochmals möchte ich betonen, dass da *immer* eine Geschichte hinter Ihrem Leiden steckt, auch wenn sie unbewusst sein mag. Wenn Sie die Geschichte identifizieren und erkennen können, dass Sie nicht die Geschichte sind, sondern stattdessen das, was *dahinter* liegt, dann kann die Verschiebung schneller vonstatten gehen. Gedankenformen, die ephemer sind, lösen sich schließlich so gut wie sofort auf, wenn Sie als der ultimative Zeuge sie auch nur beobachten. Kontrahierte Gefühle und Empfindungen brauchen andererseits länger, um sich zu entwirren.

Viele Menschen beschäftigen sich mit Gedanken und Geschichten, die Wohlbefinden verbreiten und keinen emotionalen Schmerz und Leiden verursachen. Zum Beispiel an das neue Haus zu denken, in das sie einziehen werden oder die Freude, bald den Universitätsabschluss zu machen oder eine neue Beziehung zu erwarten oder etwas anderes Großartiges, was in ihr Leben treten könnte. Das ist alles sehr natürlich. Solche Wohlfühl-Geschichten funktionieren auf jeden Fall, wenn wir ein Lied in unser Herz, ein Lächeln auf unsere Lippen zaubern wollen.

Aber: In welchem Maß sind wir mit diesen Geschichten identifiziert? In welchem Maß sind wir für unser Wohlbefinden von Ihrem Verlauf abhängig? Wenn die Geschichte Wirklichkeit wird, dann ist das ein Beweis für Vorfreude. Freudige Erwartung ist aber auch Erwartung, und wenn unsere Erwartungen nicht erfüllt werden, sind wir enttäuscht bis bitter enttäuscht.

Erinnern Sie sich, die essenzielle Botschaft dieses Buches ist innere Freiheit. Je freier Sie in Ihrem Innern werden, desto weniger identifiziert sind Sie mit jeder Ihrer Geschichten, ob es eine Leidensgeschichte oder eine Erfolgsgeschichte ist. Stattdessen sind Sie mehr und mehr mit dem *Leben* selbst identifiziert, mit dem Sein im Hier und Jetzt. Sich vollends erwacht und lebendig in der Gegenwart zu empfinden, fühlt sich immer sehr, sehr gut an. Es ist das Größte. Und: Je mehr Sie begreifen, dass Sie *nicht* Ihre Geschichte sind, desto mehr Spaß macht es, sie zu erzählen. Je freier Sie von Ihrer Geschichte werden, desto besser werden Sie im Geschichten erzählen.

In der Zwischenzeit ist es völlig in Ordnung, sich immer mal wieder dem Erzählen von Wohlfühl-Geschichten oder einer Phantasie von etwas hinzugeben. Es ist absolut normal und menschlich, das zu tun. Aber verwechseln Sie das nicht mit der Wirklichkeit. Um die Wirklichkeit zu entdecken, müssen Sie genau jetzt genau hier sein, offen für die Fülle dieses Augenblicks.

Verlockende religiöse Geschichten

Die frühen Stadien des Lebens sind gekennzeichnet von der Entwicklung und Identifikation unseres Egos, unserer Geschichte, unseres Selbstbildes. Für die meisten von uns beginnt es so. Ego-Entwicklung und die Entdeckung persönlicher Freiheit, welche auch Begrenzungen enthält, sind ein wichtiges Stadium des frühkindlichen Lernens.

Diese Phase ist gekennzeichnet von der Abhängigkeit von oder dem Greifen nach Glaubenssätzen. Unser Wohlbefinden ist sehr stark daran gebunden, was wir denken und glauben. Unsere Gedanken, unsere Geschichten definieren, als wer oder was wir uns selbst betrachten. Religion und fundamentalistisches Denken in Schwarz-Weiß-Kategorien sind Teil dieses Entwicklungsstadiums.

Im Zen sagen sie zu diesem Schwarz-Weiß-Stadium: „Berge sind Berge, Flüsse sind Flüsse".

Alles ist das, als was es erscheint. Dort drüben sind die Berge, und wir sind hier, mit dem Versuch, unsere Existenz logisch zu erklären. Wir versuchen, etwas zu finden, woran wir uns halten können, einen Glauben, eine Vorstellung oder ein Ideal – ob religiös oder anders geartet – um uns ein Gefühl von Sinnhaftigkeit, ein Ziel und Sicherheit zu geben.

Was uns jedoch antreibt, ist genau die Notwendigkeit von Sinnhaftigkeit und Sicherheit. Zweifel, Furcht und die Suche nach einer Art Sicherheit sind weit verbreitete Themen in unser aller Leben. Wir erkennen, dass wir nicht wissen, wer wir sind oder was mit uns geschieht, wenn wir sterben. Oder wir erleben uns leidend – an einer Krankheit, in finanziellem Unglück, durch den Verlust des Arbeitsplatzes, den Tod eines geliebten Menschen oder einen Verrat, gefolgt von erschüttertem Vertrauen und zerstörtem Selbstwertgefühl.

Unsere Ängste und Leiden sind die Ursache unserer Suche nach etwas, an das wir glauben können, etwas, an das wir uns für unser psychisches, emotionales und spirituelles Wohlbefinden hängen können. Wir wollen versichert sein, dass die Berge und Flüsse so bleiben, wie sie sind und immer da sein werden. Wir wollen wissen, was aus uns wird, sowohl in der nahen Zukunft, als auch am Ende unseres Lebens, wenn wir sterben.

Dieses Stadium der Reise ist sehr dualistisch – „wir“ und „sie“, „ich“ und „es“ (das, was wir idolisieren oder fürchten). Es ist in besonderer Weise eine Reise des Glaubens, da wir hoffen oder darauf vertrauen, dass da tatsächlich eine höhere Macht oder gütige Energie hinter der Schöpfung steckt, ob wir sie nun Gott, beseelten Geist, Tao, Buddha-Natur oder anders nennen. Diese Notwendigkeit ist für uns so groß, dass viele von uns eine persönliche Beziehung zu Gott oder wie immer wir diese Macht nennen, entwickeln. Wir schauen auf Gott – oder unsere Vorstellung von Gott – wann immer wir bedürftig sind.

Manche unter uns schreiben die Wunder in unseren Leben der Gnade Gottes zu. Dennoch stellen wir uns Fragen angesichts der Katastrophen und Zeiten immensen menschlichen Leidens. Wie ist das mit einem Flugzeugabsturz, wenn alle 300 Passagiere an Bord dabei sterben? Viele von den Toten hatten vermutlich eine „persönliche Beziehung“ zu Gott, wie können wir das erklären? Kann das mit Vernunft gemeistert werden? Oder akzeptieren wir es als ein Mysterium? An diesem Punkt unserer Lebensreise ist das Letzte, womit wir konfrontiert werden wollen, die endgültige Einsicht, wir seien nur ein zufälliges Ereignis in einem kalten, bedeutungslosen Universum.

Ich wuchs in Neuseeland im Glauben an Gott auf. Als ich sechs Jahre alt war, lehrte meine Mutter mich über Gott und Jesus. Obwohl ich nominell als Christ aufwuchs, verband mich nichts sonderlich mit der Geschichte von Jesus. Gott aber wurde für mich sehr real. Während ich aufwuchs gab es Zeiten, in denen ich öfters innehielt, still wurde, zum Himmel hinaufsah, in die Schönheit des Tages hinein atmete und auf jeden Fall die Gegenwart Gottes spürte, einer höchsten und ausschließlich gütigen Macht hinter der Schöpfung.

Je älter ich jedoch wurde, desto unwirklicher war mir die ganze Vorstellung von Gott. Bis ich zur Armee ging und als zweiundzwanzigjähriger Leutnant im Dienst der Königlichen neuseeländischen Artillerie in Vietnam eintraf, war ich so kühn, kaum noch an Gott zu denken. Aber dann erlebte ich erstmals Kampfhandlungen. Unsere Einheit geriet in einen Angriff der Vietcong. Ich klammerte mich an den Boden während Kugeln und raketenbeschleunigte Granaten über uns hinwegsausten. In plötzlicher Todesangst war ich dankbar, mich an Gott zu erinnern und Ihn anzurufen, dem ich früher so nahe gewesen war.

Die meisten Menschen suchen natürlich Sinn in ihrem Leben, und Religion ist dazu da, ihnen den zu geben. Die Funktion von Religion – zumindest in ihrem äußeren, massentauglichen Aspekt – ist das Ansprechen unserer existenziellen Ängste und die Beantwortung unserer Sinn suchenden Fragen. Im Lauf der Geschichte hat die Menschheit viele Religionen erschaffen, und sie haben alle ihre eigene Geschichte, ihre eigene Erklärung für das Wesen Gottes, der Schöpfung und was mit uns geschieht, wenn wir sterben. Manche Religionen erheben sogar Anspruch auf „Gott" als einzig ihnen gehörig, als ob ihre die einzig wahre Religion und alle anderen falsch seien.

Religion wird auch in einer erwachten Welt eine Rolle spielen. Es bedeutet aber eine große Einschränkung, sich mit einer bestimmten religiösen Geschichte zu identifizieren, denn unser inneres Wohlergehen wird dann sehr abhängig von dem, was wir denken und glauben.

Wir mögen eine bestimmte Sammlung von Glaubenssätzen, ein säuberlich geordnetes Weltbild annehmen, wie es von vielen Religionen angeboten wird, die dazu gemacht sind, uns die begehrte innere Sicherheit zu geben. Aber sollte jemand oder etwas unseren Glauben herausfordern oder eine andere, gar gegensätzliche Perspektive einnehmen, wie das in einer so differenzierten Welt immer wieder geschieht, kann uns das in Verwirrung stürzen. Es kann und wird uns unweigerlich zurückwerfen in die Angst, indem das Glaubenssystem, von dem wir abhängig geworden sind, jetzt in Frage gestellt wird.

Glaubenssätze sind ihrer Natur nach trennend. Sie halten uns im Stadium von Widerstand und Furcht. Wir können nicht einem Glauben anhängen *und* im Zustand des Willkommen-heißens sein. An einem System von Glaubenssätzen festzuhalten, ist das genaue Gegenteil der allumfassenden Offenheit, die das Erwachen repräsentiert. Glaubenssätze bringen nicht nur Konflikte und Zweifel mit sich – „Welchem Glauben sollte ich anhängen? Welchen sollte ich ablehnen?" – sie führen auch unweigerlich zu Trennungen und Abgründen zwischen den Anhängern eines Glaubens und denen eines anderen.

Die meisten Konflikte in der heutigen Welt beruhen auf der Anhaftung an fundamentalistische Glaubenssysteme, ob religiös, kulturell, ethnisch oder politisch. Je mehr wir sehen können, dass alle Glaubenssysteme inklusive der am meisten gepriesenen und emotional aufgeladenen nur mentale Konstrukte sind – *Annahmen* der

Wahrheit, aber nicht die Wahrheit selbst, desto mehr werden wir unsere Sehnsucht nach etwas Tieferem, Wirklicherem als nur Worte und Ideen wahrnehmen.

Das Problem der Religionen ist unabhängig von ihrem Alter, wieviele Gläubige ihnen anhängen oder wie edel oder heilig ihre Traditionen sind, dass sie im Grunde nur Geschichten über Herkunft, Bedeutung und Bestimmung des Lebens sind. Und, wie Sie sehen, sind Sie nicht Ihre Geschichte, Sie sind gar keine Geschichte.

Wenn Sie einmal die Welt in Ihrem Kopf als Illusion durchschaut haben, können Sie nicht länger einer „Geschichte" über die Wirklichkeit anhängen, auch keiner religiösen Geschichte. Stattdessen erleben Sie, wie Sie gleichermaßen den Kern der Wahrheit und das Gute in allen Religionen ehren.

Der Pfad der Freiheit ist allerdings nicht kompatibel mit dem Gang in die Kirche, die Moschee oder den Tempel. Je freier Sie von Ihrer eigenen Geschichte werden und von der Anhaftung an Ideen und Vorstellungen eines „Selbst", desto klarer werden Sie das Herz großer spiritueller und religiöser Lehren verstehen und sich ihm anverwandeln. Sie werden sich einfach nicht mehr in all den Dogmen, Regeln, Verboten und Schuldzuweisungen verlieren.

Meister Eckhart, der deutsche Mystiker des 15. Jahrhunderts, hatte deutlich seine wahre Natur verwirklicht, aber er fuhr fort, ein christlicher Prediger zu sein. Der Dalai Lama ist ein gegenwärtiges Beispiel eines erwachten menschlichen Wesens, das durch sein Schicksal dazu bestimmt ist, für den Buddhismus zu sprechen, besonders den tibetischen Buddhismus.

Für eine wachsende Anzahl von uns überall in der Welt gilt jedoch: Je tiefer unsere eigene Erforschung der wahren Natur Gottes und der Schöpfung und je größer unser Hunger nach wahrem innerem Frieden und Freiheit, desto weniger befriedigt uns jegliche Form von Glauben oder Geschichte. Wir wollen die Erfahrung der Freiheit, der Erleuchtung *jetzt*.

Damit das geschehen kann, müssen wir in diesem Augenblick präsent sein, all unsere Geschichten und Glaubenssätze als das sehen, was sie sind – bloße Objekte des Bewusstseins – und begreifen, dass wir die Bewusstheit sind, die sieht ...

Tun Sie das jetzt ... Seien Sie die Bewusstheit, die Sie sind ...
Wenn es hilft, treten Sie mit Ihrem Gewahrsein aus jeglichen Geschichten in Ihrem Kopf zurück ... Oder seien Sie einfach präsent als das erwachte Gewahrsein, das Sie sind ...
Nehmen Sie dann wahr, wie Sie als dieses aufmerksame Wesen weiterhin hier sind, aus Ihren Augen leuchtend, mit Ihrem Herzen empfindend ... In diesem Moment besteht jedoch keine Notwendigkeit, sich selbst über irgendeine Geschichte zu definieren, weder religiös, noch kulturell, persönlich oder sonst wie ...
Es ist nicht notwendig, sich durch irgend einen Gedanken oder eine Vorstellung zu definieren ... Dies zu begreifen, bedeutet, Freiheit zu schmecken, die Freiheit, einfach der wunderschöne, bewusste Mensch zu sein, der Sie sind ...

Die Geschichte des Bewusstseins

Wenn es eine Geschichte gibt, welche die wahre Natur der Wirklichkeit erklärt, könnten wir sie die Geschichte des Bewusstseins nennen. Die Geschichte handelt davon, wie das Bewusstsein *aus uns* hervorgeht, blühen möchte, von uns ins Leben gebracht werden möchte. Und dieses Blühen des Bewusstseins geschieht, wenn wir begreifen, dass wir *Das* sind; wir sind das Bewusstsein selbst in menschlicher Form. Dann werden Frieden und Ganzheit zu unserer inneren Realität, und je mehr Menschen zur inneren Wahrheit erwachen, desto mehr erscheinen Frieden und Ganzheit auch in der äußeren Realität.

Wenn Sie in der Lage sind, Glaubenssätze und Vorstellungen beiseite zu lassen, denen Sie eventuell noch anhängen und sich die Art und Weise anschauen, wie physische Realität gestaltet ist, dann werden Sie eine bemerkenswerte Entdeckung machen. Sie werden zu denselben Einsichten gelangen, wie viele führende Wissenschaftler unserer Zeit.

Die Entdeckung ist, dass die Realität ein einheitliches Feld von Energie und Bewusstheit ist. Sie ist kein Universum voneinander getrennter Objekte und Dinge, von „uns“ hier drin und dem Rest der Welt da draußen, wie Newton glaubte. Es ist ein auf Teilnahme ausgerichtetes Universum, wo jeder Partikel und jedes Atom in

Verbindung existieren. Physische Realität ist so verbunden, dass ein System schon allein dadurch beeinflusst und verändert wird, dass es beobachtet wird – und das wiederum beeinflusst und verändert den Beobachter.

Diese Perspektive gewinnt den Sätzen des Buddha, dass „Form Leere sei und Leere Form" und dass „alle zehntausend Dinge von einem einzigen Gedanken erschaffen" seien, eine völlig neue und erstaunlich gegenwärtige – gleichzeitig zeitlose – Bedeutung ab.

Das ermöglicht uns, Jesu Wort „Ich und der Vater sind eins" auf neue Art und Weise zu verstehen, wenn Sie „Vater" als Repräsentanten der Bewusstheit sehen, die wir sind. Es macht es uns leichter, Jesu Satz zu seinen Jüngern (und ich paraphrasiere hier) zu verstehen: „Dies gilt auch für Euch. Ihr seid ebenso Teil der Einheit, wie ich."

In der hinduistischen Mythologie wird das Universum als multidimensionales Juwelen-Netz wahrgenommen, in dem jeder ein Spiegelbild des anderen und grundlegend mit ihm verknüpft ist. Eine alte chinesische Weisheit besagt: „Reiße einen Grashalm aus, und Du erschütterst das Universum." Damit ist die fundamentale Qualität, die alles verbindet, benannt: Bewusstheit selbst.

Lassen Sie mich ein Beispiel geben: Stellen Sie sich vor, Sie sitzen mit einer Gruppe von Leuten an einem See. Die Menschen stammen aus verschiedenen Ländern, verschiedenen Ethnien und sprechen unterschiedliche Sprachen. Aber das Eine, was Sie gemeinsam haben, ist, dass Sie alle zu ihrer wahren Natur erwacht sind. Jeder von Ihnen weiß auf tiefster Ebene seines Seins um sich selbst. Es ist also ein schöner Tag, der Himmel ist wolkenlos, und alle sitzen in komplettem Schweigen, in Harmonie mit der gesamten Existenz da. Und was Ihnen klar wird, ist, was Ihnen schon immer klar war, seit Sie zuerst zur inneren Wahrheit erwachten. Ihnen wird klar, dass da nur eine Bewusstheit präsent ist, die sich durch jede Person – und das ganze Leben – in einmaliger und unterschiedlicher Weise ausdrückt.

Kunihiro Yamate, ein zeitgenössischer japanischer Sozialwissenschaftler und Philosoph schreibt in „The Way of No Thinking", einem Buch, das seine Sicht des Lebens beschreibt:

„Wenn wir zu der Tatsache erwachen, dass wir nicht Menschenwesen oder Erdlinge sind, sondern Universarier, werden wir diese unbeschreibliche Einsicht haben, dass wir die Ausdenker des gesamten

Universums sind. Die Menschen, die wir jetzt ansehen, sind nicht andere. Sie sind Spiegelbilder unseres eigenen Selbst. (...) Da wir gemeinsam und miteinander das ganze Universum sind, können und sollten wir wahrhaftig sagen: Ich bin Du, Du bist ich. Wir haben eine holographische Beziehung. Wir sind holographische Wesen, und unser Umgang miteinander ist nicht mehr im Individuum begründet. Wir Phänomene im Universum überschneiden uns. Das ist natürlich, da wir alle Charaktere und Rollen in einem Traum oder einem Stück sind, das wir in unserem Bewusstsein spielen."

Man denkt an den brillanten Stückeschreiber Shakespeare, der ein Metaphysiker eigener Art war, und vor vierhundert Jahren schrieb: „Die ganze Welt ist eine Bühne und alle Männer und Frauen bloße Spieler."

Was durch den universalen oder holographischen Standpunkt deutlich wird, ist, dass wir die ganze Sache gestalten. Nichts geschieht, wenn wir es nicht denkend oder träumend ins Sein bringen. Der persönliche Beweis dafür ist tiefer, traumloser Schlaf, in dem es kein Gewahrsein und keine Welt gibt. Wenn Sie jedoch anfangen zu träumen, ist die Traumwelt genau aus dem Grund vorhanden, weil Sie ihrer gewahr sind. Wenn Sie dann aufwachen, ist die „reale" Welt um Sie, weil Sie ihrer gewahr sind.

Je vertrauter Sie mit dieser Perspektive werden, desto mehr verwandelt diese Ihr Verständnis davon, wer Sie sind, was Gott ist, wie Sie hierher gelangt sind und was mit Ihrem „Ich" geschieht, wenn Ihr Körper stirbt.

Wenn Sie sich diesen tieferen Wirklichkeitsebenen öffnen, dämmert Ihnen langsam, dass Bewusstheit selbst – reines, strahlendes Gewahrsein – Ihre wahre beständige Natur ist. Und wenn Bewusstheit Ihre wahre Natur ist, wenn Bewusstheit die Urkraft hinter der Schöpfung ist, dann muss Bewusstheit – klare, ungeteilte Bewusstheit, die sich nicht nur durch den menschlichen Geist, sondern durch sämtliche Schöpfung ausdrückt – Gott sein.

Mit anderen Worten, das Universum ist Gott. Gott ist das Gesamte. Gott ist Bewusstheit selbst, und er ist Ihr „Ich", da Ihr Körper/Geist/Selbst der individualisierte, einzigartige Ausdruck der einen göttlichen Bewusstheit ist.

Dies nicht nur auf intellektueller Ebene, sondern mit der Gesamtheit Ihres Wesens zu verstehen, heißt, sich nicht mehr getrennt vom

Fluss der Bewusstheit und der Schöpfung zu fühlen; das ist die Essenz dessen, was es bedeutet, erwacht und frei zu sein.

In dieser Freiheit nutzen Sie die Kraft von Geschichten und Gedanken *bewusst*, weil Sie wissen, wie machtvoll der Verstand ist. Sie nutzen Gedanken mit der Absicht, eine Wirklichkeit zu erschaffen, die Ihnen selbst und Ihren Lieben am besten dient – und die am besten die Umwelt unterstützt.

Mit dieser Freiheit erfahren Sie ein natürliches Gefühl der Einheit, und dies ebnet den Weg für eine erhöhte Empfindsamkeit und ein wachsendes Mitgefühl allem Lebendigen gegenüber. Vor allem erleben Sie tiefen inneren Frieden und Stille.

Dies ist das von all jenen erfahrene Geheimnis, die über ihre Identifikation mit dem „Ich" hinausgehen. Sie entdecken das ungeheure Reich des *Seins*, welches über den Verstand hinausgeht und was doch die Quelle aller Schöpfung ist, auch des Verstandes und des „Ich"-Gedankens.

Geschichten rund um die Angst auflösen

Eine der traditionellen Definitionen für Erwachtsein oder Erleuchtung ist, dass sie Zustände der Furchtlosigkeit sind.

Die Reise des Erwachens ist vor allem ein Prozess des Entdeckens und Konfrontierens Ihrer verschiedenen Ängste. Wenn Sie mit mehr und mehr Klarheit erkennen, dass diese Ängste nicht real sind, beginnen diese, sich aufzulösen. Dann sind Sie natürlicherweise liebevoller und der Bewusstheit näher verbunden, Gott, dem beseelten Geist oder wie immer Sie die mysteriöse Kraft hinter der Schöpfung bezeichnen.

Zusammen statten die Lehre und die Praxis Sie dafür aus, Ihren Ängsten zu begegnen, durch sie hindurchzugehen und sie nach und nach alle hinter sich zu lassen. Anstatt vor der Angst zurückzuschrecken und sie zu einer Art Ungeheuer aufzubauen, bieten Sie ihr die Stirn, wie ein Krieger, und entdecken ihr wahres Gesicht. Es gibt einen alten irischen Spruch: „Wenn Du vor einem Gespenst davon läufst, wird es Dich jagen und für den Rest Deines Lebens verfolgen. Aber wenn Du anhältst, Dich umdrehst und es anschaust, wird es verschwinden, denn Gespenster gibt es nicht."

Auf dem Pfad des Erwachens lernen Sie nicht nur der Angst wach und entspannt zu begegnen, sondern jedem Moment. Vor Jahren kam ich selbst auf meiner Reise jedes Mal nach einem Durchbruch zu derselben Erkenntnis. Sie hatte mit dem Loslassen eines Aspektes meiner Vergangenheit, meiner Geschichte zu tun – irgendeines Denk- oder Verhaltensmusters, das mir nicht länger dienlich war. Plötzlich fühlte ich mich entspannter, mehr *hier*. Ich sagte zu mir: „Wow, meine spirituelle Reise handelt nur davon, hier anzukommen. Es geht darum, präsenter zu sein."

Sie können damit vermutlich etwas anfangen. Während wir aufwachsen, verstricken wir uns tendenziell in unserer persönlichen Geschichte, wir schreiben uns eine Vergangenheit aus Misserfolgen und Erfolgen, Zweifeln und Befürchtungen, Hoffnungen und Träumen und halten uns am liebsten in dieser inneren Wirklichkeit auf. Sie sind nicht allein. Wir machen das alle so, bis wir etwas anderes lernen. Dennoch ist es genau diese Anhaftung an die innere Welt der Vorstellungen, Glaubenssätze, Erinnerungen und Bilder, die uns vom Gegenwärtigsein abhält.

Je tiefer Ihr Erwachen, desto freier werden Sie von psychischer und emotionaler Angst. Sie sorgen sich nicht länger darum, was Ihnen geschehen *könnte*. Sie wissen jetzt, dass Sie als Bewusstheit immer unbeschadet sein werden.

Aber sogar mit dem Erwachen ergreift uns im Moment konkreter physischer Bedrohung biologische Angst, die Angst vor tatsächlichem körperlichem Schaden. Das ist ein notwendiger Überlebensmechanismus. Wenn jemand eine Bewegung macht, als wolle er Sie schlagen, werden Sie zusammenzucken oder zur Seite springen. Wenn Sie Fallschirmspringen, wird Ihr Magen sich vermutlich in dem Moment, wo Sie in dreitausend Metern Höhe aus dem Flugzeug springen, nervös und elend anfühlen, auch wenn Ihre Selbstverwirklichung tief und gereift ist.

Aber sogar die Angst vor dem Tod verliert ihren Stachel, wenn Sie zu der Bewusstheit erwachen, die Sie sind und sich mit der erstaunlichen schöpferischen Energie verbinden, die unter dem oberflächlichen Drama des Lebens immer da ist.

Je bewusster und freier Sie werden, desto mehr werden Sie sich im Angesicht von Gefahr, Anstrengung oder Verlust als klarsinnig und in überlegener Weise mit der gegenwärtigen Situation umgehend erleben. Wenn Sie aufhören, zu kämpfen und Widerstand zu leisten, hat das Leben seine eigene, überraschende Art, in Ausgleich und Harmonie zu gelangen. Auf diese Weise geschehen Wunder. Das geschieht alles nicht in irgendeiner verheißenen Zukunft oder einem imaginierten Leben nach dem Tod, sondern genau jetzt, im gegenwärtigen Moment.

Anstatt zwanghaft darüber nachzudenken, was es für die Erleuchtung braucht, warum Sie immer noch leiden oder warum Sie noch nicht frei sind, lassen sie die Anhaftung an all Ihre Vorstellungen und Geschichten von Erleuchtung und Leiden los, und konzentrieren Sie sich darauf, vollends gewahr zu sein, bewusst und gegenwärtig *jetzt*. Dann wird die Erfahrung der Freiheit immer häufiger und die Zeiten von Auseinandersetzung und Leiden werden weniger und kürzer.

Wenn Ihr Blick nach innen die Illusion der Welt zwischen Ihren Ohren – der Welt, die Sie so lange als „Ich und meine Geschichte" bezeichnet haben – tiefer durchdringt, wird nach und nach alle Furcht vor dem Leben und dem Tod Sie verlassen. Dann wird die Befreiung, die Sie suchten, Ihre sein.

Die Übung, nach der Geschichte zu suchen

Schritt 1: Sitzen Sie einige Minuten lang in Meditation und beobachten Sie Ihren Körper, Ihren Atem, die Empfindungen, Gedanken und Gefühle innerhalb des Gewahrseins, das Sie sind ... Erinnern Sie sich jetzt an den jüngsten Anlass, bei dem Sie erschüttert oder durcheinander waren, Sie sich provoziert fühlten, als Sie über etwas brüteten oder in irgendeiner anderen Art und Weise litten.

Seien Sie dann einfach ganz gegenwärtig mit dieser Erinnerung. Sie können Sie sogar willkommen heißen und affirmativ zu sich selbst sagen: „Ah, das zeigt mir, wo ich noch nicht frei bin."

Schritt 2: Sehen Sie sich jetzt die Geschichte an, die Sie sich unmittelbar vor dem schmerzlichen Ereignis erzählten. Etwas geschah oder jemand sagte oder tat etwas oder dachte an etwas, und das rief diese Reaktion in Ihnen hervor. Das verletzte einen tief verwurzelten Glauben oder eine Vorstellung – Ihre „Geschichte" – darüber, wie die Dinge sein sollten. Die Folge waren Verletzung und Leiden.

Von diesem entspannteren und meditativen Ort aus sehen Sie sich nun an, wie es einfach die Geschichte war, welche die emotionale Reaktion in Ihnen hervorrief. Vielleicht entstand die Geschichte aus einer Zurückweisung oder Verletzung, die Ihnen vor langer Zeit zugestoßen ist. Sie haben eine Geschichte darüber erfunden, und die hat sie seitdem beherrscht. Dieser Prozess bringt vielleicht andere Geschichten zum Vorschein, weitere Gefühle, Befürchtungen und Unsicherheiten. Seien Sie auch mit diesen präsent ...

Nehmen Sie wahr, wie die Geschichte, der Gedanke oder Glaube, den Sie sich selbst erzählen, sich verschiebt und verändert, und auch die Empfindungen und Gefühle, die Sie erleben, verschieben und verändern sich.

Schritt 3: Sehen Sie dann die Wahrheit ... Sie, als Gewahrsein oder Zeuge, der alles beobachtet, sind immer da. Sie verändern sich nicht. Nur der Gehalt Ihres Verstandes und die Gefühle Ihres Körpers verändern sich ...

Wenn die Situation, welche den Schmerz verursachte, wieder passieren könnte, können Sie sie vor Ihrem inneren Auge entstehen lassen. Stellen Sie sich das schlimmstmögliche Szenario vor. Sehen Sie, was geschieht. Sagen Sie sich dann: „Was wäre, wenn mir das noch mal passieren würde? Wie würde ich darauf reagieren, wenn ich bereits frei wäre?" Kehren Sie dann sanft in das klare, schwingende Gewahrsein zurück, das Sie sind.

Das ist ein besonders kraftvoller Weg, um mit der Angst vor dem Tod zu arbeiten. Was, wenn Sie bald sterben würden? Was können Sie anderes tun, als im höchsten Maß präsent zu sein, dem Tod sozusagen mit offenen Augen zu begegnen? So begegnet der wahre Krieger, die wahrhaftige Kriegerin seinem oder ihrem letzten lebendigen Augenblick – ohne jegliche Geschichte – und Sie lernen, dasselbe zu tun.

Sie entwickeln die Präsenz, die Ihnen ermöglichen wird, all ihren Ängsten zu begegnen und deren grundsätzliche Immaterialität zu erkennen. Ihre Ängste sind bloß Geschichten und Bilder in Ihrem Kopf mit den korrespondierenden, reagierenden Gefühlen in Ihrem Körper. Wer und was Sie wirklich sind, ist sehr, sehr viel größer als alles, was Sie erleben.

Diese Geschichten, Glaubenssätze und Bilder werden sich auflösen, indem Sie sie mit der Kraft der Präsenz, dem klaren Licht der Bewusstheit illuminieren. Die kontrahierten Gefühle werden sich ausdehnen, und Sie werden sich der grenzenlosen Klarheit und Freiheit unserer wahren Natur öffnen.

Kapitel Drei

3. Schritt – Sehen Sie die Wahrheit

Das Herz der Lehre ist, zu sehen, dass Sie nicht Ihre Geschichte sind. Sie sind eher das, was die Geschichte *betrachtet* – klare, lebendige, gegenwärtige Bewusstheit. Dies zu verwirklichen, heißt, während Sie durch den Tag gehen, sehr präsent, sehr wach zu sein.

Im Lauf der Zeit werden Sie begreifen, dass Sie der ultimative Zeuge alles dessen sind, was Sie beobachten. Sie sind das Gewahrsein oder die Bewusstheit, welche Ihren Körper, Ihren Geist, Ihre Persönlichkeit *und* die Geschichten, die Sie sich erzählen, wahrnimmt.

Solche Wachheit hat enorme Vorteile. Wenn Sie wahrhaftig erkennen, dass Sie nicht Ihre Geschichte und überhaupt keine Geschichte sind, wird sich eine Verschiebung einstellen. Sie werden feststellen, dass Geschichten ihre Macht über Sie verlieren, und emotionale Erschütterungen und Konflikte lösen sich auf und setzen dabei Ihre Energie frei. Sie fühlen sich geerdeter und mehr in Ihrer Mitte, in Ihrem wahren Wesen, in der reinen Bewusstheit. Sie sehen tatsächlich alles mit neuen Augen. Sie können mit Klarheit und Kraft mit dem umgehen, was vor Ihnen liegt.

Ich werde manchmal gefragt: „Ich sehe die Macht der Verschiebung, von der Sie sprechen, aber ich finde es schwierig, die religiöse Geschichte meiner Kindheit loszulassen. Ich habe vermutlich tiefe Ängste durch meine katholische (oder protestantische oder jüdische) Erziehung. Ich fürchte mich vor Gottes Urteil und davor, Ihn zu erzürnen."

Unsere innere spirituelle Reise beginnt erst dann wahrhaft, wenn wir die persönlichen, kulturellen und religiösen Geschichten, mit denen wir uns so sehr identifiziert haben, ebenso hinterfragen wie auch unsere Vorstellungen von Gott und unsere Angst davor, beurteilt zu werden.

Die Reise ist der Prozess des Loslassens von Anhaftung an unsere innere, vorgestellte Wirklichkeit, während wir durch Stille und innere Ruhe etwas hinter den Worten und Ideen suchen, hinter unseren Vorstellungen und Glaubenssätzen rund um „Gott". Das kann eine erschütternde Zeit in unserem Leben sein, denn wir stellen alles in Frage, was uns bis hierher lieb gewesen ist. Alles, worauf wir unser persönliches Empfinden von Identität aufgebaut haben, löst sich auf.

Bei tiefer Selbstüberprüfung steigen auch Zweifel und Skepsis auf, die sich einmischen, und wir sind uns nicht länger sicher, was wir glauben sollen. Wir sind uns nicht mehr sicher, wer oder was wir sind. Im Zen nennen sie dieses fragende Stadium: „Plötzlich sind Berge nicht mehr Berge, Flüsse sind nicht länger Flüsse."

Diese Stufe unserer spirituellen Entfaltung ist eine Zeit des Lernens, mit dem Nicht-Wissen als notwendigem Vorreiter des Erhaltens von wahrer Erkenntnis oder Einsicht klarzukommen. Diese Phase kann eine Menge Erfahrungen von „dunkler Nacht in der Seele" enthalten. Dazu kommt es, wenn all unsere inneren Befürchtungen, Dämonen und Zweifel an Intensität gewinnen und wir das Gefühl haben, wir können uns nirgendwo hin wenden, als allerletztes an „Gott", an den wir den Glauben verloren haben. Dennoch ist es eine perfekte Gelegenheit, unsere Fähigkeit der Praxis zu entwickeln, die Fähigkeit, angesichts von Selbstzweifeln und Unsicherheit präsent und allem Existierenden gegenüber offen zu bleiben.

An diesem Punkt wachsen und vertiefen sich unsere religiösen Sehnsüchte zu wahrer Spiritualität. Spiritualität ist personalisierte und in die Erfahrung geholte Religion. Religion betont Glaubenssätze, Codes, Doktrinen und die Notwendigkeit von Vermittlern zwischen uns und dem Göttlichen – den Priester, den Pastor, den Rabbi, den Mullah, u.s.w. Spiritualität ist davon gekennzeichnet, Glaubenssätze und Vorstellungen loszulassen und sich einer direkten *Erfahrung* von Einheit und Freude zu öffnen, von der die Religion spricht.

Das kommt natürlich, nachdem wir durch die Kraft unserer eigenen Präsenz und unser beständiges Gewahrsein den Dämonen oder dunklen Mächten, die uns bestürmen, entgegen getreten sind. Es erfordert, dass wir verletzlich sind, offen für was auch immer entstehen mag. Die meisten von uns müssen dazu irgendwann durch ihr ganz eigenes Feuer gehen, manchmal sogar ein wütendes Inferno von Gefühlen, Ängsten oder Selbstzweifeln, bevor wir zu Stille und Frieden gelangen. Es ist vielleicht kein Wunder, dass jemand einmal sagte: „Religion ist für Menschen, die Angst davor haben, in die Hölle zu kommen; Spiritualität ist für Menschen, die schon dort waren."

Wenn die religiöse Phase unserer Reise auf dem Glauben oder dem Glaubensversuch an eine Version von Wahrheit oder eine andere Geschichte über Gott und die Schöpfung, die uns anspricht, basiert, dann werden wir in dieser Phase tatsächlich anfangen, unsere eigene Wahrheit zu erkennen. Unser Gewahrsein dehnt sich aus, wenn wir das loslassen, was wir zu wissen meinen, und dann fangen wir wirklich an zu *erkennen* – das Ungeheure und die Zeitlosigkeit der Bewusstheit, welche wir sind, auf tiefe und differenzierende Weise wahrzunehmen.

In Augenblicken der bewegungslosen Stille können wir die Bewusstheit als tatsächliche Energie, als Strom, als kraftvolles Empfinden eines Mysteriums und der Präsenz wahrnehmen. Und dort finden wir unseren Glauben: In der wahrnehmbaren Natur der Existenz anstatt in Geschichten, Glaubenssätzen und Ideologien.

Wenn Sie feststellen, dass Sie sich in einer Ihrer Geschichten oder mentalen Konstrukte verfangen haben, dann ist das das Zeichen, einen tiefen, langsamen Atemzug zu nehmen, sich zu entspannen und in der Gegenwart zu *sein*. Üben Sie. Werden Sie sehr gewahr, was Sie in sich und um sich herum empfinden. Lassen Sie zu, was immer in Ihrer Erfahrung aufsteigt und heißen Sie es willkommen. Das bedeutet es, ein bewusstes menschliches Wesen zu sein.

Erinnern Sie sich häufig daran: Sie sind *nicht* Ihre Geschichte, die davon handelt, wer Sie sind oder was geschieht. Sie sind die ewigpräsente Bewusstheit, das zeitlose Gewahrsein, das bezeugt, erlebt und teilnimmt an der sich entfaltenden Schöpfung.

Je mehr Sie nach innen schauen, desto mehr tauchen Sie im wörtlichen Sinn in den Brunnen Ihres eigenen Seins – und es ist hier, in den Tiefen Ihres eigenen Herzens und Ihrer Seele, wo Sie die wahre Quelle des ausgeglichenen Seins entdecken werden. Je tiefer Sie in den gegenwärtigen Moment hineingehen, desto wahrscheinlicher sind Sie mit der Glückseligkeit in Berührung, die alle spirituell erwachten Menschen entdeckt haben, unabhängig von ihrer Religion, Tradition oder Herkunft ...

Tun Sie das jetzt ... Halten Sie inne und seien Sie für einige Augenblicke ganz präsent ... Nehmen Sie jegliche Gedanken oder Geschichten wahr, die Ihnen durch den Kopf gehen und affirmieren Sie: „Ich bin nicht meine Geschichte ..." Dann atmen Sie, entspannen Sie sich und seien Sie präsent. Lassen Sie sich ins Jetzt fallen ... Von diesem Ort der Klarheit aus stellen Sie sich die ungeheure Ausdehnung Ihrer wahren Natur vor. Die Endlosigkeit, welche sich, wenn Sie eins sind mit sich selbst, als Glückseligkeit in jeder Zelle Ihres Körpers manifestiert ... Atmen Sie in diese Glückseligkeit ... Lassen Sie sich in sie hineinsinken ... Öffnen Sie dann die Augen und seien Sie ganz präsent, hier und jetzt ...

Glückseligkeit steigt durch das in direkter Erfahrung gewonnene Erkennen auf, dass Sie tatsächlich eine Manifestation der einen göttlichen Energie oder Bewusstheit sind. Sie sind ein Teil der liebenden Kraft, die das Universum gebiert, nährt, erhält und leitet. Diese Kraft ist die Quelle aller Schöpfung. Wenn Sie sich selbst als diese Kraft erkennen, werden die Namen dafür unwesentlich. Wie das Tao Te Ching sagt: „Das Tao, welches benannt werden kann, ist nicht das Tao. Wenn eine Bezeichnung notwendig ist, heißt sie Wunder."

Sie mögen noch nicht tief in diesem Wissen verwurzelt sein. Vielleicht verlieren Sie noch häufig das Empfinden von Verbundenheit und Einheit. Vielleicht fühlen Sie sich noch irgendwie abgetrennt vom untergründigen Strom des Lebens. Vielleicht halten Sie sich an die Vorstellung des Zeugen, der leidenschaftslose Beobachter aller aufkommenden Gedanken, Empfindungen und Gefühle zu sein, und das führt zu einer gewissen geistige Dürre in Ihnen. Das ist unvermeidlich.

Einer Vorstellung oder Geschichte anzuhängen, löscht immer die Leidenschaft und quetscht den Saft aus der Erfahrung von Augenblick zu Augenblick, besonders, wenn es über viele Jahre anhält. Vielleicht schwanken Sie aber auch zwischen friedlichen, glückseligen meditativen Zuständen und persönlichen Auseinandersetzungen, Selbstzweifeln und dem Widerstand gegenüber dem, was ist.

Für viele, viele Menschen ist es genug, das Göttliche nur kurz einmal zu berühren, und sie gehen nicht weiter. Sie finden in der von ihnen gewählten Religion oder Praxis ein Zuhause. Sie leben in einem relativen Zustand von Frieden und Harmonie.

Doch für jene nach voller Verwirklichung Strebenden sind relativer Frieden und Harmonie nicht genug. Wir wollen nichts weniger, als die vollends in uns erwachte Bewusstheit. Die Barriere, welche uns an der Verwirklichung unserer wahren Natur hindert, wird immer dünner und durchsichtiger, je tiefer wir uns auf die innere Reise begeben.

Was uns in das Endstadium unserer Reise bringt, ist derselbe Antrieb, der uns fragend und suchend losgehen ließ: Die Sehnsucht nach wahrhaftiger Freiheit.

Verlangen

Viele Menschen nehmen an, dass Erwachen gleichbedeutend ist mit der Freiheit von Verlangen, aber es ist tatsächlich die Nicht-Anhaftung ans Verlangen. Erwachte Menschen sind immer noch lebende, atmende, empfindende menschliche Wesen. Sie haben immer noch gewisse Vorlieben, aber sie sind ihnen nicht mehr verhaftet. Daher leiden sie nicht mehr. Sie erleben keine Enttäuschung, Frustration oder Zorn, wenn ein Begehren nicht erfüllt wird – oder, wenn sie doch so empfinden, dann nur für kurze Zeit, und dann kehren sie sehr schnell zu ihrer vorherrschenden Seinsweise zurück, mit dem zu fließen, was *ist.*

Thomas Merton, der Trappistenmönch des vergangenen Jahrhunderts, welcher auch sehr interessiert an östlicher Weisheit war, sagte: „Das einzige Verlangen, das keine Sünde ist, ist das Verlangen nach Gott."

Wissend, dass Gott gleichbedeutend mit Erwachen oder wahrer innerer Freiheit ist, müssen Sie ihn mehr als alles andere begehren. Das ist der Tausch. Sie müssen ihn mehr als Geld, Macht, Ruhm, Sex, Beziehungen oder jedes der scheinbar unzähligen Dinge wollen, die Menschen suchen, um Sicherheit, Glück und Erfüllung in ihrem Leben zu finden.

Diese anderen Dinge zu begehren ist nicht im moralischen Sinne „falsch", aber es ist eine „Sünde", wie Merton zeigt. Die ursprüngliche

Bedeutung von Sünde im Griechischen ist „das Ziel verfehlen". Eine Sünde ist demnach jegliches Handeln oder Verhalten, das uns fernhält von dem einzigen Ort authentischen, anhaltenden Friedens und Glücks – den Tiefen unseres eigenen Selbst, unserer Gott-Natur.

Genau deshalb entzieht sich das Erwachen vielen Menschen noch immer. Sie sind von den Medien, von Filmen, Fernsehen und Zeitschriften dazu verführt, zu glauben, dass das Glück irgendwo „da draußen" zu finden sei. Wir sind darauf geeicht, mehr Geld, ein größeres Haus, ein teureres Auto, weißere Zähne, einen schlankeren Körper, eine hübschere Freundin, einen erfolgreicheren Freund oder was auch immer für die Quelle des Glücks zu halten.

Diese Dinge sind an und für sich nicht verkehrt, und es ist nicht verkehrt, irgendetwas davon zu haben. Es ist das Anhaften, welches alles Leiden erzeugt. Wenn Sie sich im Leben einzig *auf* diese Dinge konzentrieren, werden Sie die tiefe Freude und Freiheit Ihrer inneren Natur nie finden.

In diesem Zusammenhang sagte Nisargadatta Maharaj: „Erleuchtung erscheint anstrengend, aber sie fällt leicht, wenn man ernsthaft ist und ganz und gar unmöglich, wenn man es nicht ist. Alles lässt der Ernsthaftigkeit Vorrang."

Absicht, die man auch als Ernsthaftigkeit mit einem Fokus bezeichnen kann, ist die Grundlage, jegliches Wertvolle im Leben zu erreichen. Sehen Sie sich erfolgreiche Menschen an, ob in der Politik, der Unterhaltungsbranche, im Wirtschaftsleben, im Sport, oder solche, die einfach Geld verdienen, um des Geldverdienens willen. Diese Menschen sind von ihrem Begehren sehr stark motiviert und haben klare Ziele. Sie verfolgen ihre Ziele von ganzem Herzen und mit ganzer Geisteskraft. Sie wollen Ihre Zielvorgaben vor allem anderen erreichen, und sie sind bereit, dafür Opfer zu bringen.

Mit Erwachen oder Erleuchtung ist es genauso. Sie müssen es von ganzem Herzen und mit ganzer Geisteskraft wollen. Aber es gibt auch ein Paradoxon, denn Sie müssen ebenso dieses Wollen loslassen. Wenn Sie sich zu sehr in die Idee der Erleuchtung verbeißen, an nichts anderes mehr denken können, dann hindert Sie das an ihrem alltäglichen, normalen Leben. Sie entwickeln eine unrealistische Vorstellung davon, was Erleuchtung ist. Sie entwerfen eine Geschichte dazu. Sie können sich so einspinnen in das Verfolgen dieser Idee, was auch immer Erleuchtung sei, dass Sie schließlich nicht mehr mit den Anforderungen der realen Welt umgehen, wie arbeiten, Miete zahlen und sich um seine Angelegenheiten kümmern. Das führt dazu, dass Sie nicht mehr präsent sind.

Wie kann nun das tiefe Verlangen mit dem Loslassen im Gleichgewicht sein? Ich mag die Analogie der Bergbesteigung, wie ich sie in Robert Pirsigs „Zen und die Kunst ein Motorrad zu warten" las. Er beschreibt, wie ein Zen-Meister einen Berg besteigt. Der Meister ist entschlossen, den Gipfel zu erreichen, welcher in unserem Fall eine Metapher für das Erwachen ist. Dann lässt er sein Ziel los, schiebt den Gedanken in den Hintergrund und konzentriert sich darauf, die Reise zu genießen.

So ist das auch mit Ihnen. Sie erinnern sich daran, dass das Erwachen Ihr ultimatives Ziel ist, dass aber die laufende Arbeit darin besteht, jeden Augenblick des Tages wahrhaftig gewahr und präsent zu sein. Wenn Sie beginnen, sich in Ihrer Geschichte zu verheddern, in Ihren Glaubenssätzen, Vorstellungen, Rechtfertigungen, Entschuldigungen, Urteilen und Rationalisierungen, dann nehmen Sie dies wahr. Nehmen Sie es wahr, atmen Sie dann und kehren Sie in die Gegenwart zurück, in das Gewahrsein Ihrer wahren Natur.

Kehren Sie in das Gewahrsein Ihrer Selbst als Bewusstheit zurück, welche das gesamte Universum gebiert und sich durch Körper, Geist und Herz mit Ihrem Namen ausdrückt. Kehren Sie dazu zurück, die Reise zu genießen.

Die Geschichte loslassen

Erwachen ist das Ergebnis des Loslassens der eigenen Geschichte, des Loslassens aller Glaubenssätze, Vorstellungen und Bilder vom „Selbst" und des Sich-öffnens für die Schönheit und Kraft des gegenwärtigen Augenblicks. Es bedeutet, die Anhaftung an Formen von Bewusstheit loszulassen – Gedanken, Emotionen, Erfahrungen – und seine Identität in dem formlosen Reich des Seins zu finden.

Dieses Lösen geschieht ganz von selbst, wenn Sie sehen, dass die Geschichte – das innere Drama, mit dem Sie sich all die Jahre identifiziert haben – nicht wirklich ist. Dann erwachen Sie in die zeitlose Gegenwart.

In einem Workshop sagte einmal eine Frau zu mir: „Wie können Sie behaupten, meine Geschichte sei nicht wirklich? Als Kind bin ich körperlich und emotional von meinem Stiefvater missbraucht worden, und meine Mutter hat nicht eingegriffen. Selbst jetzt, im Alter von vierzig Jahren, habe ich heftige Erinnerungen an jene Jahre. Manchmal habe ich Albträume davon."

Ich antwortete, dass die Erfahrung, als Kind missbraucht worden zu sein in ihrem Fall unzweifelhaft das war, was in der Realität geschehen sei, und wiederholter Missbrauch über viele Jahre verstärkt eine „Geschichte" der Angst, des Opferseins und Leidens.

Solange Sie sich selbst diese Geschichte erzählen – zum Beispiel „Meine schreckliche Kindheit hat mir Narben fürs Leben beigebracht" – dann wird dies immer wieder Gefühle des Schmerzes und der Taubheit hervorrufen, von ohnmächtiger Trauer und Furcht. Sie werden sich in bestimmtem Maße gezeichnet fühlen, und diese emotionalen Narben können Ihre Fähigkeit, als reife, verantwortungsvolle Erwachsene zu funktionieren, beeinträchtigen.

Wenn Menschen solch schwere emotionale Verletzungen aus der Vergangenheit haben, sieht es stark danach aus, als „sei" die Person ihre Geschichte. Solche Menschen brauchen häufig intensive psychotherapeutische Begleitung über lange Zeit, um damit beginnen zu können, ihre Vergangenheit zu heilen und sich selbst davon zu befreien. Aber unabhängig davon, wie sehr sie damals psychisch oder emotional verwundet worden waren, das war in der Vergangenheit, und wir sind im Jetzt. Niemand missbraucht sie jetzt. Wenn doch, wäre das Klügste, sich aus der Gegenwart dieser Person sofort zu entfernen.

Wenn Sie frei von Leiden sein möchten, dann müssen Sie beginnen, nach innen zu schauen. Sie müssen es als die Identifikation mit Ihrer Geschichte betrachten – das Anhaften an ihre Erinnerungen aus der Vergangenheit – welches immer wieder Verletzung und Schmerz in der Gegenwart hervorruft.

Mit anderen Worten: Wenn Sie an die Geltung der Vergangenheit glauben, werden Sie sich in den Formen der Vergangenheit verlieren. Aber die Erinnerungen, Geschichten und Glaubenssätze, an denen Sie sich festhalten, wie sehr Sie auch immer auf deren Wahrheit bestehen („Ich hatte eine furchtbare Kindheit", „Ich bin nichts wert", „Mein Kopf mit seinen spukenden Erinnerungen gibt einfach keine

Ruhe"), dienen nur dazu, das Sich-zeigen neuer, schöpferischer und heilender Möglichkeiten zu verhindern.

Je mehr Sie lernen, präsent zu sein, Ihr Gewahrsein auszudehnen, desto mehr werden Sie das gesamte innere Drama als selbst-erzeugte „Geschichte" durchschauen, als ein Mischmasch aus Gedanken, Glaubenssätzen und Wahrnehmungen, die nicht im Außen, sondern einzig in Ihrem Verstand zu finden sind. Und je mehr Sie das begreifen, desto mehr davon löst sich auf. Ohne das psychische und emotionale Festhalten entspannt sich Ihr Körper, Ihr Geist wird klar, und Sie beginnen, zu der Erfahrung Ihrer wahren Natur als Offenheit, Weite und Freiheit zu erwachen.

Auch wenn Freiheit bedeutet, zu realisieren, dass Sie nicht Ihre Geschichte sind, haben Sie natürlich eine Geschichte. Wir alle haben eine Geschichte. Wir haben alle viele Geschichten. Eine der Wonnen, ein Mensch zu sein, ist die Fähigkeit, unsere Geschichten zu teilen. Wir haben Geschichten über unser historisches und kulturelles Herkommen; Geschichten über die Dinge, die wir gebaut, geträumt oder uns vorgestellt haben; Geschichten unserer Erfolge, Misserfolge, Fehler und Lektionen; und Geschichten über unsere Lieben, Verluste, Freuden, Traurigkeiten und unsere Verzweiflung.

Die Schönheit des Erwachens besteht in der Auflösung des Anhaftens an und der Identifikation mit den Geschichten, die Sie früher benutzten, um zu beschreiben, wer Sie sind. Dann sind Sie in der Lage, ohne persönlich zu leiden mit ihnen zu leben und über sie zu sprechen. Das gewinnt ihnen wesentlich mehr Spaß ab und macht sie unterhaltsamer – und ja, manchmal auch schmerzlich und traurig. Weil Sie aber nicht länger in das Drama darum herum verwickelt sind, können Sie gleichzeitig das, was daran zu lernen ist, effektiver und schneller aufnehmen.

Je schneller Sie die Anhaftung an Ihre eigene Geschichte loslassen und nur noch zuhören und darauf achten, was *ist*, desto klarer werden Sie jede Lektion erkennen, die es zu lernen gilt, und desto näher kommen Sie der Freiheit, die Sie suchen. Dann können Sie anfangen, eine neue Geschichte Ihres Lebens zu schreiben, diesmal werden Sie es bewusst tun, ohne persönliche Identifikation oder Anhaftung.

Lassen Sie alle Gedankenkonstrukte los

Es ist unvermeidlich, dass Sie bis zum Erwachen in tiefere Ebenen der Freiheit versuchen werden, an einer Geschichte festzuhalten – irgendwelchen Gedanken, Glauben, Vorstellungen oder Philosophien – die Ihnen den Geschmack und das Gefühl der gesuchten Freiheit geben. Das ist bis zu einem bestimmten Punkt in Ordnung, aber im Lauf der Zeit wird Ihnen klar werden, dass sogar die Worte und Philosophien, wie zutreffend oder prägnant sie auch immer sein mögen, losgelassen werden müssen.

Eine der letzten öffentlichen Veranstaltungen mit Jean Klein, an der ich teilnahm, fand in einem Gemeindezentrum in Sausalito, Kalifornien statt. Es waren fünfzig oder sechzig Leute im Raum, die geduldig darauf warteten, dass Jean hereinkäme und seinen Platz in der ersten Reihe einnähme. Als er erschien, musste ihn jemand auf dem Weg zu seinem Platz stützen. Er wirkte sehr alt, schmal und zerbrechlich, aber seine grazile europäische Haltung war noch immer deutlich zu sehen, und er war so elegant gekleidet wie eh und je.

Er setzte sich mit einiger Mühe hin und lächelte uns an. Ein wunderschönes, klares Licht schien aus seinen Augen. Wir saßen eine Weile in Stille, dann begann er zu sprechen. Er sprach von der Notwendigkeit, durch die „Person" hindurchzuschauen, damit wir zu unserer realen Präsenz, unserem wahren Wesen kommen könnten. Es gab einige Fragen und einen sich anschließenden Dialog. Mitten am Abend hob eine ernsthaft wirkende junge Frau in einem Business-Kostüm die Hand. Als Jean ihr zunickte, erhob sie sich. Sie sah aus wie eine Bankerin oder Börsenmaklerin. „Dr. Klein, darf ich Sie fragen, welche Lebensphilosophie Sie haben?"

Ein langes Schweigen entstand. Dann ließ Jean eines seiner entwaffnenden Lächeln aufscheinen. „Madame, ich habe keine Philosophie ... Deshalb bin ich ein glücklicher Mann."

Eine Welle des Gelächters ging durch den Raum. Die junge Frau lächelte und setzte sich wieder.

Noch Monate nach diesem Wortwechsel ertappte ich mich dabei, über Jeans Worte nachzudenken. Es war so einfach. Vergiss die Philosophien, die Geschichten, die Glaubenssätze, die Theorien, und bleibe einfach in der Offenheit und Freiheit Deiner wahren Natur.

Dann werden wir wirklich glücklich sein. Wir werden aus der Ganzheit leben, mit Weisheit und Mitgefühl, und wir werden tun, was getan werden muss – ohne Aufregung und ohne uns zu beklagen.

Wenn wir uns aber an eine Philosophie halten, ein Glaubenssystem oder einen Plan irgendeiner Art, erschaffen wir ein Hindernis für das Entfalten von etwas Tieferem, Authentischerem, Frischerem und Lebendigen. Wenn unser Glaube die Vorstellung eines getrennten „Selbst" unterstützt, einer einsamen Welle im Ozean des Lebens, dann erzeugt dieses Getrenntsein Empfindungen von Isolation, Unsicherheit und Angst.

Wenn wir aber von aller Philosophie und allen Geschichten ablassen und einfach nur *sind*, dann ist die Freude unser ...

Versuchen Sie, diesen Ort jetzt zu berühren ... Seien Sie präsent mit was immer Sie gerade erleben ... Nehmen Sie jegliche Gedanken und Geschichten wahr, die Ihnen durch den Kopf gehen und jegliche Wahrnehmung von Gefühlen in Ihrem Körper... Sehen Sie sie, als was sie sind ... nur vorübergehende Phänomene, die kommen und gehen ... Stellen Sie sich nun sich selbst als leeren Raum innerhalb Ihres Körpers vor, eine Leere, die gleichzeitig unendlich erfüllt ist ... Nehmen Sie wahr, wie „Sie" als das Gewahrsein alles dessen immer noch sehr hier sind ... In diesem Augenblick brauchen Sie keine Geschichte oder Theorie ... Öffnen Sie dann die Augen und seien Sie einfach präsent als das wunderschöne, bewusste Wesen, das Sie sind ...

Verlieren Sie den Kopf

Eines Morgens ein oder zwei Jahre vor meinem Erwachen zur Freiheit unserer wahren Natur meditierte ich auf der Terrasse eines kleinen Hauses auf dem Land, wo ich früher gelebt habe. Mein Geist war ein bisschen unruhig, mein Denken unklar. Ich fühlte meinen Körper, Geist und meine Seele nicht wirklich im Einklang. Es fehlte eine Art Leichtigkeit. Als ich auf meinem Meditationskissen saß und nach Osten über die üppig grünen Hügel und Täler auf die dahinterliegenden Berge blickte, kamen mir die Worte:

Höchst präsent, mit ruhigem Geist
atme ich die Schönheit dieses Augenblicks.

Dieses Mantra setzte ich viele Male im Lauf der Jahre erfolgreich für mich ein. Es war wie eine besondere Kraft, eine Erinnerung daran, präsent zu sein. Ich wurde jedenfalls sehr still und aufmerksam, mit allen Sinnen wahrnehmend. Und plötzlich stieß ich mit dem Kopf durch die grauen Wolken meiner Gedanken, und mein Gewahrsein wurde so weit, rein und leer wie der Morgenhimmel selbst. Alles wurde vibrierend klar.

Ich sage, es war so, als hätte mein Kopf die Wolken durchstoßen, aber als ich meinen Körper wahrnahm, war es so, als ob ich gar keinen Kopf hätte. Oberhalb meiner Schultern war nur Gewahrsein, Offenheit, endlose Klarheit und Strahlen ... und das strömte mit der Welt um mich herum ... Der Himmel selbst, die Bäume und das nahegelegene Tal, die Berge in der Ferne, eine gelegentliche Krähe, die vorbeiflog, ein Greifvogel, der ruhig am Himmel seine Kreise zog, alles wurde eins.

Es war die ungewöhnlichste Erfahrung überhaupt und ganz und gar erhellend. Es war das erste Mal, dass ich begriff, alles zwischen meinen Ohren ist irreal. Die Geschichten sind nicht real. Gedanken sind nicht real. Die Bilder und Vorstellungen in meinem Geist sind nicht real. Sie sind nur Phantome, ephemere Blitze, momentane Erscheinungen, die symbolischen oder schöpferischen Wert haben mögen, aber kein eigenes wirkliches Sein aus sich selbst heraus.

Wie ich da saß und in dieses außerordentliche Gefühl und die Freiheit, „kopflos" zu sein, atmete, erinnerte ich mich an ein Buch des englischen Mystikers Douglas Harding, welches ich vor Jahren gelesen hatte. Es hieß „On having No Head". Er beschreibt darin eine Erfahrung ähnlich der meinen, die dazu führte, dass er seine wahre Natur begriff.

Eine Tages war er auf Wanderschaft im Himalaya, als alles in seinem Geist plötzlich stillstand. Er schaute an seinen Beinen hinab, schaute wieder hinauf bis auf seine Hemdbrust und fand dort, wo sein Kopf sein sollte, ein Loch. Aber das Loch war nicht einfach leer: Es war erfüllt von der Weite des Himalaya-Panoramas um ihn herum. Mit seinen Worten: „Ich hatte einen Kopf verloren und eine Welt gewonnen."

Bedenken Sie im Lauf des Tages immer mal wieder die Aussage, dass die Welt wie Sie sie zwischen Ihren Ohren kreiert haben, irreal ist. Das betrifft auch Ihr Empfinden des „Selbst“, „jemand“ mit einer persönlichen Geschichte zu sein. Diese Übung allein wird Sie früher oder später in den kopflosen Zustand bringen. Indem Sie erkennen, dass Gedanken keine substanzielle Realität haben, wird ihr Kopf klar werden.

Anstatt dieses dichte, runde, Bowlingkugel-artige „Ding“ auf Ihren Schultern zu tragen, welches sich Sorgen macht, sich ärgert und sich festbeißt, werden Sie beginnen, Leichtigkeit, Weite und ein wunderbares Gefühl der Leere und Freiheit dort zu erfahren, wo sich vormals Ihr Kopf befand.

Die Erfahrung der Kopflosigkeit bringt Sie in Ihren Körper und in Ihr Herz. Sie löst die Illusion der Angst auf und öffnet der Liebe Tür und Tor. Wenn Sie anfangen, mehr und mehr in Ihrem Körper zu leben, in Ihrem natürlichen Zustand des Gewahrseins, der Empfindung und des Gefühls, brauchen Sie keine konzipierte Identität mehr. Sie werden nicht mehr an Geschichten und Glaubenssätzen oder einem „Selbst“-bild irgendeiner Art festhalten müssen.

Sie werden das Denken als das schöpferische Instrument nutzen, welches es ist, aber Sie werden sich davon nicht mehr kontrollieren lassen.

Sie werden zu dem erwachen, wer und was Sie wirklich sind. Der Strom von Energie oder beseeltem Geist hinter aller Schöpfung wird eine wahrnehmbare Präsenz für Sie werden. Das wird der Ihnen einzig notwendige Beweis für Ihre Existenz sein.

Die Fähigkeit, tatsächlich die Schönheit und Kraft zu spüren, aus der Sie bestehen, wird Ihnen in hinreichendem Maß zeigen, dass Ihr Leben bedeutsam und wertvoll ist.

Einsamkeit und das große Nichts

Ein vierzigjähriger Mann vertraute mir einmal an: „Ich erlebe gerade eine sehr schwere Zeit. Wann immer ich mich zum Meditieren hinsetze, komme ich an einen Punkt, an dem sich ein Gefühl von Frieden und Wohlbefinden auszubreiten beginnt. Und dann kommt von ganz tief in mir ein Gedanke oder ein Bild herauf, das mit meiner Familie, meinen Freunden oder meiner Arbeit zu tun hat, und es löst ein Gefühl der Angst aus. Es gibt mir das Gefühl, auf dem falschen Weg zu sein und dass Meditation, anstatt mich lebendiger zu machen, mich irgendwie vom Leben isoliert. Ich fühle mich plötzlich sehr allein im Universum – schmerzhaft allein. Es fühlt sich wie eine schreckliche Leere an, und dann kommt Panik auf. Ich muss sofort an etwas Positives denken oder ganz mit der Meditation aufhören. Wie soll ich damit umgehen?"

Vor vielen, vielen Jahren durchlebte ich etwas Ähnliches. Ich saß und meditierte, wie dieser Mann, gelangte in einen bestimmten Entspannungszustand, und dann tauchte undeutlich dieses furchtbare Gefühl der Leere, des Nichts auf. In meinem Fall dauerte das über ein Jahr. Es brachte mich dazu, beinahe nicht mehr zu meditieren, so fürchtete ich diesen Zustand.

1982 nahm ich dann an einem Retreat von Richard Moss in der Mojave Wüste in Südkalifornien teil. Richard war früher Mediziner und nun ein Lehrer der Transformationsarbeit. Seine Arbeit beeinflusste mich damals sehr. Er lehrte mich, aus meinem Kopf und damit aus dem Reich der Gedanken herauszutreten und zu Energie, Empfindung, Gefühl und den nicht-sprachlichen Anteilen von Erfahrung zu erwachen.

Als der Retreat begann, schloss ich einen Pakt mit mir selbst: In den nächsten zehn Tagen würde ich nicht versuchen, meine Erfahrungen intellektuell zu verstehen. Ich hatte in meinem Leben mit einer neuen Art von Gewahrsein zu experimentieren begonnen und entdeckt, wie kraftvoll es war, nur in der *Erfahrung* dessen zu sein, was gerade geschah, ohne das Eingreifen des konzeptualisierenden, analytischen, Geschichten-konstruierenden Verstandes.

Es wurden zehn außergewöhnliche Tage mit vielen Gipfelerlebnissen, Einsichten, Durchbrüchen, emotionalen Hochstimmungen und einigen wenigen Tiefpunkten. Am letzten Abend dann, ungefähr eine Stunde vor dem Abschiedsessen, entschloss ich mich, noch ein bisschen zu meditieren. Ich wickelte mich warm ein, denn der Abend war kalt, ging hinaus in die Dunkelheit und saß auf der Veranda meiner Hütte. Es war absolut still. Der Nachthimmel über mir war schwarz und unendlich, mit dem strahlenden Licht von Myriaden von Sternen ausgekleidet. In dem Tal, das sich vor mir erstreckte, funkelten ein paar verstreute Lichter von den Ranches in der Gegend. Hinter dem Tal lagen die gezackten Berge, deren Silhouette sich dunkel vom Nachthimmel abhob.

Als ich so saß wurde ich sehr still. Zuerst war da Frieden, ein sanftes Loslassen der Spannung, die ich von einer langen Wanderung am Nachmittag noch im Körper trug. Als ich aber ganz ruhig wurde, geschah „es“ wieder: Die gespenstische Leere und Einsamkeit, die meine Meditationen heimgesucht hatten, begannen, sich wie eine dunkle Wolke auf mich zu senken. Ich registrierte, wie ich an meine Eltern dachte, die weit, weit weg in Neuseeland lebten und an meinen Bruder in Australien. Ich fragte mich, ob ich ihn jemals wiedersehen würde. In der dunklen, unfruchtbaren Leere der Wüste zu sein, vergrößerte nur noch das, was ich empfand.

Plötzlich hatte ich genug. Ich wollte nicht mehr meditieren. Ich wollte kein einsamer Sucher der Wahrheit mehr sein. Ich wollte nicht erleuchtet sein. Es war zu einsam. Es brachte zuviel Angst mit sich, Angst vor dem Unbekannten. Ich sagte mir, ich sollte an etwas anderes denken, an etwas Normales. Ich hatte genug davon, mich auf diese Weise vom Leben zu isolieren.

Aber etwas in mir riet mir, nicht in meinen Verstand davonzulaufen, sondern einfach bei der Leere zu bleiben, ihrer sehr gegenwärtig zu sein. Ich erinnerte mich an ein Zitat, das Richard aus der Bibel gebracht hatte: „Alle Täler sollen erhöht werden.“ Die Botschaft war, anzunehmen, was immer gerade geschah.

Viele Jahre später hörte ich Jean Klein mit anderen Worten dasselbe sagen: „Heißen Sie Ihre Erfahrung willkommen.“ Es ging darum, nicht vor dem, was geschah davonzulaufen, sondern sich ihm zu stellen. Besonders präsent zu sein darin und sich nicht in irgendeiner Geschichte zu verlieren, nicht in den Verstand zu flüchten.

Indem wir uns stellen und damit umgehen, durchläuft unser Gefühl oder die Empfindung eine Veränderung und wird zu etwas anderem. Das ist der Weg zur Freiheit. In meinem Fall begriff ich, war es die Angst, vor der ich davon lief, speziell die Angst vor dem Nicht-Sein, die Angst davor, wer ich ohne meine Geschichte wäre.

Es war also ein mir innewohnendes Zutrauen, etwas Tieferes in mir, was mir jetzt zuflüsterte: „Es ist in Ordnung, Jim, diese Leere zeigt Dir, wo Du noch nicht frei bist. Mach sie zu deiner Freundin, weise sie nicht zurück. Du bist die längste Zeit vor ihr davongelaufen. Warum bleibst Du nicht einfach mal da?“

Ich atmete also langsamer und tiefer in jeden Teil meines Körpers. Dann schaute ich wieder in den kalten Nachthimmel zu den funkelnden Sternen hinauf. Sie schienen mir freundlich zuzublinzeln. Als ich mit meiner Aufmerksamkeit wieder in mein Inneres zurückkehrte, fand ich dort immer noch die Leere vor, aber sie fühlte sich irgendwie nicht mehr so leer an. Sie hatte Ihre Bedrohlichkeit verloren. Ich wurde nicht mehr so ängstlich wie vorher.

Nach einer Weile stand ich auf und ging hinunter zu den anderen zum Abendessen. Es war ein fröhlicher Abend, eine Feier von allem, was wir gemeinsam durchlebt hatten, und es gab viel Freude und Gelächter. Während des Abends überprüfte ich mehrmals in mir, was ich fühlte. Die Leere war kaum noch da. Sie war mehr eine vage empfundene Erinnerung.

Nach diesem Retreat in der Wüste kehrte die Leere niemals mehr zurück, zumindest nicht mit dieser Wucht, und ich war in der Lage, noch tiefer zu meditieren. Wenn sie doch einmal an die Oberfläche kam, stellte ich mich ihr, akzeptierte sie und atmete in sie hinein. Sie ging dann stets zurück und löste sich nach und nach auf. Sie werden dieselbe Freiheit finden, wenn Sie lernen, die Täler zu erhöhen und die sogenannten negativen Erfahrungen willkommen zu heißen. Laufen Sie nicht vor der Angst davon, und sie wird ihre Freundin werden.

Was auch immer Sie erfahren, was auch immer die Empfindung oder das Gefühl ist, bleiben Sie dabei. Behandeln Sie es wie einen Rest der Vergangenheit. Es gibt nichts, worüber Sie bekümmert sein müssten, also atmen Sie hinein und lassen Sie Ihr Gewahrsein sich ausdehnen. Gehen Sie nicht in Ihren Kopf, in irgendeine Geschichte darüber, was gerade passiert. Wenn es hilft, sagen Sie sich: „Ich heiße dieses Gefühl willkommen. Es zeigt mir, wo ich noch nicht frei bin.“ Oder Sie können einfach sagen: „Auch dieses wird vorübergehen.“ Denn das wird es. Und dann öffnen Sie sich dem.

Öffnen Sie sich nicht nur den Resten von Angst und Befürchtung, sondern allem gegenüber, was Sie in diesem Moment wahrnehmen. Atmen Sie tief und seien Sie sehr präsent. Erinnern Sie sich daran, wozu Sie hier sind – zu erwachen, frei zu sein. Wenn Sie das tun, wird sich die Energie verändern. Sie wird in Übereinstimmung kommen.

Dann werden Sie den Frieden Ihrer wahren Natur erkennen. Sie werden eine unmittelbare Erfahrung davon haben und diese wird von nichts abhängen, weder von einer Geschichte, noch von einem Glauben, von Bedingungen oder den Umständen.

„Wie kann ich das festhalten?“

Eine der meistgestellten Fragen von Menschen, die von ihrer wahren zeitlosen Natur gekostet haben, ist: „Wie kann ich diesen Frieden, diese Harmonie und Glückseligkeit, die ich empfinde, festhalten?“ Die Antwort ist natürlich, dass Sie das nicht können, weil Sie beides von Grund auf *sind.*

Sie entspannen sich erst in die Leichtigkeit und Weite Ihres natürlichen Seinszustandes, wenn „Sie“ als reines Gewahrsein und Bewusstheit die Illusion des Ego durchschauen, des kleinen, verstandesmäßigen „Ich“, welches einen friedlichen oder glückseligen Zustand versuchen will, aufrecht zu erhalten.

Ich erwähnte bereits Suzuki Roshi und seine Feststellung, wie wichtig es ist, einen Anfängergeist zu haben. Anfängergeist kann man nicht erwerben. Es ist der natürliche Zustand Ihres Seins. Um dorthin zurückzukehren, lassen Sie alles Wissen und alle angesammelten Geschichten los, wenn auch nur für eine oder zwei Minuten, und seien Sie sehr präsent im gegenwärtigen Augenblick. Seien Sie Ihrer selbst gewahr als das Gewahrsein und die Bewusstheit hinter allem. Tun Sie dies, und Sie sind im Anfängergeist. Dann wird die Frage nach dem Festhalten von irgendetwas verschwinden. Sie werden einfach im Fluss sein, friedlich, eins mit dem Leben.

Lassen Sie mich eine andere Zen-Geschichte erzählen, die sehr fein die Übung des Anfängergeistes beschreibt: Zwei Mönche wandelten einen Pfad zum Fluss hinunter. Der ältere von ihnen war ein erleuchteter Meister. Der andere Mönch war sehr viel jünger und immer noch ein ernsthaft Suchender. Als sie nahe ans Wasser kamen, begegnete ihnen eine junge Frau, die offensichtlich verstört war.

„Ich muss mit trockenem Kimono über den Fluss gelangen, aber die Regenfälle haben den Fluss anschwellen lassen, und nun ist er zu tief für mich“, sagte die Frau. Sie schaute die beiden Mönche an.

„Ich muss die Eltern meines Verlobten besuchen. Würden Sie mich bitte hinübertragen? Ich wäre Ihnen sehr dankbar."

„Natürlich", sprach der Meister und winkte den Jüngeren heran, ihm zu helfen. Der junge Mönch zögerte, runzelte die Stirn, aber streckte dann seine Hände aus. Gemeinsam bildeten sie einen Sitz mit ihren vier ineinander verschränkten Händen und trugen die junge Frau sicher hinüber. „Dankeschön", sagte sie als sie das trockene Ufer betrat, verneigte sich graziös und ging ihrer Wege.

Die zwei Mönche wanderten weiter, aber nach einigen Kilometern wandte sich der jüngere Mönch, der innerlich kochte, seit sie angehalten hatten, um der jungen Frau zu helfen, an den Älteren.

„Ich verstehe das nicht, Meister", sagte er. Nach den Regeln unseres Klosters dürfen wir nicht einmal mit jungen unverheirateten Frauen sprechen, geschweige denn sie berühren."

„Ah", sagte der Meister. „Du trägst sie also immer noch ... ich habe sie am Flussufer abgesetzt."

Das war schon immer eine meiner Lieblingslehren im Zen. Zen ist eine Philosophie oder ein spiritueller Weg mit seiner eigenen Zusammenstellung von Traditionen und Regeln. Dennoch sind Zen-Meister zu allen Zeiten berühmt dafür, diese zu brechen. Sie begreifen, dass Regeln lediglich als Richtschnur dienen sollen. In dieser Geschichte wurde der Meister von seinem Herzen, nicht von seinem Verstand geleitet. Die Hilfsbedürftigkeit der jungen Frau hatte den Vorrang vor den Regeln, die Berührung unverheirateter Frauen betreffend. Er zögerte also nicht, ihr Unterstützung anzubieten.

Die Anhaftung an unseren Wunsch, etwas haben zu wollen, woran wir glauben können, damit wir uns sicher fühlen, ist zu Beginn einer spirituellen Reise immer stark. Solche Anhaftung beeinträchtigt jedoch unsere Fähigkeit, intelligent, schöpferisch und liebevoll auf die sehr realen Bedürfnisse des gegenwärtigen Augenblicks einzugehen. Sich einer tieferen Ebene von Freiheit und Freude in der Gegenwart zu öffnen, beginnt mit dem entschlossenen Loslassen dessen, woran Sie noch immer aus der Vergangenheit festhalten.

Wenn Sie lernen, Ihr Gepäck abzulegen, Ihren Geist auf diese Weise zu leeren, geschieht ein enormes Zusammenströmen von Energie, da diese nicht länger von Gedanken zerstreut und fragmentiert wird. Sie erleben sich dann als sehr gewahr in der Gegenwart.

In diesem Zustand von Gewahrsein und Offenheit wird das Denken von allen psychischen und emotionalen Überlagerungen befreit und steht als machtvolles schöpferisches Instrument zur Verfügung – ein Instrument für weises und mitfühlendes Handeln.

Lassen Sie Ihre Anhaftung an die Glückseligkeit los

Wie die Frage nach dem Festhalten des erwachten Zustandes, bekomme ich auch Variationen dieses Satzes häufig zu hören: „Als ich vor vielen Jahren meine eigene spirituelle Reise begann, war ich von dem brennenden Verlangen beherrscht, nicht nur meine eigene Freiheit zu finden, sondern ich wollte die Welt verändern. Im Lauf der Zeit wurde es immer einfacher, meinen Verstand in der Meditation zur Ruhe zu bringen. Vor kurzem begann ich dann, eine tiefe Empfindung von Frieden und Glückseligkeit in der bewegungslosen Stille und dem Schweigen zu entdecken. Jetzt habe ich das Gefühl, als sei ich abhängig, ja beinahe süchtig nach dieser Glückseligkeit. Ich bin wirklich präsent wenn ich meditiere, aber ich erlebe, dass ich mich damit von der Welt und ihrem Wahnsinn abwenden möchte. Manchmal fühle ich mich wie Kaiser Nero, der auf der Geige spielte, während Rom niederbrannte."

Wenn Sie Ihre spirituelle Suche ernst nehmen, dann muss Ihnen eine Welt, in der jeder die Freiheit hat, er selbst zu sein und sich schöpferisch auszudrücken, wichtig sein. Schließlich handelt Spiritualität vom Erwachen zu Weisheit und Liebe, zur Einheit, die wir mit der ganzen Menschheit und mit allem Lebendigen gemeinsam haben.

Je weiter Sie jedoch auf dem Pfad voranschreiten, je mehr Sie lernen, präsent zu sein und sich der Schönheit und Kraft des gegenwärtigen Moments zu öffnen, desto mehr werden Sie diese Kraft in Ihrem Körper als Glückseligkeit empfinden. Mit tiefer Muskelentspannung wird eine Flut von Endorphinen, der schmerzstillenden Hormone, freigesetzt. Ich nenne Endorphine die Glückseligkeits-Chemie. Sie geben Ihnen das Gefühl, als ob jede Zelle Ihres Körpers in Glückseligkeit und Ekstase schwingt. Das ist enorm heilsam und transformierend. Gleichzeitig öffnen Sie sich der tieferen spirituellen Energie, die alle Schöpfung durchdringt. Diese Präsenz ist die Quelle grundlegender Harmonie.

Wenn Ihnen das neu ist, ist es durchaus verständlich, dass Sie Ihre ursprüngliche Absicht, zu einer freieren, liebevolleren Welt beizutragen, vergessen. Es ist einfach, sich im Entzücken der Meditation zu verlieren, verführt vom Mysterium und dem Wunder Ihrer eigenen Reise durch den inneren Raum. Sie fangen an, eine Geschichte zu spinnen über sich selbst als Sucher, als Meditierender, als Reisender im Innern.

Mir ist das auch passiert. Zunächst mal macht das nichts. Wie Teenager, die Grenzen erforschen und ihr Feld ausweiten wollen, müssen wir das auch tun, wenn wir zum ersten Mal unsere Spiritualität erkunden. Nach und nach wird Ihnen aufgehen, dass sogar Glückseligkeit ihre Grenzen hat. Es ist wie mit der Sexualität. Ein Orgasmus wäre irgendwann nicht mehr genießbar, wenn er zu lange dauern würde. Jede Empfindung, jedes Gefühl wird, wenn es zu lange anhält, unweigerlich zu Leiden.

Glückseligkeit ist ein Zustand; er kommt und geht. Wenn Sie an einem Zustand anhaften, indem Sie eine Geschichte dazu entwerfen, säen Sie die Samen des Leidens. Das Leiden entsteht, wenn die Glückseligkeit entweder abwesend ist, oder die Glückseligkeit ist da, aber das Leben ruft Sie, und dann haben Sie da diese Ablenkung, welche Sie von der Glückseligkeit entfernt, von der Sie so abhängig geworden sind.

Lassen Sie mich eine Geschichte erzählen. Als mein Sohn Adam etwa ein Jahr alt war, ungefähr um die Zeit, als ich Jean Klein kennenlernte, hatte ich in meiner Meditation einen Punkt erreicht, an dem es mir leicht fiel, ganz und gar präsent zu sein, jegliche Spannung aus meinem Körper und Geist zu lösen und mich der Glückseligkeit zu öffnen. Wellen von Glückseligkeit durchliefen mich einfach, und ich fühlte mich wie im Himmel. Ich entwarf eine Geschichte zu meinen neuen Erfahrungen, überzeugt davon, dass ich Erleuchtung gefunden hatte – vielleicht nicht zu hundert Prozent, aber doch zu achtzig oder neunzig.

Eines Morgens, als ich mich gerade zum Meditieren hingesetzt hatte und eben begann, auf dem Gefühl von Glückseligkeit zu schweben, fing Adam im Schlafzimmer nebenan zu weinen an. Seine Mutter Barbara rief: „Jim, bitte wechsle Adam die Windel, ich bin gerade beschäftigt!“ Ich erinnere mich, wie ich zusammenzuckte. Das Gefühl der Glückseligkeit war gerade wirklich stark, und das Letzte, was ich wollte, war, aus meiner Meditation aufzustehen, um die volle Windel meines Sohnes zu wechseln.

Dann hörte ich eine Stimme in mir – unzweifelhaft die Stimme meines Gewissens – sagen: „Jim, Dein Sohn ist in einer unangenehmen Situation, er muss gewickelt werden, und Du willst nicht hingehen, weil es Deine glückselige Meditation unterbricht. Und das nennst Du *Erleuchtung*?“

Also stand ich auf, wechselte seine Windel und erhielt auch noch eine großartige Lektion, eine Lektion, die dann auch noch von der Erfahrung, Jean zu begegnen, verstärkt wurde.

Erwachen, oder Erleuchtung, wie er sagte, hat nichts mit der Anhaftung an Zustände der Glückseligkeit zu tun, noch an Zustände des Friedens, der Freude, der Stille oder sonst etwas.

Es geht darum, die Illusion des „Ich“ zu durchschauen. Es geht darum, sich von der Identifikation mit dem Denken – der Welt zwischen unseren Ohren – zu befreien. Es geht um ein Leben im Gewahrsein, höchst gewahr zu sein, das willkommen zu heißen, was auch immer aufsteigt, und darum, das zu tun, was getan werden muss. Ob es das Wechseln einer Windel ist, oder jeden Tag ins Büro zu gehen. Ob es darum geht, Maßnahmen gegen die Umweltverschmutzung zu ergreifen, Obdachlosen zu helfen, Armut zu beseitigen oder ein anderes der unzähligen Probleme zu lösen, die uns als menschliche Wesen aufgegeben sind.

Früher oder später werden Sie erkennen, dass Sie nicht nur zu Ihrem eigenen Wohl auf diesem Weg der Freiheit und des spirituellen Erwachens sind. Sie tun das nicht nur für Ihren eigenen Seelenfrieden oder um sich selbst von Auseinandersetzungen und Stress zu befreien – obwohl das ein wesentlicher erster Schritt ist und der Ort, an dem die meisten von uns anfangen. Letztendlich tun Sie es, damit die Welt verbessert wird.

Die Befreiung von der Angst, das Erwachen des Herzens wird mehr und mehr Ihre Sie leitende Vision, Ihr *Grund, da zu sein.* Wenn Ihre Freiheit, Furchtlosigkeit und Einfühlung sich vertiefen, werden

Sie Menschen auf Arten berühren, die Sie sich nicht einmal vorstellen können. Sie werden begreifen, was Oliver Wendell Holmes meinte, als er sagte: „Der Ort für den Mann, der in allen Teilen vollkommen ist, ist mitten im Kampf."

Sie vollbringen vielleicht keine großen Leistungen, Sie arbeiten vielleicht im Kleinen und spielen in keiner großen Arena – sehr wenige von uns tun das – aber auch der Nachbarin zu helfen, einen guten Beitrag in ihrer Familie oder Gemeinde zu leisten, ist reichlich. Wenn jeder von uns seinen eigenen Müll einsammelte, mit Güte spräche und im Handeln ein ursprüngliches Empfinden von Respekt und Wahrnehmung für seine Mitmenschen zum Ausdruck brächte, würde die Welt sich schnell verändern, selbst wenn wir nicht mit jedem Glauben und jeder Haltung oder Handlung von anderen einverstanden wären.

Die beglückende Entdeckung ist jedenfalls, dass die Glückseligkeit – auch wenn Sie die Anhaftung daran loslassen – immer hier ist. Sie müssen nur innehalten, ruhig werden, atmen, Ihren Körper entspannen, und sofort sind Frieden, Stille, Glückseligkeit und die Fülle des Seins genau hier. Sie waren immer hier. Sie sind tatsächlich Ihre wahre Natur. Sie sind unsere wahre Natur ...

Probieren Sie aus, ob Sie das jetzt erleben können ... Halten Sie inne, und werden Sie sehr still, sehr wach, höchst präsent ... Lassen Sie jegliche Gedanken und Geschichten los, die Ihnen durch den Kopf gehen, und seien Sie ganz und gar im Hier und Jetzt ... Stimmen Sie sich dann auf die ungeheure Ausdehnung in Ihrem Innern ein, eine Endlosigkeit, die gleichzeitig ganz erfüllt ist ... Schauen Sie, ob Sie die Fülle als Glückseligkeit erleben können, durch jede Dimension Ihres Seins prickelnd ... Atmen Sie und lassen Sie sich in diese Wahrnehmung hineinsinken ... Lassen Sie dann die Vorstellung von „Glückseligkeit" los, öffnen Sie die Augen und seien Sie einfach da ....

Die Wirklichkeit vom Blickwinkel hinter der Wirklichkeit aus betrachten

Shankara war einer der ursprünglichen Meister nicht-dualistischer Weisheit im achten Jahrhundert in Indien. Er lehrte das Verständnis der Wirklichkeit als unteilbares Ganzes. Er sagte: „Die Verwirklichung der Wahrheit wird von der Wahrnehmung bewirkt und in keinster Weise von zehn Millionen Handlungen."

Was er damit meinte, ist, dass alle spirituellen Techniken und Übungen und alle guten Werke in der Welt uns nicht befreien werden. Körperarbeit und Atemtechniken sind nicht genug. Meditation wird es nicht vollbringen. Mitfühlendes Handeln an der Menschheit wird es nicht schaffen. Diese Praktiken sind nützlich – und Mitgefühl wird sicherlich rund um die Welt gebraucht – aber nur eine Veränderung der Wahrnehmung, die unser Thema ist, wird Sie tatsächlich befreien: Die Wahrnehmung von der begrenzten, ego-gebundenen Perspektive des „Ich und meine Geschichte" in die ausgedehnte Vision klaren, gedanken-losen, gegenwärtigen Gewahrseins.

Je mehr Sie sich dessen bewusst werden, desto intuitiver begreifen Sie, dass Sie nicht Ihr Körper, Geist oder Ihre Sinne sind, denn diese können beobachtet werden. Sie sind eher das, was *beobachtet.* Was Sie tatsächlich sind, ist makelloses Gewahrsein oder Bewusstheit, die sich durch das einmalige Instrument Ihrer Körper-Geist-Individualität mit Ihrem Namen ausdrückt. Sie sind das zeitlose, unwandelbare Gewahrsein, welches das sich ewig wandelnde Drama des Lebens wahrnimmt und darauf reagiert. Sie sind die Bewusstheit, die die gesamte Welt zwischen Ihren Ohren gebiert, die Welt, die Sie stets für „Ich" hielten.

Je tiefer die Durchdringung Ihrer selbst als Bewusstheit hinter allem – als Ozean, der sich in der Welle mit Ihrem Namen ausdrückt – desto mehr nähern Sie sich der Wahrnehmungsveränderung, welche wahre innere Freiheit ist.

Wenn Sie den Kern der Wahrheit über Ihr Sein unvermindert suchen, wird sein Erkennen und dessen Verwirklichung im Laufe der Zeit vollendet, und Sie müssen nicht länger daran „arbeiten", gewahr zu sein. Sie werden sehen, dass die Welt zwischen Ihren Ohren tatsächlich eine

Art Traumwelt ist, eine selbsterschaffene Fiktion, eine von Ihnen gemachte Geschichte, und bereits durch dieses Erkennen beginnt sie, ihre Wirkung zu verlieren. Sie müssen sie nicht einmal aktiv loslassen. Wenn Sie einmal begriffen haben, dass die Geschichte, an der Sie so hingen, nicht real ist, werden Sie das Interesse daran verlieren, ähnlich wie ein Kind sich vom Mythos des Weihnachtsmannes verabschiedet (wenn auch mit großen Widerständen!).

Ihr Verstand beherrscht Sie dann nicht länger. Stattdessen sind jetzt Sie als Bewusstheit die bestimmende Kraft. Sie haben weiterhin Gedanken. Aber Sie wissen jetzt, dass Sie nicht Ihre Gedanken sind. Sie haben immer noch eine Geschichte, aber Sie wissen jetzt, dass Sie nicht Ihre Geschichte sind. Sie haben immer noch ein Ego, aber Sie wissen jetzt, dass Sie nicht Ihr Ego sind. Von diesem Ort innerer Freiheit können Sie dann Gedanken auf bewusste, hoch fokussierte Art benutzen. Sie können die schöpferische Kraft von Gedanken einsetzen, um erwünschte Ergebnisse in Ihrem Leben zu manifestieren. Das bedeutet es, aus der Wirklichkeit hinter der Wirklichkeit heraus zu sehen und zu leben.

Wenn die Lehre und die Praxis immer mehr in ihr Leben integriert werden, finden Ihre körperlichen, geistigen und emotionalen Energien ihre natürliche Balance und ihren Ausgleich. Heilung kann sich dann ausbreiten, oft auf sehr tiefen Ebenen. Wenn Krankheit oder physische Symptome anhalten, ist es wesentlich leichter, mit ihnen zu leben und umzugehen. Sind Sie einmal zu Ihrer wahren Natur erwacht, werden diese Dinge Sie nicht mehr so belasten, wie das früher der Fall war.

Ob es ein körperliches Symptom oder jeglicher andere, schwierige Umstand ist, Sie tun alles, was Sie können, um die Lage anzusprechen, zu heilen, zu reparieren, zu verändern, aber Sie leiden nicht mehr deswegen. Wenn in der Gegenwart nichts zu tun ist, dann entspannen Sie sich und akzeptieren das. Sie fließen mit den Umständen. Sie achten auf die zu lernenden Lektionen, falls es welche gibt. Sie wenden das Gelernte an, wann und wo das angemessen ist.

Die Lehre und Praxis im Alltag

Eine junge Frau fragte mich: „Ich interessiere mich schon lange für spirituelle Themen, besonders die Freiheit, von der Sie sprechen. Mein Mann unterstützt mein Interesse nicht. Er denkt, dass Meditation und das Verfolgen eines spirituellen Pfades Zeitverschwendung sind, eine Ausflucht, die nichts mit dem wirklichen Leben zu tun hat. Was sagen Sie dazu?"

Ich sagte ihr, das erinnere mich an einen Cartoon, den ich mal gesehen hatte. Ein junger Pilger hat darin gerade eine Hütte auf einem Berggipfel erreicht, vor der ein weise aussehender Mann mit grauem Bart auf einer Matte sitzt. Der Pilger sagt zu ihm: „Meister, sagt mir bitte, was ist die Bedeutung des Lebens?" Der Typ guckt ihn mit hochgezogenen Augenbrauen an und sagt: „Keine Ahnung. Ich bin nur hier oben, um mich vor meinen Gläubigern zu verstecken."

Ohne Zweifel können Meditation und spirituelle Übungen eine Ausflucht vor dem Alltag und seinen Verantwortlichkeiten sein. Aber solange Spiritualität mit der angemessenen Einstellung aufgenommen wird, bringt sie uns immer vollständiger ins Leben. Sie hilft uns dabei, präsenter zu werden, weil sie uns nach und nach von der Identifikation mit unserem Ego befreit und von der Art persönlicher Motive und Pläne, die wahre, herzerfüllte Kommunikation verhindern.

Sehen Sie sich den aktuellen Zustand der Wirklichkeit an. Die Welt ist immer noch in Aufruhr, Terrorakte und Zusammenstöße zwischen Kriegsparteien nehmen ständig zu. Alle Kriege führen zu ungeheuer viel Leid, am meisten von Unschuldigen – was das amerikanische Militär beschönigend als „Kollateralschaden" bezeichnet. Unabhängig davon, wer den Krieg anfängt, wer Schuld auf sich geladen hat, die meisten Kriege werden von Geld, Macht und Gier gestützt und den Geschichten, an denen Menschen festhalten und mit denen sie sich identifizieren.

Manche Kriege sind das Ergebnis der Konflikte zwischen Ethnien, Stämmen oder Glaubenssystemen, letztendlich sind aber auch diese symptomatisch für eine tiefer liegende Motivation, das Verlangen sowohl nach wirtschaftlicher als auch politischer Macht. Umgekehrt entstehen diese Machtgelüste aus einer tiefen Unsicherheit, der Geschichte dessen, was das Ego überzeugt ist, für sein Überleben zu brauchen.

Ernsthaft Suchende, wie die junge Frau, sagen manchmal zu mir, dass Ihnen die Weltlage ganz und gar hoffnungslos erscheint. Sie möchten daraus flüchten, Schutz hinter den Mauern eines Klosters oder irgendwo in einem Ashram suchen.

Ich sage ihnen, dass eine Zeit des Rückzugs in einem Kloster oder Ashram stets Gutes hervorbringt, dass jedoch jede Erleuchtung, die wir dort finden, in die Welt gebracht werden muss. Wir müssen Sie vom Gipfel des Berges hinunter auf den Marktplatz tragen, was soll sie sonst nützen?

Wenn Sie sich mal wirklich ansehen, was in der Politik und im Wirtschaftsleben passiert, ist das nicht so schwer zu verstehen. In jedem Land, in allen Städten und Dörfern gibt es Gruppen von Männern – denn es sind meistens Männer –, die manipulieren, betrügen und Macht oder Gewalt einsetzen, um ihre persönlichen Interessen durchzusetzen. In ihrem Innern leben sie derweil im Dunkeln. Sie sind nicht mehr verbunden mit dem Licht der Wahrheit, das sie einmal kannten, als sie noch sehr jung waren. Jetzt kennen sie nur noch reflektiertes Licht, das Licht glänzender, teurer Dinge oder religiöser Artefakte, „heiliger" Bücher und Überzeugungen voll willkürlicher Bedeutung.

Sie sind überzeugt, die Wahrheit liege in solchen Dingen, und sie können einzig dadurch Freude finden. Daher leben sie in einer Illusion, in ihrer Geschichte. Als Ergebnis dieser Identifikation mit ihrer eigenen dunklen Geschichte, leiden sie tief in ihrer Psyche unter enormer Furcht. Durch ihr willkürliches und bösartiges Handeln bürden sie unschuldigen Männern, Frauen und Kindern ungeheures Leid auf.

Zur inneren Freiheit zu erwachen, ist der einzige Weg aus der Illusion heraus. Erwachen befreit Sie aus der Umklammerung des Ego und seiner endlosen Ängste und Unsicherheiten. Es verschafft Ihnen die Freude an Ihrer wahren Natur, die Freude, welche unabhängig von Dingen oder reflektiertem Licht ist, sondern aus Ihrem Inneren strahlt als das Licht, das Sie sind. Von diesem Licht sprach Jesus, als er sagte: „Ich bin das Licht."

Es ist wichtig, sich daran zu erinnern, dass es beim Erwachen nicht nur um Ihre eigene Glückseligkeit und Freiheit geht. Je tiefer Sie sich ins erleuchtete Gewahrsein Ihrer wahren Natur hineinbewegen, desto mehr spüren Sie die Verbindung mit dem Rest der Menschheit.

Dann werden Ihre Motive für das Erwachen weniger persönlich, und es geht mehr um das große Ganze. Sie begreifen, dass je früher eine kritische Masse von uns zu unserer wahren, göttlichen Natur erwacht, wir desto eher eine Welt haben werden, die für jeden und alles funktioniert. Wenn Sie Kinder, Freunde, Haustiere und Dinge haben, die Sie lieben, dann wird eine sichere, nährende und harmonische Umgebung für uns alle zur wirklichen Priorität.

Die Lehre und Praxis sind kraftvolle Werkzeuge, um Sie an den Ort zu bringen, wo Weisheit und Liebe sich begegnen, wo Geist und Herz eins werden. Indem immer mehr von uns diese Vereinigung in uns selbst finden, entsteht ein kumulativer Effekt, unabhängig davon, ob wir in relativer Anonymität leben oder eine Führungsposition und öffentlichen Einfluss haben.

Die Atmosphäre zwischen den Menschen wird mit Bewusstheit gesättigt, und andere, die noch nicht ganz erwacht sind, bemerken das. Es ist wunderschön, wie das funktioniert.

Menschen helfen, sich von ihren Geschichten zu befreien

Wenn ich einen Workshop oder eine private Sitzung gebe, bin ich einfach präsent mit den Menschen, während ich sie in die Erfahrung führe, präsent sich selbst und ihrer Umgebung gegenüber zu sein. Manchmal gehört zu diesem Prozess, die verdrängten Dämonen zu entdecken und ihnen zu begegnen. Wenn das der Fall ist, reise ich mit ihnen durch die dunklen Tiefen und das manchmal rasende Inferno ihres inneren Aufruhrs.

Ich leite den Menschen durch die Übung – und die ist von feinster Einfachheit und doch so machtvoll verwandelnd. Indem der Mensch noch tiefer in dies *Jetzt* vordringt, erlebt er sich selbst freier von der Anhaftung an jegliche Geschichte und das von ihr hervorgerufene Leid. Er wird klarer, entspannter, verwurzelter in seinem eigenen authentischen Sein. Wenn das in einer Gruppe, einem Workshop, stattfindet, verfolgt das der Rest der Gruppe, dabei ein Thema betrachtend, das sie erforschen wollen, und jeder hat sein eigenes kleines – oder manchmal auch großes – Aha-Erlebnis.

Der traumatische Vorfall aus der Vergangenheit ist typischerweise etwas, was uns in sehr jungen Jahren geschah – am ersten Schultag von der Mutter alleingelassen zu werden und sich unsicher zu fühlen zum Beispiel. Oder vielleicht ist es die Erinnerung an Verlassenwerden, Trauer, Schuld oder Verrat. Dieses Vorkommnis von früher hat aus dem Schatten heraus ihr ganzes Leben bestimmt. Ich begleite sie aus der Haltung heraus, sehr präsent zu sein. Ich bin aufmerksam, ruhig und entspannt. Das ermutigt sie, ebenso zu sein. Sie bekommen die Möglichkeit, ihre eigene Vergangenheit aus der klaren Perspektive der Gegenwart zu erforschen.

In einem Workshop arbeitete ich mit einer Frau mittleren Alters namens Jane. Ihre „Geschichte" besagte, dass Sie sehr um ihren Vater trauerte, der nur zwei Monate zuvor gestorben war. Er war ihr ganzes Leben lang überwiegend sehr gemein zu ihr gewesen, wie es auch ihre zwei Brüder gewesen waren, die ihr Verhalten natürlich vom Vater gelernt hatten. Dennoch hatte sie in seinem Sterben bei ihm sein wollen. Sie sagte, sie wolle ihm bedingungslose Liebe zeigen.

Sie schluchzte, während sie diese Geschichte erzählte. Ich hörte nur zu und war sehr präsent bei ihr. Dann sagte sie, seine letzte Geste auf dem Sterbebett sei gewesen, mit überraschender Zärtlichkeit ihre Wange zu berühren und ihr zu sagen, dass er sie liebe.

Ein paar andere Teilnehmer des Workshops weinten ebenfalls. Als Jane ihre Geschichte zu Ende erzählt hatte, geleitete ich sie sanft zurück in die Präsenz des gegenwärtigen Augenblicks. Ich ermutigte sie, ihre Atmung wahrzunehmen, die Lebendigkeit in ihrem Körper zu spüren, ihre Umgebung wahrzunehmen, die Anwesenheit der übrigen Teilnehmer, den Klang meiner Stimme ... Bald war sie tief entspannt und sehr viel präsenter. Sie strahlte und wirkte zehn Jahre jünger.

Fünf Tage später erhielt ich folgende Email von ihr: „Ich kann Dir nicht sagen, wie anders ich mich fühle. Es fühlt sich an, als ob mein Leben sich verändert ... Ich spüre eine so erstaunliche Bewegung, dass es schwer zu erklären ist, aber Dir muss ich es ja auch nicht erklären." Sie musste mir nichts erklären, da das der Grund ist, warum ich diese Arbeit tue. Wenn Menschen ihre Geschichten der Vergangenheit und die damit zusammenhängenden, nach innen gerichteten Gefühle loslassen, werden sie in der Gegenwart befreit. Sie fühlen sich entspannt, lebendig und sehen stets jünger aus als zuvor.

Sophia war eine weitere Klientin, mit der ich Einzelarbeit machte. Sie war fünfunddreißig und auf ihrer spirituellen Reise seit sie erwachsen war. Sie hatte in einem Ashram gelebt und von vielen verschiedenen Lehrern gelernt; dennoch hatte sie sich noch nicht von dem emotionalen Schmerz ihrer Kindheit befreien können.

Ihre „Geschichte“ war mir vertraut, eine Geschichte des Verlassenwerdens, die sie erfolglos in all den Jahren ihrer „spirituellen“ Suche zu heilen versucht hatte. Sie war ein klassischer Fall „spiritueller Umgehung“, wobei Spiritualität benutzt wurde, schwierige und schmerzhafte Gefühle zu leugnen, zu vermeiden oder der Versuch gemacht wurde, sie zu „transzendieren“.

Als sie ein Kind war, hatte ihre Mutter ihre emotionalen Bedürfnisse ignoriert und ihr Vater war stets mit seiner Arbeit beschäftigt und nie anwesend. Jetzt schwankte sie zwischen Erfahrungen von wirklichem Frieden und Glückseligkeit, die sie in Jahren spiritueller Übung erreicht hatte und Zeiten von extremem Schmerz, Trauer und emotionalem Trauma, in denen sie sich so allein und verloren fühlte, dass sie nicht mehr leben wollte.

Als ich ihr begegnete, war sie im Schmerz ihres Verlassenseins gefangen. Sie war überwältigt von Trauer und schluchzte wie ein Kind. Ich schaute ihr in die Augen und ermutigte sie, ihre Gefühle anzuerkennen, aber nicht in ihre übliche Geschichte zu diesen Gefühlen einzusteigen, die im Grunde folgendermaßen ging: *Ich fühle mich so allein ... das Leben ist es nicht wert, gelebt zu werden ... ich will nur sterben ...*

Dann sagte ich sanft aber bestimmt: „Du kannst das tragen, Sophia. Diese Gefühle stammen aus Deiner Kindheit, aber jetzt bist Du fünfunddreißig. Du bist eine erwachsene Frau, lebensklug und kraftvoll, und Du bist größer als alles, was Du erleben könntest, auch diese Empfindungen und Gefühle. Also sei die kluge und machtvolle Frau, die Du bist ...“

Sie hörte bald auf zu weinen und atmete ruhiger und ausgeglichener. Sie sah mich mit stetem, offenem Blick an. Ihre dunkelbraunen Augen funkelten. Langsam begann sie zu lächeln und sagte: „Ich *kann* das tragen ... stimmt; ich bin größer, als der emotionale Schmerz, den ich erfahre. Wow ...“

Dann umarmte sie mich und dankte mir. Ich sagte zu ihr: „Nein, bedank Dich bei Dir selbst. Danke Dir, dass Du verletzlich genug bist, Deinen Schmerz mit mir zu teilen. Jetzt hast Du ein neues Mantra, das Du Dir vorsagen kannst, wenn diese Gefühle des Verlassenseins und die Geschichten dazu wieder auftauchen." Sie lächelte wieder und sagte: „Ja, ... ich *kann* das tragen."

In einem anderen Fall wird ein Gefühl vielleicht von einer Angst vor etwas in der Zukunft Liegendem ausgelöst. Dann lade ich denjenigen ein, sich das schlimmstmögliche Szenario anzusehen, es vor seinem inneren Auge ablaufen zu lassen, es sich wirklich auszumalen, aber immer aus der Perspektive der *Gegenwart*.

Wenn wir etwas auf diese Weise aus der Gegenwart betrachten, nehmen wir wahr, dass es uns im Moment aber gut geht. Die Geschichten und Katastrophen tauchen als Vorstellung lediglich zwischen unseren Ohren auf, ausgedacht, obwohl die dadurch ausgelösten Empfindungen und Gefühle real sind. Aber in dem Moment, in dem Sie merken, dass es Ihnen eigentlich gut geht, lösen die Geschichten sich auf, und die Angst und andere verstörende Reaktionen verschwinden.

Sie können das selbst tun. Vielleicht geht es um Nervosität. Sitzen Sie mit der Frage: „Was ist der Grund für meine Nervosität?" Betrachten Sie sie von verschiedenen Seiten wie ein Mobilé. Nehmen Sie wahr, welche Bilder, Erinnerungen und Gedanken auftauchen. Vielleicht erinnern Sie sich an die Zeit, als Sie zum ersten Mal eine Frage stellten und die Lehrerin mit Ihnen schimpfte oder Sie beschämte.

Sie müssen vielleicht in Ihrer Vergangenheit stochern, um das emotionale Trauma oder Ereignis zu finden, den Ursprung der Geschichte. Die Wahrheit hinter Ihren alten Reaktionsmustern zu erkennen, ist der Beginn der Freiheit. Es erfordert Mut, sich auf diese Weise sich selbst zu stellen. Es braucht Vertrauen in den Prozess, das Vertrauen, dass das, was Sie bekommen werden, besser ist, als das, was Sie loslassen. Am Anfang weiß man das noch nicht. In gewisser Weise riskieren Sie den freien Fall.

Wenn Sie dem Trauma begegnen, können Gefühle aufsteigen, die Erfahrung einer alten Wunde. Sie werden vielleicht wütend, traurig, deprimiert. Sie müssen damit in der Gegenwart sein. Sie müssen lernen, willkommen zu heißen, was auch immer sich zeigt.

Es gibt viele Möglichkeiten, ein Problem anzugehen. Die Entscheidung, wie das geschieht, liegt immer bei Ihnen. Ich lehre den direkten Weg, den unmittelbaren Pfad. Wenn die vergessene Erinnerung – und die Geschichte darum herum – auftaucht, und Sie erkennen, dass beispielsweise Ihre Nervosität oder Angst tatsächlich von dieser Situation herstammt, halten Sie sie einfach in Ihrem Bewusstsein. Halten Sie diese vergangene Szene in Ihrem Gewahrsein. Erinnern Sie sich an so viele Einzelheiten wie möglich. Sehen Sie alles möglichst lebendig vor sich. Atmen Sie weiter, während Sie das tun.

Wenn Gefühle aufsteigen und zu stark werden, können Sie immer noch davon Abstand nehmen und später zu der Szene zurückkehren, zum Beispiel beim Meditieren am nächsten Morgen. Aber tun Sie das, kehren Sie dahin zurück und lassen Sie sich nicht zu lange Zeit. Sie möchten das bearbeiten und abschließen. Unser Ziel ist es, was auch immer unserem gänzlich präsenten, lebenszugewandten Hiersein in diesem Moment entgegensteht, loszulassen.

Im Grunde wenden Sie sich lediglich aus dem sehr klaren, geerdeten und zentrierten Gewahrsein der alten Wunde und der aus ihr entstandenen Geschichte zu. Heißen Sie sie willkommen. Schließlich zeigt Sie Ihnen nur, wo Sie noch nicht frei sind.

Vielleicht fällt Ihnen auf, dass die Erinnerung an eine Szene nicht identisch mit Ihnen ist, da Sie ja in der Lage sind, sie leidenschaftslos in Ihrem Geist zu betrachten. Sie sind der- oder dasjenige, welches schaut oder beobachtet, reines, ungebundenes Gewahrsein oder Bewusstheit selbst. Dies ist die Wahrnehmungsverschiebung, von der ich sprach. Je fester Sie an diesem Platz des gegenwärtigen Gewahrseins stehen, desto weniger Ladung und emotionale Reaktion wird die Erinnerung auslösen.

Wenn Sie Geschichten, Gedanken, Empfindungen oder Gefühle mit dem Licht intensiven, gegenwärtigen Gewahrseins beleuchten, wird sich das, was Sie beobachten, verwandeln. Geschichten, Gedanken und bildliche Vorstellungen des Geistes lösen sich auf, unangenehme Empfindungen und Körpergefühle entwirren sich und ein Gefühl echter Klarheit und Harmonie beginnt, sich in Ihrem gesamten Sein zu entfalten.

Eine Übung, präsent zu sein

Schritt 1: Wann immer Schmerz, Angst oder Leiden entstehen, seien Sie präsent damit, *heißen Sie das Gefühl sogar willkommen. Fragen Sie sich: „Was erlebe ich gerade?" Achten Sie auf die Gefühle und Empfindungen der Kontraktion oder der Störung.*

Schritt 2: Nehmen Sie dann die Geschichte wahr, *die Sie sich selbst erzählen, wie auch immer sie lauten mag. Wenn Sie wollen, können Sie mit Ihrem Gewahrsein aus der Geschichte heraus- und zurücktreten. Dann können Sie sie besser betrachten. Wenn das notwendig ist, stellen Sie sich das schlimmstmögliche Szenario vor.*

Schritt 3: Erkennen Sie dann die Wahrheit. *Erkennen Sie sich als den Betrachter. Nehmen Sie einen tiefen, langsamen Atemzug, und entspannen Sie sich. Seien Sie mit Ihrem ganzen Wesen aufmerksam. Nehmen Sie weiterhin die Empfindungen Ihres Körpers wahr. Spüren Sie die Energie und Lebendigkeit in Ihren Zellen. Lauschen Sie den Geräuschen um Sie herum. Schauen Sie sich die natürlichen und die von Menschen gemachten Dinge in Ihrer Umgebung an.*

Sehen Sie nun die Verbindung zwischen der Geschichte und dem schmerzhaften Empfinden in Ihrem Körper. Erlauben Sie dem Gefühl, das in diesem Augenblick real ist, da zu sein, aber gehen Sie nicht in Ihren Verstand, gehen Sie nicht in irgendwelche neuen Geschichten oder Gedanken dazu. Seien Sie nur das offene, gegenwärtige Gewahrsein, das Sie sind und das aus Ihren Augen heraus das gesamte Leben betrachtet. Seien Sie die unwandelbare Aufmerksamkeit hinter den sich stets wandelnden Geschichten, hinter den sich stets wandelnden Gefühlen.

Praktizieren Sie das und ich verspreche Ihnen, dass Ihre Energie sich bald wandeln wird. Solange Sie weiterhin sehr wach und gewahr sind und weder in Vorstellungen, Verleugnung oder Abwehr eines Gefühls hineingehen, noch versuchen, es zu analysieren oder zu verstehen, wird sich das zusammenziehende Gefühl entwirren und auflösen. Sie werden sich entspannter, lockerer und präsenter fühlen.

Dann werden Sie feststellen, dass Sie zwar weiterhin Gedanken und Gefühle haben, Sie aber als Gewahrsein und Bewusstheit, welche alles beobachten und erfahren, diesen überlegen sind. Ihre Gedanken werden Ihnen keine Schwierigkeiten machen. Sie werden nicht mit Gefühlen aufgeladen sein. Dann können Sie das Denken als ursprüngliches, kraftvolles, schöpferisches Instrument nutzen.

Sie können es einsetzen, um damit zu verwirklichen, was immer Ihr Herz begehrt. Das ist seine Funktion. Sie können das als die „richtige Anwendung des Denkens" betrachten.

Kapitel Vier

Dieses „Ich“ in Frage stellen

Wenn Sie erstmal daran gewöhnt sind, bei dem zu bleiben, was gegenwärtig geschieht, und nach der Geschichte hinter Ihren Phasen von Konflikten, Angegriffensein und Leiden zu suchen, werden Sie – wenn Sie auch nur ein wenig neugierig sind – unweigerlich beginnen, dieses „Ich“, von dem Sie denken, dass Sie es sind, in Frage zu stellen. Damit machen Sie den vierten Schritt, von dem ich am Ende der Einleitung sprach.

Mit tiefer Selbstbefragung werden Sie sehen, dass das „Ich“ auch nur eine Geschichte ist – die Wurzel aller Geschichten, des Geschichten*erzählers* – und dass Ihre wahre Natur die leuchtende, unwandelbare Bewusstheit hinter allem ist.

Es geht darum, das Herzstück ihrer bisherigen Selbstwahrnehmung zu untersuchen. Sie müssen nicht nur mit dem Verstand, sondern mit jeder Faser Ihres Wesens begreifen, wer Sie wirklich sind und welches Ihr Platz im Kosmos ist. Paradoxerweise landen wir bei diesem Verstehen, indem wir beobachten und entdecken, wer und was wir *nicht* sind.

Es geht darum, zu begreifen, dass Sie *nicht* Körper, Geist, Geschichte, Gedanke oder Sinne sind. Sie können das im essenziellen Sinne nicht sein, weil Sie diese beobachten. Was Sie sind, ist die Bewusstheit, die aller Dinge gewahr und sie *sehend* ist. Ihre wahre Natur ist mit anderen Worten die Bewusstheit selbst.

Die von uns geübte Praxis bereitet Sie auf dieses Verständnis vor. Die Lehre *ist* das Verstehen. Sie ist die einfache und dabei elegante Erklärung der wahren Natur der Wirklichkeit, des metaphysischen Rahmens, welcher Ihren Geist beschickt und erleuchtet und ihn in die richtige Richtung lenkt, zurück nach innen, wo die Wahrheit liegt.

Die Lehre hat zwei Aspekte: Der erste erforscht das prinzipielle Hindernis für die Gegenwärtigkeit – das Denken. Dieses Forschen führt Sie zu der Erkenntnis, dass Sie nicht Ihre Gedanken sind, nicht Ihre Geschichte, sondern stattdessen Gewahrsein oder Bewusstheit hinter den Gedanken. Dies ist die Entdeckung, die Sie von Ihrem Verstand entbindet und zur Befreiung führt.

Der zweite Aspekt hat mit bewusstem Erschaffen zu tun, mit dem bewussten Einsetzen von Gedanken und Absicht, um ihre Wunschrealität zu erschaffen. Wenn wir begreifen, dass Gedanken Macht haben, können wir unser Denken mit klarem Kopf bewusst einsetzen. Das Erwachen innerer Meisterschaft führt hierbei natürlicherweise zu äußerer Meisterschaft, zum Erfolg in der Welt des Marktplatzes.

Wenn Sie die Lehre einmal verstanden haben, sie im Kern Ihres Wesens erkennen, tief genug, um die befreiende Wahrnehmungsveränderung auszulösen, werden Sie sie nicht mehr bewusst im Gedächtnis behalten müssen. Sie werden nicht darüber nachsinnen müssen. Sie wird ihre Funktion erfüllt haben. Manchmal, wenn ein Rest von Selbstzweifel auftaucht, haben Sie die Lehre – „Ich bin nicht diese Geschichte, ich bin das Gewahrsein *hinter* der Geschichte" – um Sie daran zu erinnern, was wirklich ist. Und die Lehre ist da, um mit anderen geteilt zu werden, die noch auf der Suche sind und wissen wollen, was geschehen muss, damit sie frei sein können.

Die Praxis ist jedoch, was Sie *tun* und ist solange zugänglich, wie Sie sie benötigen. Es ist eine Praxis, um Freiheit zu erlangen und für das Leben selbst. Überbleibsel alter Muster unserer Geschichte können auftauchen, wenn Sie müde oder krank sind, und dann müssen Sie sich vielleicht anstrengen, um präsent zu sein. In den ersten Jahren nach dem Erwachen können alte Neigungen des Widerstands oder der Ablehnung in Ihrem Innern auftauchen, aber Sie werden die Mittel haben, sich selbst freundlich daran zu erinnern, verletzlich zu sein, anzuerkennen, was ist und alles Auftauchende in die Arme zu schließen.

Durch die Übung der Präsenz verkörpern Sie die Lehre und das Verstehen, welches sich Ihnen enthüllt hat. Diese Praxis ermöglicht Ihnen, das, was Sie in der Meditation gelernt haben, in die Wirklichkeit unseres Alltagslebens zu übertragen; sie bringt Sie in ihr Herz und öffnet Sie für bedingungslose Liebe. Sind Sie erst einmal vollends erwacht, werden Sie immer präsent sein.

Um die Lehre zu verstehen, hilft es, sich noch einmal die Natur des Leidens anzusehen und wie es entsteht. Leiden ist nach meiner Definition das mentale und emotionale Unwohlsein aufgrund des Gefühls, Opfer einer Situation oder eines Umstandes im eigenen Leben zu sein.

Etwas geschieht, ob real oder nur in der Vorstellung – Schmerz, Krankheit, unerwartete Veränderungen, Verlust, ein Rückschlag oder eine schwierige Situation – und das provoziert eine Reaktion. Es löst eine automatisierte Reaktion aus, und das mögen Sie nicht. Ihnen gefällt nicht, was da passiert. Sie haben bereits eine Geschichte rund um das Ereignis und nun erschaffen Sie eine noch größere, dramatischere Geschichte, welche wiederum den Stress und Unmut noch steigern. Als Ergebnis sind Sie unzufrieden und vielleicht sogar sehr schlecht gelaunt. Das bedeutet es, zu leiden.

Jemand fragte mich einmal: „Wie ist Leiden anders als einfach seine Gefühle fühlen? Ist es nicht auch eine Art von Leiden, einen geliebten Toten zu beweinen?"

Leiden ist etwas anderes, als seine Gefühle zutiefst zu empfinden. Den Verlust eines geliebten Menschen zu betrauern oder zornig über die Ungerechtigkeit in der Welt zu sein, ist natürlich und normal. Das ist nicht leiden. Wenn Ihr Herz dem Leben gegenüber offen ist, wenn Sie in einem Zustand des Akzeptierens oder Willkommenheißens leben, empfinden Sie diese Dinge sehr tief, und die Gefühle dauern solange wie sie dauern.

Manche Menschen fühlen vielleicht eine Woche oder einen Monat lang tiefe, intensive Trauer beim Verlust eines geliebten Menschen, und dann ist es im Grunde vorüber, mit Ausnahme einzelner übriggebliebener Wellen von Gefühl, die sie von Zeit zu Zeit überrollen. Andere mögen wesentlich länger in Trauer sein, weil die Verbindung zu dem geliebten Menschen vielleicht so stark war. Sie müssen sich dann mehr Zeit nehmen zum Loslassen. Es ist ihre Art, die besondere Verbindung zu ehren, die Geschichte, die sie mit der geliebten, jetzt verstorbenen Person teilten. Aber das ist nicht notwendigerweise Leiden.

Leiden ist, wenn Sie nicht wissen, was Sie fühlen oder was geschieht und Sie das unglücklich macht. Es handelt sich immer um eine Form des Widerstands, der Sie dazu bewegt, sich irgendwie zu verschließen. Es ist das genaue Gegenteil davon, offen zu sein, willkommen heißend und verletzlich. Auseinandersetzung, Selbstzweifel, Angst, Schuld, Abwehr, Furcht, Einsamkeit, Depression und alle anderen Formen von Unzufriedenheit und Unglück sind immer das Ergebnis eines Widerstandes gegenüber dem, was ist.

Widerstand wird wiederum ausgelöst durch das Anhaften an Glaubenssätze, Urteile, Erwartungen und Bilder von dem, wie die Dinge sind oder sein sollten. Er entsteht durch das mentale Erschaffen einer Geschichte über das, was gerade geschieht. Sie empfinden zum Beispiel ein taubes, müdes Gefühl im Körper, und Sie sagen sich: „Ich mag das nicht, ich fühle mich todtraurig." Oder Sie nehmen wahr, wie Sie jemand seltsam ansieht. Sie glauben, dass Sie beurteilt werden und beginnen, sich schuldig zu fühlen oder wütend zu werden.

Sie können die Gedanken als Quelle dieses Widerstandes, dieser Geschichte loslassen und einfach mit dem präsent sein, was ist. Wenn Sie in die sich stets wandelnden Stimmungen, Gefühle und Umstände hineinatmen und mit ihnen fließen, werden Sie nicht länger Konflikte und Leiden erfahren. Den Widerstand gegenüber dem, was ist – oder Ihre Annahmen, Erwartungen, Urteile und so weiter – loszulassen, ist nicht immer leicht. Den meisten Menschen fällt es relativ leicht, in manchen Situationen Ihre persönlichen Vorstellungen loszulassen, aber es wird extrem schwierig in sehr persönlichen Situationen von großer emotionaler Bedeutung.

Widerstand auf der tiefsten Ebene loszulassen, damit Sie sich dem Leben und anderen Menschen gegenüber in jedem Augenblick vollends öffnen können, ist eines der Kennzeichen des Erwachens. Dazu müssen Sie die Quelle des Widerstandes erforschen. Sie müssen das Ego untersuchen, das persönliche „Ich", dasjenige in Ihrem Innern, welches leidet. Aus der Perspektive der Bewusstheit, Ihrer Ganzheit, müssen Sie dieses „Ich" ansehen, welches der Geschichte Bedeutung und Wichtigkeit verleiht.

Ein anderer Weg, das zu betrachten, ist das Bedenken des Satzes, wir sind nicht unsere Gedanken und unsere Geschichte, sondern stattdessen die Bewusstheit, aus der das alles entstanden ist. Das nenne ich den globalen oder holistischen Ansatz. Im Sanskrit ist es der Jnana Pfad zur Wahrheit.

Er kann auch der Pfad von Weisheit oder Unterscheidungsvermögen zur Erleuchtung genannt werden. Sie wenden Ihren Geist der

Klarheit zu – geben ihm eine Blickrichtung oder einen Glauben, der relativ wahr ist. Er ist wahr, weil, ihn radikal zu erfahren, bedeutet, Ihre Sicht der Wirklichkeit zu verändern. Mit diesem Verständnis erkennen Sie früher oder später: Was zuvor nur eine Art Glauben für Sie war, ist tatsächlich die Wahrheit, so wie die Dinge wirklich sind.

Sie sind aus dem Selbst ausgestiegen, von dem Sie vor kurzem noch glaubten, das seien Sie, und nun sehen Sie das Leben aus der Perspektive des Ganzen. Sie sind zur vollen Bewusstheit erwacht. Sie erkennen sich selbst *als* Bewusstheit, und das fühlt sich wie unendlicher Raum, Grenzenlosigkeit und Offenheit an. Es ist Liebe. Es gibt keine Trennung, nur totale Verbundenheit mit allem, was ist, war und jemals sein wird.

Aus meiner Sicht gibt es keinen wirklichen Unterschied zwischen meinem Inneren und dem Raum da draußen, der Welt. Da ist kein „Ich", das sich getrennt fühlt, keine Mitte, keine Grenze. Da ist nur der Fluss des Universums, des Lebens und ich, als Bewusstheit, bin damit eins.

In der Konsequenz kann ich offen allen Menschen und allen Erfahrungen gegenüber sein. Das ist die Essenz oder die Grundlage bedingungsloser Liebe. Ich mag das Verhalten bestimmter Menschen vielleicht nicht und äußere mich vielleicht dagegen oder weise es sogar zurück, aber ich bin zumindest offen dafür. Ich mag vielleicht bestimmte Erfahrungen nicht, aber ich habe die Weisheit erlernt, nicht mit der Wirklichkeit zu diskutieren und nicht mit dem zu hadern, was *ist*. Daher lebe ich in Frieden und heiterer Klarheit.

Sind Sie einmal erwacht, wird Ihr inneres Erleben nie mehr so sein, wie zuvor, auch wenn sich im Äußeren die Dinge ziemlich genauso abspielen, wie vorher. Genauso wird es aber unzweifelhaft auch Veränderungen im Außen geben. Sie werden das Leben sehr viel bewusster angehen.

Herausfinden, wer frei sein will

Meditation, das wissen Sie, bringt dem Geist Klarheit. Den Atem zu beobachten, die Bewegung der Empfindungen durch den Körper zu fühlen und den Fluss der Gedanken und Bilder durch den Geist übt die Stärke der Aufmerksamkeit. Meditation verschafft Ihnen innere Ruhe, und darin können Sie die Wirklichkeit klarer erkennen.

Ich habe in meiner Zeit als Suchender viel meditiert. Wenn ich saß, beobachtete ich fortlaufend meinen Geist und meine emotionalen Reaktionen, und ich verfolgte meinen eigenen Pfad der Selbstbefragung, während ich innerlich darum kämpfte, mich von allem Bindenden zu befreien.

Auf diesem Weg schloss ich Freundschaft mit zwei Männern, die meine Dharma-Gefährten oder Verbündete auf dem spirituellen Pfad wurden – Erich Schiffmann und Darrell Price. Die Einzigartigkeit unserer Freundschaft war der Fokus: Mehr als alles andere wollten wir alle drei Erleuchtung und innere Freiheit. Wir verbrachten viel Zeit miteinander, praktizierten Yoga, meditierten in Stille und unternahmen lange Wanderungen. Vor allem waren wir miteinander in einem fortlaufenden begeisterten Austausch rund um Themen wie die Lehren von Krishnamurti, Ramana Maharishi, Zen, „Ein Kurs in Wundern" und unser eigenes Getriebensein auf der Suche nach Freiheit.

So ernst es uns auch mit dem Erwachen war, wir konnten immer noch über uns selbst lachen. Wir nannten unsere monomanischen Unterhaltungen „die unendliche Geschichte". Wir fragten uns manchmal, wer von uns zunächst „über die Klippe springen" würde, wie wir es nannten. Das waren trunkene Zeiten, als wir über die unendlichen spirituellen Möglichkeiten vor uns spekulierten!

Wie viele Suchende hatte ich im Laufe der Jahre auf diesem Weg eine Reihe illuminierender Erfahrungen und andere Durchbrüche, aber manchmal zweifelte ich. Manchmal stellte ich in Frage, ob es wirklich eine „Klippe" gab, über die man springen konnte, und ob dieses Leben kontinuierlicher Meditation und Selbstbefragung mit seinen Phasen großen Friedens und großer Schönheit, unterbrochen von Phasen des Ärgers und der Selbstzweifel, das Äußerste war, was möglich war.

Wie ich herausfand, wird Meditation allein Sie nicht befreien. Wenn Sie wahre Freiheit wollen, müssen Sie mit der Frage sitzen: „Wer meditiert?“

Wenn Sie gelernt haben, Stresszustände und Spannung durch die Praxis leicht zu verwandeln, müssen Sie nach innen schauen und den Meditierenden finden. Finden Sie heraus, woher die Neigung zu meditieren, Zuflucht zu nehmen oder Frieden zu suchen wahrhaftig stammt. Entdecken Sie, wer und was Sie sind, diese „Person“, die da meditiert.

Dazu gibt es eine Zen-Geschichte: Der alte Meister nahm wahr, wie sein hingebungsvollster Schüler Stunde um Stunde in Meditation saß, viel länger als alle anderen Praktizierenden, die zum Zendo kamen, um zu meditieren. Er trat an einem späten Vormittag zu ihm, nachdem alle anderen gegangen waren, um sich auf das Mittagessen vorzubereiten.

„Was machst Du da?“ fragte der Meister.

Ohne seine Konzentration zu unterbrechen, sogar ohne die Augen zu öffnen, antwortete der Schüler: „Ich meditiere, um erleuchtet zu werden.“

„Ach so“, sagte der Meister. Er nahm einen Stein und einen Ziegel, setzte sich neben den Schüler und begann, mit dem Stein auf dem Ziegel zu reiben. Er machte ziemlichen Lärm dabei und keuchte und schnaufte auch noch dazu.

Eine Stunde verging, und als der Schüler es nicht mehr aushielt, wandte er sich dem Meister zu, öffnete die Augen und fragte: „Meister, könnt ihr mir bitte sagen, was um Himmels willen macht ihr da bloß?“

„Ich poliere diesen Ziegel, um einen Spiegel daraus zu machen“, antwortete der Meister, ohne seine Arbeit zu unterbrechen.

Der Schüler machte große Augen. „Aber das ist unmöglich. Niemand kann aus einem Ziegelstein einen Spiegel machen.“

„Genau“, sagte der Meister, während er Stein und Ziegel sinken ließ. Er sah den Schüler unverwandt an. „Und niemand wurde bisher nur durch Sitzen und Meditieren erleuchtet.“

Was diese Geschichte mir sagt, ist, wenn wir einmal in der Lage sind, durch Meditation in die entspannte, klare Präsenz zu gelangen, müssen wir anschließend nach innen schauen. Wir müssen uns dann dieses „Ich“ ansehen, das Freiheit möchte, Bedeutung sucht und sich nach dem Geheimnis des Lebens sehnt. Das sind die Kunst und die Praxis der Selbstbefragung: Tief in Ihrem Innern nach der Quelle der Wirklichkeit, des „Ich", zu suchen.

Wenn Sie sich Sorgen machen, halten Sie inne und fragen Sie sich, wer macht sich Sorgen? Tauchen Sie dann tief in sich ein und sehen Sie sich um. Finden Sie heraus, wo das „Ich", das behauptet, sich Sorgen zu machen, herkommt. Wenn Sie gelangweilt sind oder unruhig, fragen Sie sich: „Wer ist gelangweilt? Wer ist unruhig?" Gehen Sie nach innen und schauen Sie auf den Ursprung, den Platz dieses „Ich", das darauf besteht, gelangweilt zu sein. Wenn Sie leiden, wenn Sie melancholisch sind oder einsam, atmen Sie bewusst und fragen Sie sich: „Also wer fühlt sich einsam?" Schauen Sie dann nach innen. Suchen Sie den Ursprung des „Ich"-Gedankens.

Bleiben Sie wirklich dabei und untersuchen Sie Ihr Inneres hinter den Gedankenformen „Ich empfinde dies" oder „Ich fühle das". Sehen Sie hinter die Geschichte, die Sie sich über ihr Leiden erzählen. Lauschen Sie der Stille zwischen den Gedanken. Nehmen Sie sich auf der essenziellen Ebene Ihres Seins wahr als Gewahrsein, reine Bewusstheit, die Quelle, die sich durch diese Körper/Geist/Selbst Einheit mit Ihrem Namen ausdrückt. Finden Sie heraus, wer Sie sind.

Während Sie entdecken, wer dieses „Ich" ist und von woher es aufsteigt, wird der Tag kommen, an dem Sie erkennen, dass es nicht wirklich ist. Es ist nur eine Vorstellung, eine Idee, wenn auch eine sehr tief verwurzelte. Dann wird die Angst Sie verlassen, und Liebe wird die beherrschende Realität in Ihrem Herzen. Finden Sie heraus, wer frei sein möchte, und Sie werden sich nicht länger gefangen fühlen ...

Halten Sie jetzt inne ... Nehmen Sie einen tiefen Atemzug, entspannen Sie sich und seien Sie ganz still, höchst wach und gänzlich präsent ... Gehen Sie nun in sich, und schauen Sie, ob Sie als gegenwärtiges Gewahrsein, als reine Bewusstheit, die sich Ihres Seins hier und jetzt bewusst ist, dieses „Ich" finden können, als das Sie sich all die Jahre betrachtet haben ... Können Sie es in Ihrem Innern als etwas anderes denn als kurzfristige Geisteserscheinung wahrnehmen? Können Sie irgendeine Vorstellung oder einen Gedanken ausmachen? Auch wenn Sie sich bis ins Innerste untersuchen, werden Sie mit leeren Händen daraus hervorgehen ...

Da ist nichts. Nichts außer Ihrem Gewahrsein. Dem Gewahrsein, das alles im Innern und Außen betrachtet ... Schauen Sie also die Schönheit in Ihrem Innern und um Sie herum an, und seien Sie das Gewahrsein, welches Sie sind ...

Die Geschichte des „Ich“ durchbrechen

1983 waren mein Suchen und meine Unruhe so stark geworden, dass ich wusste, ich muss meine Praxis verkaufen und nach Indien reisen. Andere Suchende aus dem Westen waren dorthin gegangen, und auch wenn sie nicht die komplette Erleuchtung gefunden hatten, hatte es doch ihre spirituelle Erfahrung vertieft.

Zu jener Zeit war ich wirtschaftlich sehr erfolgreich, weshalb ich neun Monate Auszeit nehmen konnte und die Reise und alle anderen Kosten für mich und meine Freundin Barbara bezahlen konnte. Ich verdiente viel Geld, besaß ein Haus mit Pool und fuhr einen nagelneuen BMW. Viele Freunde von mir hielten mich für verrückt, das alles aufzugeben, aber Sie müssen die Haltung des wahrhaftig Suchenden, der ich war, begreifen: Nichts anderes ist wichtig, am wenigsten materieller Erfolg, solange der Heilige Gral der Erleuchtung, der inneren Freiheit, zu suchen ist.

Wir reisten nach China, Bali, Nepal, Indien, Australien und zurück nach Neuseeland. Ich kann meine Erfahrung der Reise in ein paar Worten zusammenfassen: Hitze, Staub, ein Meer von Menschen, Lärm, billige Hotels, die Erregung seltsamer, exotischer Sehenswürdigkeiten, eine Menge Desillusionierung und die schimmernden Schatten des Erwachens zu etwas Neuem.

Als wir 1984 nach Kalifornien zurückkehrten, wurde Barbara schwanger, wir heirateten, ich begann wieder eine kleine Praxis, und Ende des Jahres begegnete ich dem Mann, der mein Lehrer auf dem Pfad zur Erleuchtung sein sollte, Jean Klein. Zu der Zeit war er in seinen Siebzigern, und sein Einfluss auf mich stellte sich, wie ich Ihnen bereits erzählt hatte, als grundlegend heraus.

Ich erinnere mich, wie ich die innere Freiheit, über die Jean sprach, wirklich wollte, von ganzem Herzen, aber ich zögerte häufig, ihm Fragen zu stellen. Ich war ein wenig eingeschüchtert von seiner ziemlich entrückten, verschlossenen, respektgebietenden, traditionellen europäischen Haltung. Dennoch nahm ich von Zeit zu Zeit meinen Mut zusammen, atmete tief durch und formulierte die Frage, die mich beschäftigte.

Einmal fragte ich ihn jedoch ohne darüber nachgedacht zu haben: „Haben Sie jemals Angst?"

Er sah mich scheinbar minutenlang an (Jean lebte in innerem Schweigen und nahm sich immer sehr viel Zeit bis er eine Frage beantwortete). Dann sagte er lächelnd: „Wer ist es, der Angst haben könnte?"

Ich bedachte diese Antwort. Sie war die Essenz der gesamten Lehre: Wenn Sie nicht mehr glauben, „jemand" zu sein, wenn Sie keinem Bild und keiner Vorstellung vom „Selbst" mehr anhängen, ist da nichts mehr in Ihnen, was sich dem Fluss des Lebens widersetzen könnte oder in Konflikt geriete mit was auch immer geschieht. Es gibt nichts in Ihnen, was sich Sorgen um die Zukunft machen könnte oder darüber, was im nächsten Moment geschieht, und also gibt es keine Furcht. Das bedeutet es, frei zu sein.

Um Ihre wahre Natur, die Freiheit, zu verwirklichen, müssen Sie nach innen gehen und herausfinden, wer oder was diese Betrachtung ausführt. Sie müssen den Betrachter finden. Um darin Fortschritte zu erzielen, auf diesem letzten Abschnitt der Reise, müssen Sie ein furchtloser Krieger sein. Sie müssen wirklich tief in sich hineinsehen und sich selbst mit rigoroser Ehrlichkeit gegenüber treten. Aber die Belohnungen sind da und erwarten ihre Entdeckung, denn dies ist das Stadium der vollends entwickelten Bewusstheit, ihres kompletten Erwachens in uns. Im Zen sagt man von diesem Stadium: „Berge sind wieder Berge, Flüsse sind wieder Flüsse."

Jetzt erstrahlen die Berge jedoch in einem zuvor nicht wahrgenommenen Licht, und die Flüsse scheinen direkt durch uns hindurchzufließen, dabei unsere Seelen reinigend. Hinzu kommt, dass es von nun an immer so sein wird, denn wenn wir zu unserer wahren Natur erwachen, scheint alles und jeder Tag frisch und neu. Wir begreifen, dass die Berge in ihrer Essenz nichts anderes sind als wir auch. Wie wir auch sind sie Ausdruck der einen, universalen Energie oder Bewusstheit, die die Quelle aller Schöpfung ist.

Wie wir gesehen haben, sind die Anfangsstadien der spirituellen Reise durch Religion, mythische Geschichten und Glaubenssysteme angesprochen. Die mittleren Stadien drehen sich um die Spiritualität selbst, die direkte und persönliche Erfahrung dessen, was Religion verkündet. Der letzte Schritt ist vom Erkennen und dessen Verwirklichung gekennzeichnet – durch das Erwachen zur inneren Freiheit.

Wahre innere Freiheit ist die Erfüllung des religiösen Versprechens, das uns zu Beginn unserer Reise angeboten worden war. Religion mit ihren vielen Geschichten und dem Glauben rund um persönliche Sühne und Erlösung hat jedoch dieser neuen Freiheit den Weg gebahnt: Dem Juwel tiefer spiritueller Weisheit und klarer Einsicht in die wahre Natur der Wirklichkeit.

Mit dieser ultimativen Freiheit verschwinden Theorien, Glaubenssätze und Fragen. Wir lassen die Identifikation mit der persönlichen „Geschichte“ los, die zuvor soviel Sinn in unserem Leben zu stiften schien. Wir lassen sie los, weil wir erkennen, dass sie nicht einmal real ist: Es ist nur eine selbstgemachte Erzählung.

Wie unsere eigene Geschichte auch immer lautet, es bleibt die Tatsache bestehen, dass wir sie erfunden haben. Wir haben all unsere früheren Erfahrungen – ob tatsächlich oder imaginiert – einbezogen und dann ein Potpourri von Glaubenssätzen, Meinungen und Werturteilen über das hinzugefügt, was wir vermeintlich für unser Überleben tun mussten. Wenn wir jedoch erkennen, dass es bloß eine Geschichte ist, warum sollten wir dann weiter an sie glauben wollen? Warum würde ein intelligenter Mensch an etwas Irrealem festhalten?

Wenn wir in unserer Evolution an diesem Punkt angelangt sind, sind wir bereit, die Lehre zu verstehen und sie zu verkörpern. Die Lehre macht deutlich, dass das Festhalten an einer Vorstellung oder Geschichte uns an der Erfahrung der tieferen Wahrheit im Jetzt hindert. Um sich von diesem Festhalten zu befreien, müssen wir herausfinden, wie es überhaupt dazu kommt.

Deshalb ist die primäre spirituelle Praxis in diesem Stadium die Selbstbefragung: „Wer bin ich? Wer ist es, der glauben möchte? Wer macht sich Sorgen? Wer ist es, der da leidet?“

Diese Technik ist als Vichara bekannt, Selbstbefragung, verbreitet von dem großen Weisen des Nondualismus Ramana Maharshi aus Südindien. Durch die Selbstbefragung und mit dem Verständnis, dass wir uns nicht mehr mit theoretischen Antworten zufrieden geben werden, tauchen wir direkt in die Quelle des Geistes, des Ego und des „Ich“.

Wenn sich diese Erforschung des Selbst vertieft, wird das, was wir bereits in Ausschnitten gesehen haben, erstaunlich klar: Wir haben Gedanken, auch den Gedanken „Ich", aber wir können diese Gedanken nicht sein. Wir sind stattdessen das, was sie beobachtet. Und was ist das? Bewusstheit oder Gewahrsein selbst. Alle Gedanken, Empfindungen und Formen entstehen innerhalb des Zusammenhangs von reiner, formloser Bewusstheit, die wir sind.

Was auch immer wir denken und erfahren, was wir im tiefsten Grunde sind, ist das Gewahrsein hinter Gedanke, Empfindung oder Gefühl. Unsere wahre Natur ist reines Gewahrsein oder Bewusstheit, die sich durch Körper, Geist und Persönlichkeit ausdrückt.

Atmung geschieht; Empfindungen und Gefühle kommen und gehen; Gedanken wandern uns durch den Kopf und Geschichten über die Form unserer Erfahrung, aber das einzige Kontinuum ist die ununterbrochen präsente Bewusstheit selbst. Bewusstheit ist das, was sich in uns all dieser veränderlichen Phänomene *bewusst* ist. Das ist die nichtduale Wahrheit der Existenz.

Entspannen Sie sich also in Ihre wahre Natur hinein ... Seien Sie als das wunderschöne strahlende Gewahrsein gegenwärtig, das Sie sind ... Nehmen Sie Ihren Atemfluss wahr, die Empfindungen Ihres Körpers, jegliches auftauchende Gefühl, die Gedanken und Geschichten in Ihrem Kopf und auch den „Ich"-Gedanken ... Nehmen Sie wahr, was auch immer sich in Ihrem physischen Umfeld befindet ... Nehmen Sie wahr, wie Sie diese Bewusstheit sind, die alle aufsteigenden Phänomene in Ihrer Umgebung wahrnimmt ... Und alles kommt und geht, erscheint und verschwindet wieder, in Ihnen ... Aber Sie, als das beobachtende Gewahrsein, sind immer da ...

Je mehr wir *von* unserer wahren Natur aus betrachten, desto eher verschwindet die Identifikation mit der verstandesgesteuerten Identität, dem Ego, den Vorstellungen und Bildern vom „Selbst". Dann löst sich die emotionale Last in der Psyche, die sich im Körper ausdrückt, natürlicherweise auf. Mit anderen Worten: Unser Kopf wird klar und die psychisch und emotional bedingten Spannungen und der Stress beginnen, den Körper zu verlassen.

Mit dem Loslassen der Spannung spüren wir eine enorme innere Weite und Erleichterung. Diese Ausdehnung ermöglicht es dem reinen Licht der Bewusstheit, uns zu erfüllen. Wir erreichen eine authentische Offenheit, eine echte Verletzlichkeit, wo wir an nichts festhalten und allem erlauben, uns zu durchströmen.

Nach und nach lassen wir sogar die Anhaftung an das „Wissen“ los, die Geschichte von „Jetzt bin ich erwacht!“. Wir sind damit zufrieden, einfach nur der wunderschöne Ausdruck der Bewusstheit zu sein, die wir sind. Wir müssen auch nicht an glückseligen oder heiligen Erfahrungen festhalten, denn wir haben endlich erkannt, dass Segen und Heil unsere wahre Natur sind. Wir müssen einfach nur atmen, locker lassen und offen gegenüber dem Jetzt sein, alles willkommen heißen.

Jetzt existiert ein neues Gefühl des Leichtseins, ein entspanntes Sein und damit das Begreifen der Wahrheit des Zen Satzes: „Nach der Erleuchtung ändert sich nichts, aber alles ist irgendwie anders.“

Das Leben geht so weiter wie zuvor. Arbeit muss getan werden, Verpflichtungen müssen eingehalten werden. Der Unterschied liegt im Gewahrsein, das jetzt aus uns strahlt. Wir sind einfach hellwach in der Gegenwart. Nicht länger mit unserem Ego und unserer eigenen Geschichte beschäftigt, ist es, als sähen wir alles und jeden Moment mit neuen Augen.

Dem Ego manchmal Zucker geben

Manch spirituelle Lehren verbreiten den Gedanken, sich vom Ego zu befreien, es sogar „auszulöschen“, um erleuchtet und frei zu werden. Dennoch erleben wir beim Erwachen, dass das Ego immer noch da ist. Ihr Ego kann sogar Ihr Verbündeter werden für das bewusste Gestalten. Bewusster Einsatz des Ego erlaubt Ihnen, bestimmte Handlungen willentlich auszulösen oder bestimmte Dinge zu manifestieren. Ken Wilber schreibt in seinem Buch „Einfach ‚Das‘– Tagebuch eines ereignisreichen Jahres“ Folgendes über das Ego:

„Das Ego ist kein Hindernis für den beseelten Geist, sondern eine strahlende Manifestation desselben ... Es verbleibt als funktionales Selbst im grobstofflichen Bereich, und es kann sogar angemessen sein, es zu intensivieren und machtvoller werden zu lassen, einfach weil es jetzt an den gesamten Kosmos angeschlossen ist. Viele der großen erleuchteten Lehrer hatten ein großes Ego ... im Sinne einer starken, kraftvollen und mächtigen Persönlichkeit."

Viele Menschen im Westen haben eine unklare Vorstellung vom Ego. Ego kann etwas Negatives bedeuten, wenn man sagt: „Der Kerl hat aber ein großes Ego" und damit meint, dass er sich zu wichtig nimmt. Oder Ego kann einen sehr unsicheren Menschen bezeichnen, wenn man sagt: „Sie hat ein sehr schwaches Ego." Zweifellos wird Ego mit dem Selbstbild und Selbstwert gleichgesetzt. Übersteigerter Selbstwert kann auf Arroganz hindeuten, und ein Mangel an Selbstwert kann ein Anzeichen für Minderwertigkeitsgefühle sein.

Mein Gebrauch des Wortes „Ego" bezieht sich einfach auf die persönliche Bedeutung von „Ich". Wann immer Sie sagen: „Ich muss meine Mutter anrufen" oder „Ich muss ins Büro gehen" oder „Ich muss Abendessen machen", sind es Ihr Ego und Ihr „Ich", die da sprechen. In diesem Sinne hat jeder ein Ego. Selbst wenn Sie Ihre wahre Natur vielleicht schon verwirklicht haben und sich nicht länger vom zeitlosen Strom der Schöpfung getrennt fühlen, Sie haben immer noch ein Ego. Sie müssen immer noch in der Lage sein, Ihre eigenen Wünsche, Bedürfnisse und Sehnsüchte zu benennen, auch wenn diese minimal geworden sind und auch dann, wenn Sie ihnen nicht länger verhaftet sind. Ein gesundes Ego und klare persönliche Grenzen zu entwickeln, ist ein wesentlicher Teil des Wachstums- und Reifeprozesses in unseren frühen Lebensjahren. Die Bewährung unserer Reife setzt jedoch dann ein, wenn wir beginnen, die Grenzen des Ego zu erkennen. Das Ego kann uns durch seine Fähigkeit, sich zu erinnern, vorauszusehen und zu planen, zu analysieren und zu argumentieren, intuitiv zu erfassen und zu erschaffen und persönliche Grenzen zu bestimmen in unserem physischen Überleben und unserem Unversehrtsein dienen. Aber es kann uns nicht alles geben, was wir brauchen.

Die getrennte, alleinstehende Natur des Ego kann uns nicht mit tieferer Nahrung, dem Gefühl der Liebe, versorgen, das so unentbehrlich für unser spirituelles Wohlergehen ist. Dafür muss das Herz sprechen. Und um das Herz sprechen zu lassen und es zu hören, muss das Ego seine Kontrolle aufgeben. Es muss tatsächlich in den Hintergrund treten.

Das wird sehr schön von der Weisheit J. Krishnamurtis ausgedrückt, der sagte, dass wir jeden Tag sterben müssen, um frei zu sein. Es bedeutet, alle mentalen und emotionalen Anhaftungen loszulassen, die das Ego oder persönliche Selbst ausmachen – die Anhaftung an Glaubenssätze, Erwartungen und Sehnsüchte. Und je mehr Sie erkennen, dass solche „Geschichten“ nicht die Wirklichkeit sind, desto mehr lösen sie sich auf. Wenn das Ego aus dem Weg geht, wird etwas Neues, Lebendiges geboren. Es ist Ihr wahres Selbst, das wahre „Ich“, das „Ich bin“ in Ihnen, das allein dasteht – klar, stark und lebendig.

Das Ego braucht eine Geschichte, mit der es sich identifizieren kann oder sich danach nennen: Ein Mitglied dieser Organisation oder jener politischen Partei, ein Anhänger dieses Glaubens oder jener Richtung. Das wahre „Ich“, das, welches Sie wirklich in Ihrer Essenz sind, braucht keine solche Bezeichnung oder Identifikation, um sich selbst zu erkennen oder sicher zu fühlen. Das wahre, reine „Ich“ erkennt sich selbst als sich selbst, und das genügt. Es erkennt sich als einen Ausdruck der göttlichen Fülle des Lebens, einer Fülle, der nichts fehlt, die eins mit der gesamten Menschheit ist, mit aller Schöpfung.

Indem Sie sich einem entspannteren, aufmerksameren Weg des Lebens in der Gegenwart öffnen, indem Sie sich wohl fühlen mit der Stille Ihrer wahren Natur, brauchen Sie die Glaubenssätze, Vorstellungen und Geschichten immer weniger, mit denen das Ego es liebt, sich zu schmücken. Dann wird Ihr Ego, das persönliche „Ich“, seinen rechtmäßigen Platz in der Gesamtheit Ihres Seins einnehmen. Wie Ihr Geist, ist auch Ihr Ego ein Instrument, ein Werkzeug, das aus einem genau bestimmbaren Grund existiert. Es sorgt für Ihre persönlichen Grenzen. Mit ihm definieren und differenzieren Sie, als Ozean der Bewusstheit, Ihre individuelle Welle, Ihren eigenen, persönlichen, schöpferischen Ausdruck.

Mit dem Erwachen zur Freiheit wird Ihr Ego sehr viel funktionaler, das ist der Unterschied. Es wird transparent, ein durchsichtiges Fenster. Es ist nicht länger an eine Geschichte gebunden darüber, wer oder was Sie sind und was in Ihrem Leben wichtig ist. Sie sind in der Lage, zu sagen: „Ich muss einkaufen gehen“ oder „Ich gehe in den Park“, und es entsteht keine Aufregung, kein unnötiges Drama.

Wenn sich Ihre innere Freiheit vertieft, ist Ihr Ego dann da, wenn Sie es brauchen, wie Ihre Hand, Ihre Stimme oder jegliches Werkzeug, das Sie benutzen wollen. Und wenn Sie es nicht brauchen, ist es nicht im Weg. Es verursacht keine Probleme.

Und wenn Ihr Ego ab und zu mal sein Haupt erhebt – wie das vorhersehbar ist – vielleicht in einem Moment des Stolzes oder der Eitelkeit – dann machen Sie sich nicht zu viele Sorgen.

Erkennen Sie die Existenz Ihres Egos an, und dann lassen Sie es los. Kehren Sie zurück dazu, einfach offen zu sein und diesen Moment jetzt wahrzunehmen. Dann wird Ihr Ego Ihnen keine Schwierigkeiten mehr machen.

Wandel annehmen

Der Buddha lehrte drei fundamentale Gesetze des Lebens. Das erste war das Gesetz von *Anicca* oder Unbeständigkeit, das besagt, dass sich alles immer verändert. Die Jahreszeiten kommen und gehen, Tag wird zu Nacht, unser Körper wächst und reift und beginnt dann, wie alles Lebendige nach und nach zu verfallen und stirbt. Wir können den Wandel nicht aufhalten, und ihm Widerstand zu leisten führt zu Missmut oder Leiden. Das ist *Dukkha*, das zweite Gesetz des Buddha.

Wenn Sie die Wahrheit darin erkennen, halten Sie nicht mehr an Dingen fest. Sie halten sich nicht mehr an *Nama* und *Rupa*, das sind die Sanskrit-Bezeichnungen für die Welt von Name und Form. Sie bestehen nicht mehr darauf, dass die Dinge so oder so sein sollten. Sie lernen, mit dem Auf und Ab des Lebens zu fließen, zu handeln, wenn das notwendig ist und geduldig zu warten, wenn Geduld gefordert ist.

Das bekannte Gebet für Gelassenheit spricht von dieser Art, zu sein: „Gott gib mir die Gelassenheit, die Dinge zu akzeptieren, die ich nicht ändern kann, den Mut, die Dinge zu ändern, die ich ändern kann, und die Weisheit, zwischen beiden zu unterscheiden."

Eine Geschichte, die der buddhistische Lehrer Jack Kornfield von seinem Lehrer Achaan Cha erzählt, verdeutlicht dasselbe auf andere Art. Sie handelt von einem wunderschönen gläsernen Kelch, den er als Geschenk bekommen hatte. Er hielt ihn hoch und bewunderte ihn, während er den Studenten erzählte, das Glas sei bereits zersplittert.

Als er gefragt wurde, was er damit meine, sagte er, eines Tages, in einem Jahr oder in zehn oder in hundert Jahren wird etwas geschehen – ein Unfall oder ein Feuer oder jemand würde den Kelch fallen lassen – und er würde zerbrechen. Wegen dieser Erkenntnis konnte er den Kelch vollends schätzen und es genießen, ihn ohne Anhaftung zu benutzen. Er hatte sich schon von ihm verabschiedet, daher war jeder Tag, den er sich in seinem Besitz befand, ein Segen.

Etwas kräftiger ausgedrückt könnte man sagen: „Shit happens“. Weisheit sieht das große Ganze, die unvermeidliche Entfaltung der Ereignisse. Es geht um das Voraussehen und – sehr praktisch ausgedrückt – die Vorstellung der schlimmstmöglichen Situation. Dann sind Sie vorbereitet. Wenn die schlimmstmögliche Situation eintritt, können Sie handeln, um damit umzugehen. Sie fixieren sich nicht darauf, was in der Zukunft alles geschehen könnte, aber Sie bleiben wachsam und offen für die Möglichkeiten.

Sie ehren die Vergangenheit, ohne an ihr festzuhalten. Sie halten ein Auge auf die Zukunft gerichtet, ohne darauf fixiert zu sein, aber Ihr Gewahrsein ist die ganze Zeit hier in der Gegenwart verwurzelt.

Das dritte Gesetz des Buddha ist *Anatta* oder Selbstlosigkeit. Es besagt, das „Selbst“, als das wir uns begreifen, existiert nicht, außer als Vorstellung in unserem Denken. Davon sprechen alle großen Traditionen der Erleuchtung, und auch Jean Klein lehrte das.

Die Anhaftung ans „Selbst“, an den Gedanken „Ich bin dieses“ oder „Ich bin jenes“, an das ganze Drama in Ihrem Kopf, das „Ich und meine Geschichte“ heißt, erschafft den Widerstand gegen den Wandel. Sie wissen, was ich meine: Die fixierten Haltungen, die Menschen einnehmen und an die sie sich zur Sicherheit halten, ob es ein religiöser Glaube, ein politischer Glaube, eine nationale Identität oder etwas anderes ist.

Buddhas erstes Gesetz, Anicca oder Unbeständigkeit, beschreibt zutreffend alles als ständig im Wandel. Dennoch halten wir verzweifelt an einem Teil davon fest und hindern ihn an der Veränderung. Es ist dieses Festhalten, dieser Widerstand (oder das Gegenteil, Aversion, ein Wegstoßen des einen, während wir an etwas anderem festhalten), welches unweigerlich zu Dukkha, Leiden, führt.

Aber der wahre Grund für Leiden ist das primäre Festhalten an jeglicher Vorstellung des „Selbst“, „jemand“ zu sein oder sich zu identifizieren mit „meiner" persönlichen Geschichte. Lassen Sie das los, erkennen Sie, dass das nicht einmal wirklich ist, und Sie sind frei. Dann leben Sie ohne die Notwendigkeit, an einer Vorstellung vom „Selbst" festzuhalten, denn Sie haben Ihre Aufmerksamkeit auf sich selbst zurückgerichtet und entdeckt, dass „Ich" gar nicht existiert außer als Vorstellung in Ihrem Kopf.

Dann ist da kein Kampf mit „Selbst"wert. Sie halten an keiner Vorstellung des „Selbst" fest, die Zustimmung oder Würdigung braucht oder an manchen Tagen mit sich selbst zufrieden ist und sich an anderen Tagen nicht ausstehen kann. Dann gibt es kein Leiden mehr. Sie fühlen sich im Innern immer gut, denn Sie sind verbunden mit der Güte, die dem Leben zugrunde liegt. Sie benutzen „Ich" und „mein" dann rein sachlich, genauso, wie Sie das Denken als das praktische, schöpferische Werkzeug benutzen, das es ist; aber Sie sind nicht länger mit den Gedanken oder demjenigen, der denkt, identifiziert.

Don Juan, der Lehrer von Carlos Castaneda formuliert es so: „Ich hatte eine persönliche Geschichte, aber dann sah ich, dass sie nicht länger nötig war, so wie rauchen und trinken, und ich ließ sie fallen."

Beim Ansatz des „direkten Weges" lernen Sie, Ihre persönliche Geschichte abzulegen, indem Sie erkennen, dass diese nicht wirklich ist. Es ist nur eine Geschichte davon, was wahr war, es jetzt aber nicht mehr ist. Dann legen Sie eine enorme Last ab. Sie müssen sich niemandem gegenüber mehr beweisen. Sie müssen sich nicht mehr verteidigen, denn, egal, was jemand sagen mag, Sie fühlen sich nicht angegriffen. Jeder Augenblick ist frisch und neu.

Einmal fragte mich ein Mann: „Gibt es irgendetwas, das sich nicht verändert?" Ich antwortete: „Ja. Bewusstheit selbst verändert sich nicht. Sie *ist* lediglich." Bewusstheit oder Gewahrsein – das, was in Ihnen jetzt gerade empfindet und wahrnimmt – ist zeitlos, raumlos, grundlos. Sie ist allgegenwärtig, der stille Hintergrund des ewig wandelbaren Stroms der Schöpfung. Dies zu begreifen, bedeutet, durch das Tor zur inneren Freiheit zu gehen.

Jetzt mögen Sie fragen: „Wie kann ich mir dessen sicher sein?" Lassen Sie uns eine kleine Reise machen. Schauen Sie auf Ihr Leben zurück, so weit wie möglich, und bedenken Sie all die Verwandlungen, die Sie durchlebt haben. Denken Sie an die Freunde und Beziehungen, die Sie hatten und wieder losließen, Orte, an denen Sie gewohnt haben, Schulen, in die sie gegangen sind, Arbeitsstellen, die sie hatten, Glaubenssätze, die ihnen lieb waren und die Sie längst verändert oder ganz abgelegt haben.

Sehen Sie jetzt einmal, ob das wahrhaftig klingt. Nehmen Sie wahr, ob es darin eines gibt, was sich nicht verändert hat. Sehen Sie, wie das *Gewahrsein* all dieser Veränderungen in Ihrem Leben eine Konstanz hat. Es ist, als sei da von Anfang an etwas in Ihnen gewesen, was der ganzen dramatischen Entfaltung und Veränderung Ihres Lebens zugesehen hat.

Die meisten Menschen verstehen das, und sie fragen häufig, ob das Unveränderliche der Zeuge oder das beobachtende Selbst sei. Ich nenne es nach wie vor einfach Gewahrsein oder Bewusstheit. Es ist zu leicht, aus der Vorstellung eines „Zeugen" oder „beobachtenden Selbst" wieder ein Objekt zu machen, und dann sind Sie wieder an eine Vorstellung, an eine Sache gebunden. Das bringt Sie wieder in Ihren Kopf, in Ihr Denken zurück – in die Dualität, in eine Geschichte. Wenn Sie in der Dualität leben, sind die Samen von Auseinandersetzung und Leiden gesät.

Ich beziehe mich hier keineswegs auf Ihr oder mein Gewahrsein; es ist das universelle Gewahrsein oder göttliche Bewusstheit – durch uns ausgedrückt. Sie erinnern sich, es gibt nur einen Ozean, eine Energie, die sich in all den Wellenformen manifestiert, welche wir sind. Es gibt nur eine Bewusstheit hier. Erkennen Sie das, und es wird Ihr Leben für immer verändern.

Erleben Sie, ob Sie die eine Bewusstheit jetzt wahrnehmen oder empfinden können ... Seien Sie sehr still und präsent ... Seien Sie das Gewahrsein, das aus Ihren geöffneten Augen herausschaut ... Nehmen Sie alles in sich selbst und um Sie herum wahr ... Stimmen Sie sich auf die Endlosigkeit in Ihrem Innern und um Sie herum ein ... Nehmen Sie wahr, wie es nur einen Energiestrom, eine Bewusstheit gibt, und wie Sie eins mit dem Strom sind ... Gedanken können in diesem Gewahrsein, das Sie sind, kommen und gehen, aber Sie sind nicht mit Ihnen identifiziert ... Sie sind einfach hier, atmend mit dem Augenblick ...

Nehmen Sie sich selbst als Niemand wahr

In einem öffentlichen Gespräch mit Jean Klein hob einmal ein Mann die Hand, um zu sprechen. Als Jean ihm zunickte, sagte der Mann: „Jedes Mal, wenn ich hier bin, um Sie sprechen zu hören, fällt mir auf, wie klar und entspannt Sie scheinen. Sie strahlen eine friedliche, liebevolle Wärme aus. Sie wirken glücklich. Ich bin immer unzufrieden und häufig gestresst. Mir geht es zu Zeiten ziemlich schlecht. Was ist der Unterschied zwischen uns?"

Jean betrachtete den Mann eine Weile und sagte dann lächelnd: „Sie halten sich immer noch für jemanden. Ich halte mich für niemand."

Bis wir das genügend oft getan haben, kann es Angst machen, die Notwendigkeit loszulassen, jemand zu sein. Wir gewöhnen uns daran, uns auf unsere Gedanken, Glaubenssätze und unsere Geschichte zu verlassen, um unserem Leben Sinn zu verleihen. Diese sehr begrenzte Art des Wissens hält uns jedoch im Konflikt. Sie hält uns getrennt von anderen menschlichen Wesen, deren Identität auf anderen psychologischen, philosophischen oder religiösen Glaubenssätzen basiert.

Jeans Stärke als Lehrer war es, dem Persönlichen keine Bedeutung beizumessen. Menschen kamen mit ihren persönlichen Problemen zu ihm, aber er gab selten direkte Antworten oder Ratschläge. Stattdessen leitete er sie zurück zu Klarheit, Freiheit und dem ungeheuren Raum, der ihre wahre, überpersönliche Natur war. Aus diesem Blickwinkel kann man sagen: Sind wir einmal im Überpersönlichen angelangt und erwacht, wissend, dass wir tatsächlich „niemand" sind, dann entsteht Raum, in dem das Persönliche – unsere Persönlichkeit – authentisch und spontan zum Ausdruck kommen kann. Die Schönheit dieser Herangehensweise liegt darin, dass sie uns erlaubt, „jemand" zu sein ohne der *Vorstellung* anzuhaften, wir seien jemand. Das bedeutet es, frei zu sein.

Wenn Sie wahre Freiheit wollen, ist es sehr wesentlich, Folgendes zu begreifen. Wenn Ihnen die manchmal überpersönliche Natur der Lehre vom direkten Weg Angst macht, ist das nur ein Gradmesser der Identifikation mit Ihrem Ego und Ihrer persönlichen Geschichte. Die Vorstellungen darüber, wer Sie sind, loszulassen, kann beunruhigend oder sogar schrecklich sein; nur wenn Sie dennoch loslassen können, werden sich wahre Freiheit und Freude einstellen. Das Loslassen wird vereinfacht, wenn Sie erkennen, dass das, womit Sie sich identifizieren, nicht einmal wirklich ist.

Meister Eckhart sagte, dass, je weniger „Ich“ existiert, desto mehr kann Gott da sein. Er bezog sich darauf, unser Ego aus dem Weg zu räumen. Das „Ich“ ist es, was jegliches Neue verhindert. Wir brauchen jedoch ein Ego, um in dieser Welt zu überleben. Es ist Teil dessen, wer und was wir sind. Es ist ein Instrument von Körper/Geist/Selbst.

Die dreistufige Praxis auszuüben wird Ihnen helfen, die Lehre zu verkörpern: Sie sind nicht Ihre Gedanken und Geschichte. Stück für Stück wird sich Ihre Anhänglichkeit an die Wahrnehmungen „Ich“ und „mein“ lockern. Sie werden langsam das Interesse an diesem „Selbst“ verlieren, dem Sie einmal so viel Bedeutung beigemessen hatten. Sie werden sehen, dass Anhaftung Widerstand gegenüber dem erschafft, was ist. Anhaftung meint Urteilen und Erwartungen glauben, daran festhalten oder auch Anhaftung an Resultate. Die Folgen von Widerstand sind wiederum Konflikt, Selbstzweifel, Sorge, Furcht und Leiden.

Anstatt an der Vorstellung oder einem Bild vom „Selbst“ festzuhalten, werden Sie in Offenheit und dem Gewahrsein des Gegenwärtigen leben. Sie werden weder der Vergangenheit verhaftet sein, noch obsessiv über die Zukunft nachdenken. Die tiefere Energie der Schöpfung selbst wird Sie nähren als unglaubliche Dynamik, die sich jedes Mal entfaltet, wenn Sie still werden und sich auf die Energie des Jetzt einstimmen.

Sie werden frei sein. Die Zustimmung anderer Menschen wird Ihnen nicht wichtig sein, und deren Missbilligung wird keinen Einfluss auf Sie ausüben. Sie werden weiterhin ein Ego haben, aber es wird durchsichtig sein. Es wird ein transparentes Fenster sein, durch das Ihre wahre Weisheit, Schönheit und Essenz leuchten werden.

Wenn Sie beginnen, zu erwachen, hat das Ego die Tendenz durch die Hintertür zurückzukehren. Als hätte es etwas erreicht, kann es stolz verkünden: „Hey, ich bin erleuchtet“, „Ich bin angekommen“ oder „Ich bin was Besonderes“. Das nennt man spirituelle Arroganz. Solange Ihr Erwachen jedoch echt ist, werden Sie das schnell wahrnehmen und leicht in Ihre Präsenz zurückkehren. Sie haben die Fähigkeit, Ihr

Ego erfolgreich zu zähmen. Sie werden anderen Menschen auf der Herzebene anstatt auf der Verstandesebene begegnen wollen.

Ein Ältester eines nordamerikanischen Indianerstammes sagte einmal, Wissen teilt die Welt, Weisheit macht sie ganz. Wissen stammt hauptsächlich aus dem Kopf, Weisheit aber wohnt hauptsächlich im Herzen. Lauschen und vertrauen Sie Ihrem Herzen, und jeder Schritt Ihrer Reise wird von Weisheit geleitet sein.

Meine Erkenntnis

Das erste Erwachen, das ich mit Jean erlebte, geschah ein paar Jahre nach unserer ersten Begegnung und fand bei einem Seminar im Mount Madonna Center in den Santa Cruz Bergen in Kalifornien statt. Ich war gerade auf dem Weg zum Nachmittagsvortrag und dachte darüber nach, nicht der Mensch zu sein, für den ich mich immer gehalten hatte, als mir mein „Ich", mein Ego plötzlich mit seiner ganzen Entwicklungsgeschichte ins Bewusstsein sprang.

In dem Augenblick begriff ich, welches Spiel ich gespielt hatte. Ich sah mein Anhaften an der Identität als spirituell „Suchender" und wieviel Sinn und Bedeutung mir diese „Sucher"-Identität über viele Jahre gegeben hatte. Die Anhaftung daran, ein Suchender zu sein, ist allerdings genauso ein Hindernis zur Freiheit wie das Anhaften an jegliche andere Identität.

Als ich mich selbst so durchschaute, wurde ich sehr traurig. Ich wusste, dass ich loslassen musste, und tief in meinem Innern wusste ich, dass ich mir selbst meine „Geschichte" nie wieder ganz glauben würde. Ich berichtete Jean, was geschehen war.

Er sagte: „Du hast in gewisser Weise verstanden, dass die Existenz einer Person eine Illusion ist, etwas, das wir aus der Erinnerung herstellen. Lebe ganz und gar in der Abwesenheit Deines Selbst, und Du wirst ein glücklicher Mann werden."

Stück für Stück wurde ich vom Geschnatter des Verstandes freier. Ich war wacher, offener, präsenter, mehr hier.

Zwei Ereignisse in meinem Leben waren für meine „Geschichte" bedeutsam. Das erste war ein gebrochenes Herz, als die Liebe zu einer sehr viel jüngeren Frau kurz nach meinem sechsundvierzigsten

Geburtstag endete. Meine „Erleuchtung“ war immer noch ziemlich intellektuell, dieser Liebeskummer brachte mich jedoch mit Macht in meine Gefühle zurück. Die Geschichte dazu erzähle ich in Kapitel Sechs im Abschnitt Vergebung (Seite 175 ff).

Das zweite Ereignis, welches die Befreiung markierte, die ich durchleben musste, war die Insolvenz. Ich hatte eine teure Scheidung hinter mir und enorm hohe Schulden. Man drohte mir, mein Bankkonto zu sperren. Sowohl mein Steuerberater, als auch mein Anwalt hatten mir über zwei Jahre lang nahegelegt, Privatinsolvenz anzumelden, aber ich hatte mich nicht gefügt. Warum? Ich hatte Angst davor, was andere von mir denken würden. Wenn ich dieser Angst direkt ins Gesicht sah, begriff ich, dass sie mich von der Erfüllung meines einzigen wirklichen Wunsches abhielt: Innerer spiritueller Freiheit. Ich begriff schließlich, dass es nur mein Ego, mein Selbstbild waren, die sich darum Sorgen machten, wie die Leute über mich urteilen würden. Wer ich wirklich war, meine wahre Natur, kümmerte das kein bisschen. Ich musste einen Weg aus meinen belastenden Schulden finden. Also entwarf ich einen Plan, der die Rückzahlung der geschuldeten Beträge über einen Zeitraum von mehreren Jahren vorsah.

Im Frühjahr meines neunundvierzigsten Lebensjahres wachte ich eines Morgens leicht deprimiert auf. Wie ich mich fühlte, gefiel mir nicht. Wie ich so im Bett lag, nahm ich meine Frustration darüber wahr, dass ich nach all den Jahren spiritueller Praxis immer noch negativen Zuständen wie Depression ausgesetzt war. Normalerweise wäre ich aufgestanden und hätte meditiert, denn ich wusste, wie man auf diese Weise negative Energie klärt.

Aber an jenem Morgen war es anders. Ich wurde sehr präsent, schaute nach innen und wandte mich der Depression zu. Ich war neugierig. Wie kam es, dass so ein negativer Zustand sich immer noch in mir ausbreiten konnte? Wie kam es, dass ich noch nicht ganz frei war? Dann erinnerte ich mich an Jeans Lehre, dass wir keine psychische, emotionale „Person“ sind. Ich tauchte tief in mein inneres Sein mit der Frage: „Okay Jim, Du sagst, Du bist deprimiert. *Wer* ist denn eigentlich deprimiert?“ Das war nicht nur eine Denkübung. Es war auch keine spirituelle Technik, mit der ich spielte. Es gab in jedem Fall eine Nachdrücklichkeit in meiner Frage. Ich wollte es *wirklich* wissen. Es war, als ginge es um mein gesamtes Leben.

So genau ich jedoch auch hinsah, ich konnte die „Person", die behauptete, deprimiert zu sein, nicht finden. Je mehr ich mit dem klaren Licht des Gewahrseins in mich hineinleuchtete, desto mehr Gedankenformen, inklusive des Satzes „Ich fühle mich deprimiert", lösten sich auf. Die Energie der depressiven Trauer klärte sich, ich fühlte mich in Ordnung und begann meinen Tag.

Dasselbe geschah mir allerdings am nächsten und am übernächsten Morgen. Ich wachte auf und bemerkte ein leicht deprimiertes Gefühl. Jedes Mal wandte ich mich mit derselben Frage – „Wer ist deprimiert?" – nach innen, und nach dem dritten Morgen hatte sich etwas unwiderruflich verändert. Was auch immer an Wahrnehmung eines „Selbst" in meinem Bewusstsein übrig gewesen war, hatte sich aufgelöst, und ich erkannte mich jetzt als das Ganze, als das Gewahrsein oder die Bewusstheit hinter allen Gedanken, Formen und Erfahrungen – tatsächlich hinter aller manifesten Realität.

In den darauffolgenden Monaten konnte ich, wann immer ich in mein Inneres blickte, keine festumrissene Wahrnehmung eines „Ich" mehr vorfinden. Ich glaubte nicht länger an meine Geschichte, unabhängig davon, ob es um Selbstzweifel, Leiden, immer noch nicht frei sein oder um Errungenschaften, Erfolge und Dinge, die mich stolz machten, ging. Stattdessen waren da nur Klarheit, Offenheit und ein Gefühl der Leere, die zugleich erfüllt und lebendig war.

Als die Monate vergingen, ging mir auf, dass ich endlich gefunden hatte, wonach ich zwanzig Jahre lang gesucht hatte. Was Jean mir gesagt hatte, wohin er mich geführt hatte, war jetzt helle, integrierte Realität. Ich erkannte ein für alle Mal, dass die psychisch-emotionale Einheit, die wir „Ich" nennen, nicht existiert. Meine wahre Natur ist reine Bewusstheit, die sich durch den Körper, Geist und die Persönlichkeit ausdrückt, die als „Jim Dreaver" bekannt ist. Bevor ich zur Wahrheit meines Seins erwacht war, war ich immer noch mit dem Ego und seinen Gedanken, mit meiner Geschichte darüber, wer ich dachte, zu sein, mit dem „jemand" sein, identifiziert. Jetzt lebte ich innerlich in lichterfüllter Klarheit, in Offenheit, essenziell befreit von jeglichem Selbstbild und jedweder Selbst-Vorstellung. Ich erkannte, dass meine wahre Natur unwandelbare Bewusstheit war und ist.

Die Praxis der Selbstbefragung

Diese Übung wird Ihnen helfen, die Identifikation mit den Gedanken „Ich“ und „mein“ und mit dem Ego selbst loszulassen. Sie wird Ihnen helfen, die Verschiebung vorzunehmen zu dem, was manche Traditionen den Beobachter oder das Zeugenbewusstsein nennen – das Gewahrsein, dass Sie *hinter* Ihrem Körper, Geist, Ihrer Persönlichkeit, Ihren Gedanken, Geschichten und Empfindungen stehen.

Diese Übung ist in Zeiten der Auseinandersetzung und des Leidens besonders nützlich, aber Sie können Sie auch anwenden, wenn nichts Besonderes vorgeht und Sie ein bisschen Zeit haben, nach innen zu schauen und dieses „Ich“ zu untersuchen, als das Sie sich selbst betrachten.

Schritt 1: Wenn Konflikte, Streit oder Leiden entstehen, schließen Sie die Augen, gehen Sie nach innen, und fragen Sie sich: „Wer ist dieses „Ich“, der/die da gerade behauptet, zu leiden?“

Schritt 2: Seien Sie dann sehr still. Erlauben Sie allen Gefühlen, die sich einstellen, da zu sein. Seien Sie lediglich sehr präsent und aufmerksam, während Sie in Ihrer Psyche, Ihrem Bewusstsein nach diesem „Ich“ suchen, das leidet. Vergewissern Sie sich, dass Sie sich nicht mit theoretischen Antworten zufriedengeben, das wäre nur noch eine neue Geschichte. Sie suchen etwas Handfestes, den tatsächlichen Ort des „Ich“ oder „mein“ Gedankens.

Schritt 3: Nach einigen Minuten der so geführten Introspektion und solange Sie sich nicht in Gedanken verlieren, wird Ihnen eine Wahrheit aufgehen: Sie können den „Ich“ oder „mein“ Gedanken nirgends finden. Dennoch sind Sie als Gewahrsein oder Bewusstheit auf jeden Fall da!

Was Sie entdecken werden, ist, dass es tatsächlich keine Gedanken zu entdecken gibt. Diese Empfindung für das Selbst, die Sie konstruiert und womit Sie vielleicht Ihr Leben lang gekämpft haben, ist nicht auffindbar. Es gibt „Sie“ nicht, außer als Fiktion in Ihrem Kopf. Bedenken Sie aber, wieviel Macht Sie ihr gegeben haben, Ihre gesamte emotionale Realität zu prägen und zu kontrollieren!

Mit dieser Erkenntnis wird es also immer klarer: Obwohl Sie die Gedanken „Ich“ und „mein“ haben, sind Sie nicht diese Gedanken. Was Sie sind, ist das luzide, stets präsente Gewahrsein, das den ganzen Denkprozess gebiert, sowie diesen Körper, diesen Geist und diese Persönlichkeit.

Das zu erkennen kann zu einer wahren Epiphanie führen, einem Aha-Erlebnis. Sie werden sich selbst wenigstens für kurze Zeit in einem klaren, gedankenlosen, gegenwärtigen Gewahrsein erleben. Sie werden sich nicht länger als eine individuelle „Person“ wahrnehmen, sondern als das Universum selbst – reine, ungebundene Bewusstheit, die durch Ihre Augen sieht und sich durch diese(n) Körper/Geist/Persönlichkeit ausdrückt, die Sie sind.

Eine Übung, sich von dem Gedanken „Ich“ zu befreien

Diese Übung können Sie immer dann machen, wenn Sie Ihnen gerade einfällt. Sie können Sie im stillen Sitzen der Meditation ausführen, auf einem Spaziergang oder in der Gegenwart anderer Menschen. Sie können Sie ein paar Minuten lang üben oder eine Stunde. Es geht darum, nach und nach zu begreifen: „Oh, ich bin nicht das, was ich denke, wenn ich „Ich” oder „mein” denke, sondern ich bin stets das Gewahrsein und bewusste Wesen hinter meinen Gedanken!” Die Übung geht folgendermaßen:

Benutzen Sie die Pronomen „Ich”, „mein”, „mir” und „mich” einfach nicht mehr, weder in Ihren Gedanken, noch, wenn Sie mit anderen sprechen. Sie werden sich wundern, wie herausfordernd das am Anfang ist!

Wenn ein Gefühl wie Trauer, Zorn oder eine besondere Freude aufsteigen, nehmen Sie einfach nur wahr: „In diesem Körper, diesem Wesen, steigt gerade Trauer, Zorn oder Freude auf.” Nehmen Sie das ohne jegliche persönliche Identifikation damit wahr. Erleben Sie die reine Empfindung davon, dann die konzeptuelle Zuordnung und

Benennung, aber ohne sie persönlich zu nehmen. Wenn Sie etwas in Ihrer Umgebung wahrnehmen – Vogelgezwitscher, Autogeräusche oder Flugzeuglärm – achten Sie einfach auf die Erfahrung, die Töne, die Empfindung – ohne die Vorstellung eines „Ich".

Wenn Sie über etwas nachdenken, was Sie gerade tun oder noch tun müssen oder vielleicht hätten tun sollen, formulieren Sie den Gedanken folgendermaßen: „Dies Essen schmeckt lecker" (anstatt „Mir schmeckt dieses Essen lecker"), „Da ist der Drang, auf die Toilette zu gehen", „Dieses Wesen muss noch Einkäufe machen" oder „Dieses Wesen hätte der alten Dame gestern mehr Geduld und Liebenswürdigkeit entgegenbringen sollen".

Sie können das Zusammensein mit einem anderen Menschen als Übung gestalten. Einer fängt an und hat zum Beispiel fünf Minuten Zeit, um Gedanken, Empfindungen und Gefühle zu beschreiben, ohne die Wörter „Ich", „mir", „mein" oder „mich" zu benutzen. Sie könnten zum Beispiel sagen: „Dieses Wesen hat Rückenschmerzen" oder „Die Steifheit im rechten Knie bedenkend" oder „Die Erinnerung daran, was dieses Wesen heute zum Frühstück gegessen hat" oder „Wahrnehmend, wie Deine Augen strahlen" oder „Merken, wie entspannt Du bist". Es ist absolut in Ordnung, die Pronomen „Du" und „Dein" zu benutzen. Es ist eine gute Übung, an andere zu denken und die Aufmerksamkeit von sich selbst abzuwenden.

Dann ist der andere dran.

Nachdem Sie beide gesprochen haben, schauen Sie einander schweigend einige Minuten in die Augen. In der Übung zum „In die Augen schauen“ am Ende von Kapitel 6 werden Sie sehen, dass das „In die Augen schauen“ ohne Furcht und ohne Bewertung – das heißt ohne Bewusstheit eines „Selbst" – Sie, zumindest in jenem Augenblick, befreit.

Kapitel Fünf

Zur Freiheit erwachen

Zu wissen, dass Sie nicht Ihre Geschichten sind, noch nicht einmal dieses „Ich", für das Sie sich hielten, ist wahre Freiheit. Es ist die endgültige Verschiebung der Wahrnehmung, die zum Erwachen, zur Erleuchtung oder Selbsterkenntnis führt. Sie suchen Ihre Identität nicht länger im Gehalt Ihres Denkens, in Ihrem Gesundheitszustand oder in Ereignissen und Umständen jeglicher Art, sondern finden sie im Fluss des Seins von Augenblick zu Augenblick. Was auch immer Sie tun, Sie sind immer eins mit dem Leben, Sie sind immer im Fluss.

Der Zen Meister D. T. Suzuki definierte Erleuchtung als „die Entdeckung mit Donner und Blitz, dass das Universum und man selbst nicht entfernt voneinander sind, sondern ein intimes, pulsierendes Ganzes."

Wenn Sie sich erstmal als das Ganze erkennen, als eins mit dem Tanz des Universums, dann treten die normalen psychischen und emotionalen Ängste nur noch selten auf. Wenn das doch der Fall sein sollte, dann zeigen sie sich als kurzlebige Reste alter Muster des Egos, die zwar die Oberfläche bewegen, nicht aber die tieferen Ebenen Ihres inneren Friedens. Sie fließen einfach mit was auch immer geschieht und gehen damit so geschickt und angemessen um, wie möglich.

Wir wollen die Wahrheit für uns selbst *wissen*, und die Praxis wird uns zur Erfahrung derselben führen. Wann immer wir uns zusammengezogen fühlen oder irgendwo festhängen, lernen wir, die Geschichte und den Konflikt, den sie hervorbringt, willkommen zu heißen, weil sie uns zeigen, wo wir noch nicht frei sind. Wir nehmen die Geschichte wahr und begreifen ihre Wirkung auf unseren emotionalen Zustand. Dann werden wir präsent und schon durch das Beobachten oder Bezeugen der Geschichte, verliert sie einen Teil ihrer energetischen Wirkung auf uns, und wir werden freier. Wie wir im letzten Kapitel gesehen haben, stellen wir uns durch tiefe Selbstbefragung diesem „Ich" an der Wurzel all der Geschichten, die unsere persönliche Historie ausmachen. Wir sind der Zeuge, die Bewusstheit, der Beobachter nach innen, einzig, um die ultimative Wahrheit zu entdecken: Das „Ich", dem wir anhängen und mit dem wir so lange identifiziert waren, ist nicht real. Es gab es nie.

Ich mag, wie Kunihiro Yamate das ausdrückt: „Gewahrsein, Klarheit, ein herbes, klarsichtiges Gefühl von ‚Ich bin wach. Dies ist die Wirklichkeit.' So werden wir uns fühlen, wenn wir zur vollen Bewusstheit erwachen."

Sie wissen, dass Sie zur Wahrheit erwacht sind, wenn Ihnen erschütternd deutlich wird, dass Sie nicht nur nicht länger mit Ihren Gedanken identifiziert sind, sondern dass auch die Person, für die Sie sich hielten – dieses „Ich" mit all seiner Geschichte – nicht existiert. Man könnte auch sagen, Sie nehmen nichts mehr persönlich, weil Sie nicht länger an der Vorstellung von sich selbst als einer „Person" festhalten.

Wenn Sie nach innen schauen, ist da nur Weite und Leere, eine Offenheit, die, so wird Ihnen klar, vom gesamten Universum erfüllt ist. Es fühlt sich an, als sei da keine separate Wahrnehmung von „Ich" mehr; Sie können sie nicht finden, weil sie unauffindbar ist. „Sie" können nirgends festgemacht werden, dennoch sind Sie überall. Sie sind dieser ungeheure, allumfassende Ozean von Bewusstheit.

Diese Erkenntnis führt zu einem Empfinden von Leichtigkeit, Freiheit und Freude. Ihr Grundzustand ist einer der Lockerheit, des Fließens und Lebendigseins in der Gegenwart. Alles psychische und emotionale Leiden verschwindet auf Nimmerwiedersehen – bis auf die gelegentlichen Reste, die in Zeiten von Stress oder Krankheit hervorgerufen werden und dann von Zeit zu Zeit aufwallen. Die wahre Bestimmung Ihres Hierseins wird Ihnen klar, und das Leben selbst nimmt eine ganz neue Bedeutung an. Jeder Augenblick ist wahrhaftig neu.

Im letzten Grund können nur Sie selbst wissen, ob Sie frei sind oder nicht. Sie müssen sehr ehrlich mit sich selbst sein. Jemand anderer, der bereits frei ist, kann und wird Ihre Freiheit wahrnehmen und anerkennen, aber nur, nachdem Sie selbst wirklich dazu erwacht sind.

Er oder sie ist in der Lage, mit ein paar gezielten Fragen präzise festzustellen, wo auf Ihrem Weg Sie sich befinden:

„Erleben Sie noch Selbstzweifel?"

„Gibt es noch etwas, woran Sie leiden?"

„Sind Sie noch mit der Vorstellung eines „Ich" oder „Selbst" identifiziert?"

„Hängt Ihr Wohlbefinden von irgendetwas außerhalb von Ihnen ab?"

Im Grunde kann man sagen, wenn Sie nach jemandem suchen, der Ihre Erkenntnis bestätigt oder positiv beurteilt, dann sind Sie vermutlich noch nicht am Ziel. Jemand, der schon erwacht ist, wird jedoch in der Lage sein, Sie zum nächsten Schritt zu führen. Er kann den Schritt nicht für Sie machen, aber er kann Sie Richtung nach Hause weisen.

In diesem Sinne formulierte mir gegenüber einmal einen Frau ihre Bedenken, dass das Erwachen „diese Mohrrübe vor der Nase einer verlorenen hungrigen Seele" sei. Nach ihrer Meinung gaukelte es die Illusion eines Endes vor, an dem alles aufgedeckt wird und es nichts mehr zu lernen gibt und man daher nicht mehr wachsen muss.

Ihre Worte erinnerten mich an den Guru Mythos. Er findet sich in Indien unter den analphabetischen Dorfbewohnern ebenso wie in der gut ausgebildeten Mittelklasse und bei den idealistischen Suchern – die Vorstellung des Lehrers, Meisters oder Guru, der sich selbst erkannt hat und alles weiß. Stelle ihm oder ihr eine Frage zur Wirtschaft, Computerwissenschaft, Mathematik, Biotechnologie, Astrophysik, einer Fremdsprache oder was in der Zukunft geschehen wird, und er oder sie wird es wissen. Darüber hinaus glauben viele, dass der Guru die Macht hat, nach Wahl durch die Luft zu fliegen, durch Wände zu gehen und heilige Gegenstände aus der Luft zu manifestieren.

Offensichtlich ist das bloß ein Mythos. Zur Freiheit zu erwachen bedeutet nicht, alles zu wissen oder magische Kräfte zu erhalten. Es bedeutet im Gegenteil, dass Sie nur eins wissen: Sie sind tatsächlich „niemand".

Niemand zu sein, erlaubt Ihnen, in einem entspannten Körper zu leben, mit klarem, fokussiertem Verstand und einem freudigen, liebevollen Herzen. Es ermöglicht Ihnen, ganz natürlich in Ihrer Mitte zu sein und dort gegenwärtig, wo Sie sind; es öffnet Sie für das Akzeptieren aller Sichtweisen und das Aufnehmen aller Arten von Information. Das echte Lernen beginnt erst mit dem Erwachen, wenn Sie die Illusion von „Ich bin dies" oder „Ich bin das" durchschauen. Das setzt den Prozess des Wachsens in die Fülle Ihres Wesens in Gang, das Entfalten Ihres tiefsten schöpferischen Potenzials.

Alle Vorstellungen davon, wer Sie sind und was das Leben bedeuten soll, sind nur Hindernisse auf dem Weg zu tieferen Ebenen von Lernen und Kommunikation. Wir „denken" so oft, dass wir wachsen, aber wir drehen uns nur im Kreis und bleiben in der Geschichte oder dem Drama, das aktuell unser Leben dominiert. Erwachen macht Ihnen deutlich, wie wenig Sie tatsächlich wissen, und diese Erkenntnis bringt Sie in Harmonie mit der endlosen Schönheit, den Wundern und Mysterien des Lebens.

Zu begreifen, dass Sie „niemand" sind und nicht mehr zu „versuchen", jemand zu sein, entspannt Ihren Körper, und ihr Herz öffnet sich. Das macht Sie aufnahmefähig für die tieferen Ebenen der Wirklichkeit, wie sie sich in jedem Augenblick entfalten. Alles, was Sie wissen müssen, ist Ihnen sofort zugänglich, sogar die Erkenntnis, dass es nicht der richtige Zeitpunkt sein mag, um Antworten zu bekommen. Manchmal ist „später" die richtige Antwort.

Wenn Sie in der Gegenwart leben, vertrauen Sie dem Fluss. Sie sind offen für die Zeichen und Stimmen wahrer Intuition und können hören, was das Leben und andere Menschen Ihnen tatsächlich mitteilen wollen. Absolutes Vertrauen in den Fluss ist Teil Ihres Geheimnisses. Vertrauen erweckt den inneren Meister. Und während es eher unwahrscheinlich ist, dass Sie jemals levitieren, durch Wände gehen oder Dinge aus der Luft hervorzaubern werden, so bringen doch die kleinen Wunder, tägliche synchrone Ereignisse, wenn Sie einmal in Übereinstimmung mit der Existenz gekommen sind, eine Qualität von Magie in Ihr Leben.

Die Kraft der Stille

Die Kraft der Präsenz ist eine Wachheit oder erhöhtes Gewahrsein, das uns ganz von selbst innerlich zum Schweigen bringt; der Verstand macht dann keine Schwierigkeiten mehr. Jean Klein sagte: „Seien Sie sooft es geht bewusst schweigsam." In Stille und bewegungslosem Sitzen hören Sie das Summen der Schöpfung selbst, der Wirklichkeit hinter der sichtbaren Realität. Sie empfinden und erfahren Ihre wahre Natur, wer und was Sie wirklich sind. Lauschen Sie jetzt. Können Sie sie hören? Können Sie sie spüren?

Seien Sie ganz still, die Augen geöffnet, und stimmen Sie sich auf die Stille im Innern und Äußeren ein ... Lauschen Sie nur, und werden Sie eins mit der Stille ... Nehmen Sie wahr, dass Sie die Stille sind ... Ihre wahre Natur ist der stille Hintergrund für alles ... reine, schimmernde Stille, in der alle Töne der Schöpfung zu hören sind ... Erlauben Sie sich, das einfach zu genießen, einige Minuten darin zu baden, in der köstlichen Stille des Seins ...

Bei einem Workshop sagte einmal ein Mann: „Wenn ich hier sitze, spüre und höre ich definitiv eine Art Vibration, eine Präsenz ... Aber ich merke immer, dass die Stille irgendwann ungemütlich wird für mich. So wie jetzt. Ich werde unruhig. Mein Verstand sagt: „Was ist das für eine Stille?" Als ob gar nichts mehr existierte, und das macht mir irgendwie Angst. Dann möchte ich mich an irgend etwas festhalten – irgend einem Gedanken, einer Vorstellung oder Geschichte."

Ich sagte dem Mann Folgendes: „Beobachten Sie die Tendenz Ihres Verstandes, einen Gedanken oder eine Geschichte zu entwerfen, um die Stille zu erklären. Indem Sie die Geschichte anerkennen „Was ist diese Stille?" werden Sie ins Gewahrsein der Gegenwart zurückgebracht. Von diesem Beobachten oder Anerkennen habe ich die ganze Zeit gesprochen: Wenn Sie die Geschichte betrachten können, die Sie sich in Ihrem Kopf erzählen, dann können Sie die Geschichte nicht sein; Sie sind das, was die Geschichte anschaut. Also seien Sie *das* einfach. So einfach ist es, zu sein, wer und was Sie sind: Bewusstheit, Präsenz, ein Energiefeld, das gleichzeitig aller Dinge gewahr ist, das alles *ist.*"

Unter dem Lärm an der Oberfläche Ihres Verstandes liegt die Stille Ihrer wahren Natur. Die wahrhaftigsten Mitteilungen stammen von diesem Ort lautloser Leere, die reich an Energie und Gewahrsein ist. Wenn Sie zuerst nach innen lauschen und dann aus dem Schweigen sprechen, wird Ihr Kontakt zu anderen tief sein. Was aus dem Schweigen aufsteigt, führt letzten Endes wieder ins Schweigen zurück.

Je tiefer Ihr Schweigen, desto kraftvoller Ihre Worte. Worte, die aus der Stille aufsteigen, führen zu wahrem Verstehen und lassen uns dann in die Stille zurückkehren. Sie führen uns zurück zur Schönheit und Fülle des *Jetzt*, zu reinem, strahlendem Gewahrsein. Solche Worte bringen uns an den Ort, an dem alle Schöpfung und alle Liebe geboren wird.

Im Schweigen spüren Sie die Vibration der Schöpfung selbst. Sie hören den Ton der Quelle, das Flüstern der Ewigkeit. Im Schweigen entdecken Sie Ihre wahre Natur wieder. Sie erleben aus erster Hand das, was sich in diesem individuellen Körper, Geist und Herzen manifestiert, ein Ausdruck der einen göttlichen Macht hinter dem Universum. Die Stille erlaubt Ihnen, in Ihre tiefste Schöpferkraft einzutauchen, die nichts weniger als die Quelle aller Schöpfung, Bewusstheit selbst, ist. Stille ist heilsam, nährend. Sie ist wer und was wir im Grunde sind. In der Stille entdecken Sie die Wahrheit des Verbundenseins von allem mit allem und das unschätzbare Juwel bedingungsloser Liebe.

Wenn Sie sich selbst als Bewusstheit – die Quelle von allem – erkannt haben, nehmen Sie die innere Stille mit sich, wenn Sie auf den lärmenden Marktplatz gehen und sich an diesem wunderbaren, verrückten, unendlich faszinierenden Drama des Lebens beteiligen. Alle erwachten Individuen teilen diese eine Qualität: Tiefe innere Stille. Sie bestätigt, was alle großen Texte auslegen: Der Weise verweilt in innerer Stille.

Menschen, die erwacht sind, werden wie von selbst zu Lehrern, einfach durch die Art, wie sie leben und mit anderen umgehen. Wie auch immer sich ihre weltlichen Aktivitäten gestalten – reden, lachen, Geschichten erzählen, an allen möglichen Dingen teilnehmen – sie bleiben bewusst in den Tiefen ihrer Stille. Indem sie durch ihr Beispiel lehren, halten sie sich in beiden Welten zugleich auf. Es ist kein forciertes Schweigen. Stille entfaltet sich ganz von selbst, wenn

Sie erkennen, dass all das mentale Geschnatter, der Lärm in Ihrem Kopf, selbstgemacht ist. Das Erleben, wie Ihre Geschichte, Ihr eigenes, unaufhörliches Denken tiefem Frieden und Wohlbefinden im Weg steht, trägt dazu bei, alles zur Ruhe zu bringen. Dann enthüllt sich der zarte Duft der Stille. Sie *sind* die Stille.

Die meisten Menschen füllen Ihre Leben und Umgebung mit Lärm, ob Musik, Fernsehen, Videospiele, Internet, endlose Telefonate oder die Gesellschaft anderer Menschen. Für viele Menschen ist Stille erschreckend und unangenehm. Lao Tse sagte: „Nichts ist machtvoller als die Leere, vor der Menschen zurückweichen."

Zeit in Meditation und Kontemplation zu verbringen, wird Ihnen helfen, Ihre Furcht vor der Stille zu verlieren. Anstatt vor Ihren Ängsten davonzulaufen, lernen Sie, sich mit Ihnen auseinanderzusetzen. Erinnern Sie sich an die Praxis, hineinzuatmen und sie jeweils als Lehrer und Freund willkommen zu heißen.

Das Faszinierende ist natürlich, dass wahre Stille überhaupt nicht leer ist. Die Leere, aus der alle Töne entstehen, und in die sie wieder verschwinden, erscheint bloß leer. Ich erinnere mich an David Bohm, den Physik-Theoretiker, der ein Schützling von Einstein und Freund J.Krishnamurtis war und sagte, dass in einem Kubikzentimeter leeren Raums das Energie-Äquivalent von zwanzig Kilotonnen TNT enthalten sei.

Die Stille, die wir wahrzunehmen beginnen, wenn wir ruhig und bewegungslos werden, ist nicht leer. Sie ist kein einsamer, unwirtlicher Ort. In wahrer Stille entdecken Sie die Energie, die Kernschwingung der Schöpfung selbst – das Summen, den Puls des Universums. Die Yogis nennen es Nada Brahma, den Atem Gottes. Je stiller Sie werden, desto lauter wird „Es". Die Buddhisten nennen unsere wahre Natur oder Lehre des Geistes die Fülle-Leere oder auch das erfüllte Nichts. Die Stille, aus der sich Schöpfung manifestiert, besitzt Dichte und Körperlichkeit. Sie strotzt vor Möglichkeiten und Potenzial.

Um die Gabe des Erwachens zu erhalten, ist es unerlässlich, sich immer wieder Zeit für die innere Stille zu nehmen. Bis Sie zu deren Gegenwart im Innern erwachen, ist einer der besten Orte, um sie zu finden, draußen in der Natur. In der Natur zu sein, verbindet Sie direkt mit Ihrer inneren, essenziellen Natur. Die Erfahrung, in der Natur zu sein, ist immer transformierend, heilsam und erneuernd.

Es gibt so viele Möglichkeiten: Unternehmen Sie eine Wanderung in die Berge, gehen Sie im Wald spazieren, besuchen Sie einen öffentlichen Park, spüren Sie den offenen Raum eines Feldes oder sinken Sie in den Sand an einem Strand.

Der Zen-Meister Shunryu Suzuki sagte, die Natur sei der wahre Lehrer des Zen. In der Natur dehnt unsere Bewusstheit sich über die Grenzen des Ego und seiner Geschichten aus, und Sie beginnen, eins mit dem universalen Bewusstsein zu werden, dem größeren Sein, welches wir alle sind. Hier bekommen Sie einen größeren, wahren Eindruck davon, wie die Dinge sind. Ich nenne das den Blick vom Berggipfel, denn er führt Sie zu distanziertem Hinschauen, so dass Sie klarer und weiter sehen können.

Das ist essenziell für die Verschiebung Ihrer Wahrnehmung, die Sie suchen. Anstatt in Ihrer eigenen Geschichte, Ihrem eigenen Drama verstrickt zu sein, möchten Sie in der Lage sein, da herauszutreten, um zu erkennen, dass es nicht ist, wer Sie wirklich sind. Ihre wahre Natur ist Bewusstheit, reines, zeitloses Gewahrsein. Die Natur hilft Ihnen, das zu entdecken und sich damit zu verbinden.

Sogar, wenn Sie nicht in die Natur gehen können, können Sie mehrmals am Tag innehalten – bevor Sie die Autotür öffnen, von einem Stuhl aufstehen, das nächste Telefonat führen, vor einem Meeting – innehalten, sehr präsent werden, sehr still, und sich erinnern. Sie können daran denken, zu atmen, sich selbst in Ihrem Körper wahrzunehmen, der unmittelbaren Umgebung gewahr zu sein und sich dem Schweigen zu öffnen, der Stille hinter all den hörbaren Geräuschen. Sie können sich Zeit nehmen, zu bedenken, dass Sie nicht Ihr Ego, Ihre Geschichte oder Ihre Lebensumstände sind; Sie sind das Gewahrsein all dieser Phänomene.

Wenn Sie in einem Meeting sind, und die anderen Teilnehmer sind offen dafür, können Sie sie einladen, eine oder zwei Minuten der Stille miteinander zu erleben. In dieser Weise in Stille zusammenzusitzen, wird jedem der Anwesenden helfen, auf dieselbe energetische Wellenlänge zu kommen. Sie werden sich über die stimulierte schöpferische Kraft der ganzen Gruppe wundern, wenn Sie wieder beginnen zu sprechen und die Agenda durcharbeiten, die sie zusammengeführt hat.

Vor Jahren wurde ich dazu inspiriert, ein kurzes Mantra niederzuschreiben. Es leitete mich einige Zeit lang in meiner Meditation. Lauschen Sie dem beseelten Geist dahinter, und machen Sie ihn sich zu eigen:

Je weniger Worte desto besser
Lass die Stille Dein Lehrer sein
Sie ist die wahre Kraft.

Treten Sie für die Wahrheit ein

Wenn Sie, unabhängig von der spirituellen Tradition oder Herkunft, tief in die Botschaft jeder wahren Lehre eintauchen, werden Sie eine Variante des Folgenden finden:

„Wir leben in schwierigen und unsicheren Zeiten. Es herrscht viel Unruhe, Furcht und Leiden in unserer Welt. Diese Furcht existiert, weil Menschen sich getrennt voneinander fühlen, separiert durch soziale, politische oder religiöse Glaubenssätze. Mehr als je zuvor müssen wir über das Getrenntsein hinwegsehen in die Einheit und Liebe, die unsere wahre spirituelle Natur sind. Über Trennung und Dualität hinaus in die Einheit zu gelangen, erfordert eine Verschiebung der Wahrnehmung. Auch wenn jeder von uns eine persönliche Historie hat, begreifen wir, dass unsere selbstdefinierte Geschichte nicht ist, wer wir wirklich sind. Wer und was wir wirklich sind, ist die Bewusstheit, das klare, schöpferische Gewahrsein, welches alle Glaubenssätze, Vorstellungen und Geschichten gebiert. Je mehr wir das sehen – und zwar aus der Sicht der Bewusstheit – desto freier werden wir und desto mehr nähern wir uns dem Platz, an dem Weisheit und Liebe sich begegnen."

Diese Wahrheit, die Wahrheit von Liebe und Einheit, ist die zentrale Botschaft dieses Buches. Je mehr Sie in der Präsenz wachsen und erkennen, wer Sie hinter all den Glaubenssätzen, Vorstellungen und Geschichten sind, desto wirklicher wird die Wahrheit des Erwachens für Sie sein. Sie werden sich selbst als sehr viel mehr wahrnehmen, als nur eine isolierte „Person" in einem Meer relativ anonymer Menschen.

Sie werden erkennen, dass Sie universale Bewusstheit selbst – das Ganze – sind, das sich durch diesen unverwechselbaren Teil, dieses individuelle Körper/Geist/Selbst mit Ihrem Namen, ausdrückt. Sie werden sich selbst als Ozean wahrnehmen, der im Laufe Ihres Lebens in dieser bestimmten Wellenform tanzt, die ihre momentane menschliche Inkarnation ist. Mit diesem Wissen werden Sie sich nicht länger getrennt von der Schöpfung oder vom Rest der Menschheit fühlen. Sie werden die Verbundenheit allen Lebens, aller Phänomene spüren, und Sie werden furchtlos sein. Sie werden frei sein. Dann werden Sie in einer Weise auf der Welt leben, die für Sie wahr ist. Sie werden ein authentisches menschliches Wesen sein, ohne Angst, die Wahrheit zu sagen, ohne Angst, ihre tiefsten schöpferischen Impulse auszudrücken. Sie werden Ihrem Segen, Ihrer Leidenschaft folgen. Sie werden tun, was Sie lieben.

Einmal sagte eine Frau während einer privaten Sitzung bei mir: „Warum ist es so schwierig, die Wahrheit zu entdecken und zu leben? Ich habe das Gefühl, tief innen zu wissen, was für mich wahr ist, aber ich habe immer noch all diese Befürchtungen und Gedanken in meinem Kopf, warum ich versagen werde oder alles nicht klappen könnte, wenn ich meinem Stern folge. Und wenn ich dann versuche, meine Wahrheit zu sagen, kriege ich manchmal nicht einmal die Worte heraus. Mir versagt regelrecht die Stimme. Ich weiß, dass Sie sagen, das seien alles bloß Geschichten, und die sind nicht, was ich bin. Ich ahne meine wahre Natur, reine Bewusstheit, für kurze Augenblicke. Aber die Angst und die zugeschnürte Kehle kehren trotzdem immer wieder."

Ich erwiderte darauf: „Lassen Sie uns dem gleich nachgehen. Seien Sie präsent mit dem Gefühl der zugeschnürten Kehle. Achten Sie auf die Empfindungen und Gefühle. Heißen Sie sie sogar willkommen. Schließlich zeigen Sie Ihnen, wo Sie noch nicht frei sind." Ich sagte ihr, sie solle die Befürchtungen und Bedenken in ihrem Kopf wahrnehmen, aber keine Energie auf sie verwenden. „Seien Sie einfach mit Ihrem gesamten Wesen präsent. Halten Sie die Augen offen und alle Sinne wach. Atmen Sie und seien Sie einfach mit all den aufsteigenden Empfindungen und Gefühlen. Bleiben Sie dabei so gegenwärtig und entspannt wie möglich."

„Wenn ich das so mache, wie Sie sagen, muss ich zugeben, dass ich mich präsenter fühle, mehr hier", sagte sie. „Ich fühle mich leichter ... aber es beschäftigt mich immer noch die Frage, wie es in Zukunft weitergeht."

„Wie geht es in Zukunft weiter?"

„Na ja, was, wenn die Angst oder die zugeschnürte Kehle wiederkommen?"

„Ich bin sicher, sie werden wiederkommen. Sogar wenn Sie vollends erwacht sind, werden Reste von Ängsten, die einmal sehr real für Sie waren, manchmal an die Oberfläche kommen. Das kann auch die tendenzielle Enge im Hals sein. Wenn das geschieht, tun Sie genau, was Sie jetzt tun. Seien Sie mit Ihrer Erfahrung präsent, und nehmen Sie dann die Geschichte wahr, die Furcht und wie sie die Nervosität und die zugeschnürte Kehle hervorruft. Sie können sich sagen: ‚Ich bin nicht meine Geschichte ... Ich bin reines Gewahrsein und ganz präsent im Jetzt ...' Dann seien Sie *das*. Seien Sie das klare, sehr gegenwärtige Gewahrsein, das Sie sind. Lassen Sie die Gefühle der Enge im Hals zu, aber gehen Sie nicht in Ihren Kopf, gehen Sie in keine Geschichte darüber."

Die zugeschnürte Kehle ist ein klassisches Symptom des fünften Chakras. Das fünfte Chakra, das Kehl-Chakra, ist das Zentrum des Selbstausdrucks. Wenn Menschen hier blockiert sind, kann das zu einer brechenden oder belegten Stimme führen, und sie haben Mühe, Ihre Worte herauszubringen. Sie ringen im wörtlichen Sinn darum, Ihre Wahrheit auszudrücken. Andere körperliche Manifestationen wie zum Beispiel eine raue oder entzündete Kehle, geschwollene Drüsen, Schilddrüsenprobleme oder chronische Halsschmerzen und ein steifer Nacken können ebenfalls mit dem fünften Chakra zusammenhängen.

In meiner Zeit als Chiropraktiker sah ich das hin und wieder an Frauen, die mit dominanten, kontrollierenden Männern verheiratet waren. Diese Frauen hatten das Gefühl, dass sie ihre tiefsten schöpferischen Wahrheiten nicht frei ausdrücken konnten. Sie konnten nicht sein, wer sie wirklich waren, weil ihre Ehemänner darauf bestanden, dass sie einem idealisierten Modell der Ehefrau gerecht würden, und sie hatten zuviel Angst davor, anders zu sein. Die unterdrückte Energie manifestierte sich psychosomatisch in Problemen der Art, wie ich sie gerade dargestellt habe. Manchmal war es allein der Mut einer Frau, ihren Mann endlich in die Wüste zu schicken, was einen Durchbruch bedeutete und Heilung mit sich brachte. Es ist erstaunlich, wieviel Heilung geschieht, wenn wir ehrlich uns selbst gegenüber werden, die Lügen aus unserem Leben verbannen und authentisch werden. Wir sind auf dem Weg zur Freiheit, wenn wir begreifen, dass sich selbst *nicht* wahrhaftig auszudrücken, verletzend und krank machend wirkt. Plötzlich entdecken wir, dass es uns nicht mehr kümmert, was die anderen sagen oder tun.

Ich habe vor langer Zeit gelernt, dass es das Beste ist, in Beziehungen die Wahrheit gleich am Anfang zu sagen, und den kleinen Schmerz, verletzt oder zurückgewiesen zu werden, zu riskieren. Wenn Sie lügen, wird der Zeitpunkt kommen, ob in einer Woche, einem Monat oder nach Jahren, wenn die Täuschung offengelegt wird. Wenn der andere dann begreift, dass er all die Zeit getäuscht worden ist, reicht der Schmerz des Verrats viel tiefer, hält länger an und kann zerstörerisch sein.

Mit ganzer Wahrheit und Aufrichtigkeit zu leben, fühlt sich rein, leicht und offen an. Sie wissen, wie es ist, zu lügen und die Lüge dann aufrecht erhalten zu müssen, in der Hoffnung, die Geschichte jedes Mal richtig zu erzählen, um nicht erwischt zu werden. Sie wissen auch, wie es sich anfühlt, belogen zu werden. So zu leben erzeugt Leiden für Sie und den anderen. Es ist kein bisschen befreiend.

Aber wenn Sie zur Freiheit erwachen, werden Sie ganz von selbst die Wahrheit sagen. Sie können gar nicht anders. Sie würden nichts tun, was Leiden für Sie oder für jemand anderen zur Folge hat.

Die Wahrheit ist, was ist

Mein Freund Phil Salyer sagte einmal, Kommunikation ist die Wundermedizin für Beziehungen. Und der Schlüssel zur Kommunikation ist die Wahrheit – willens zu sein, sie zu hören und auch auszusprechen. Es braucht Mut, die Wahrheit zu sagen. Der Kopf möchte argumentieren, um recht zu haben und wird alle möglichen Spielchen treiben, um recht zu haben. Aber das Herz sehnt sich nach Wahrheit. Ohne rigorose Aufrichtigkeit sich selbst gegenüber gibt es kein Erwachen, keine Erleuchtung. Die Wahrheit wird Euch befreien, so steht es geschrieben. Es gibt viele Gründe, aus denen wir uns verschließen und unsere Lebendigkeit und Authentizität unterdrücken.

Sie haben unweigerlich mit einer Vergangenheit voller Entwertung, Zurückweisung, Verurteilung, Lächerlichmachung, Demütigung oder Scham in unserer Kindheit und Jugend zu tun. Landauf landab sind die therapeutischen Praxen mit Klienten voll, die mit diesen Themen ringen. Psychotherapie ist ein nützliches Werkzeug, um den Verstand und die Gefühle zu heilen, aber ohne die transpersonale Perspektive führt sie nicht zu wahrer Freiheit. Sie sortiert lediglich den Inhalt Ihres Geistes um, damit es Ihnen ein bisschen besser geht. Aber Sie sind immer noch ein Gefangener Ihrer eigenen Geschichte. Sie glauben immer noch an die Traumwelt, die Sie in Ihrem Kopf erschaffen haben. Sie haben jetzt lediglich eine größere Gefängniszelle, in der Sie herumtoben können.

Wahrhaftigkeit sich selbst gegenüber, bedeutet, die eigene Psyche gründlich zu untersuchen und tief in sich zu gehen, um herauszufinden, ob noch etwas Ihren freien Ausdruck blockiert. Dann müssen Sie prüfen, ob es jemanden gibt, mit dem Sie sich aussprechen müssen.

Je bereitwilliger Sie Ihre innere Wahrheit wahrnehmen, die Wahrheit von anderen hören und Ihre Wahrheit ohne Angst vor den Konsequenzen aussprechen können, desto besser sind Sie mit Ihrer Leidenschaft verbunden. Sie verbinden sich mit der inneren Quelle Ihres Mutes, der Geradlinigkeit, die es braucht, um Risiken einzugehen und damit hochgesteckte Ziele zu erreichen. Dann beginnt sich Ihr Schicksal, die einmalige Bestimmung Ihres Daseins, zu erfüllen.

Die Bereitschaft, die Wahrheit von anderen zu hören und sie vertrauensvoll auszusprechen, ist eine der stärkendsten Formen des Selbstausdrucks, der uns zur Verfügung steht. Sie ist eine der wesentlichsten Fähigkeiten oder Übungen auf dem Pfad zum Erwachen. Die Wahrheit findet man jedoch nicht im Durchsuchen der Glaubenssätze, Annahmen und Urteile unseres Verstandes. Alle unsere mentalen Erwägungen stellen sich ihr sogar eher in den Weg. Sie verdunkeln Ihre Wahrnehmung der Wahrheit. Wissen ist, nach Lao Tse, ein Hindernis auf dem Weg zur Wahrheit.

Wahrheit kann einfach definiert werden als das, was *ist*. Das bedeutet, wenn Sie hungrig sind, dann ist das, was ist; Hunger ist Ihre aktuelle Wahrheit. Wenn Sie zornig sind, ist das, was ist, und Zorn ist in diesem Moment Ihre Wahrheit. Wenn Sie sich einsam und angsterfüllt fühlen, dann sind Einsamkeit und Angst Ihre Wahrheit. Wenn

Sie sich leicht und sorglos fühlen, dann ist das Ihre Wahrheit. Es ist nicht die einzige Wahrheit über Sie, aber auf jeden Fall etwas, das für Sie wahr ist.

Die Wahrheit ist mit anderen Worten, was auch immer direkt empfunden, gefühlt oder erfahren wird. Zen, welches vom wahrhaftigen Leben handelt, spricht vom „So-Sein" des Lebens. Mit „So-Sein" bezeichnen Zen Meister was ist oder was so ist. Der Mond geht auf. Atmen geschieht. Die Grillen zirpen. Vielleicht knackt ein Gelenk, wenn Sie sich bewegen. All diese Phänomene sind das So-Sein. Sie sind einfach, was ist. Wenn es spät geworden ist, gähnen Sie vielleicht und bemerken, dass Sie müde sind. Das ist die Wahrheit. Das ist, was ist. Sie sind müde.

Im Zen existiert eine wundervolle und einmalige Formel dafür, wie Erleuchtung in die Welt kommt: „Iss wenn Du hungrig bist, schlafe, wenn Du müde bist."

Einfach! Wenn Sie die tiefere Bedeutung dieses Spruchs verstanden haben werden, gibt es keine Auseinandersetzungen und Sorgen mehr in Ihrem Leben. Sie würden wie ein Zen Meister leben, vollends erwacht in der Gegenwart und in der Lage, auf die Anforderungen jeder Situation angemessen damit zu reagieren, was gebraucht wird. (Anm. des Verlages: Die Hörgeschichte „Der Tigerbericht" ist die poetische Umsetzung dieser Weisheit. Siehe S. 239).

Wahrheit erkennen

Probleme entstehen nicht durch eine Situation, sondern durch unsere Interpretation derselben. Vielleicht bekommen Sie ein seltsames Gefühl in der Brust und Ihnen wird mulmig, da Sie glauben, gleich einen Herzanfall zu bekommen. Oder die Miete ist in fünf Tagen fällig, und Sie haben das Geld nicht. Und dann fangen Sie an zu „spinnen". Sie entwerfen eine ganze Geschichte darum herum, was passieren wird, wenn Sie die Miete nicht zahlen können; was Ihr Vermieter tun könnte, dass Sie rausgeschmissen werden könnten und dann wohnungslos wären. Vielleicht fangen Sie an, sich zu schämen.

Das sind Beispiele dafür, was unser Ego mit dem macht, was ist. Es interpretiert die Situation und baut eine Geschichte um was auch immer es ist. Ob es ein Schmerz in der Brust ist, die fehlende Miete oder die Ungewissheit in einer Beziehung, das Ego wird ein ausgefeiltes Drama entwickeln, das wenig bis gar keinen Bezug zu den Tatsachen und der Realität hat.

Wenn Sie aber mit dem leben, was ist, wenn Sie in Übereinstimmung mit dem So-Sein des Lebens sind, dann gibt es im Fall einer herausfordernden Situation keine Notwendigkeit für Konflikte. Sie gehen einfach damit um, Sie erwidern den Ruf. Sie machen notwendige Veränderungsschritte, wenn Ihnen das möglich ist oder akzeptieren die Dinge, wie sie sind – ohne ein inneres Drama aufzubauen. Wenn Sie so leben, sind Sie auf dem Weg zu wahrer Freiheit.

Wenn Sie zum Beispiel das Geld für die Miete *nicht* haben, sagen Sie die Wahrheit. Keine Spielchen, einfach die Wahrheit. Wenn da wirklich keine Angst und keine Beschämung in Ihnen ist, keine Schuld, keine Verurteilung, dann werden sich die meisten derer, mit denen Sie zu tun haben, auch entspannen und sind bereit, mit Ihnen zu verhandeln. Seien Sie ausgeglichen und verantwortungsbewusst. Treffen Sie eine Absprache über Ratenzahlungen, oder finden Sie ein anderes Arrangement. Ihnen ist es wichtig, Ihre Verpflichtungen zu erfüllen, aber Sie sorgen sich nicht oder sind schlaflos, wenn Ihnen das nicht gelingt. Ihr Wohlbefinden ist nicht von Situationen abhängig. Ihre Freude entstammt einem sehr viel tieferen Ort. Sie stammt aus Ihnen selbst.

Menschen sagen mir oft: „Wenn ich versuche, die Wahrheit in mir zu hören, höre ich viele verschiedene Stimmen in meinem Kopf. Wie kann ich die Stimme der Wahrhaftigkeit darin unterscheiden?"

Wenn Sie sich die Zeit nehmen, achtsam zuzuhören, werden Sie feststellen, dass zusätzlich zu den vielen Stimmen und ihren Echos in Ihrem Kopf, eine Stimme aus Ihrem tiefsten Inneren kommt, aus Ihrem Herzen, Ihrer Seele. Dieser Stimme sollten Sie zuhören.

Jean Klein sagte immer, dass wahre Kommunikation aus dem Schweigen komme und wieder ins Schweigen zurückkehre. Wenn Sie nicht wissen, was Sie denken oder sagen sollen, gehen Sie in die innere Stille, und lauschen Sie.

Ihre wahre Stimme wird sich früher oder später zeigen in Form einer intuitiven Einsicht, einer Ahnung oder vielleicht als profunder Gedanke oder Satz, der sich scheinbar aus dem Nichts in Ihr Gewahrsein erhebt.

Probieren Sie, ob Sie die Stimme der Wahrheit jetzt hören können ... Heißen Sie willkommen, was immer Sie gerade erleben, und seien Sie einfach sehr still und präsent ... Seien Sie das klare, luzide Gewahrsein, das Sie sind ... Wenden Sie sich dann tief in Ihr Inneres ... Lauschen Sie als das Gewahrsein den Stimmen, die aus Ihrem Herzen oder Ihrem Bauch aufsteigen und gehört werden wollen ... Sie mögen sagen, dass im Moment nichts gebraucht wird, oder sie formulieren ein Bedürfnis, etwas, das Aufmerksamkeit verlangt ... Nehmen Sie das wahr, und seien Sie dann einfach hier ...

Anhaftung an Ergebnisse loslassen

Manche Menschen befürchten, dass erwacht sein und im Jetzt leben bedeutet, Ziele und Träume loszulassen, aber das ist eine Illusion, eine Geschichte, an der sie festhalten, die sie vom Leben im Hier und Jetzt abhält.

Das Anhaften an Ergebnissen, an einem bestimmten Resultat, erzeugt Angst davor, das Gewünschte nicht zu erreichen. Indem Sie lernen, die Anhaftung loszulassen und ganz und gar präsent zu werden, werden neue schöpferische Energien, sowie Mut und Vertrauen frei, und diese bewegen Sie sogar näher auf Ihr Ziel zu.

Zukunftssorgen sind eine der Hauptstressquellen in unserem Leben. Sie sind eine Gewohnheit, die immer wieder aufs Neue Angst erzeugt und das unangenehme Gefühl, wir seien – so wie wir sind – nicht genug. Sie halten uns in dem Glauben, das und das müsse geschehen, damit wir glücklich werden könnten, und wenn nicht, wären wir zum Unglück verdammt.

Eine Geschichte über J. Krishnamurti spricht mit kristallener Klarheit davon, was es bedeutet, frei von diesem begrenzenden, ängstlichen Denkmuster zu sein. Über sechzig Jahre lang hielt er jedes Frühjahr Vorträge in einem wunderbaren Eichenwald in der südkalifornischen Stadt Ojai. Krishnamurti leibhaftig sprechen zu hören, war jedes Mal eine außergewöhnliche Erfahrung. Sein Freund Aldous Huxley beschrieb es so: „Wie einem Diskurs des Buddha lauschen – solche Autorität, solch innewohnende Kraft.“

Es war nicht weniger bewegend, als ich ihn in den späten siebziger Jahren hörte, umgeben von fast zweitausend Menschen, die ihm im Gras oder auf Klappstühlen sitzend lauschten.

Mitten in diesem Vortrag hielt Krishnamurti plötzlich inne, lehnte sich nach vorn und sagte beinahe verschwörerisch: „Wollen Sie wissen, was mein Geheimnis ist?"

Beinahe so als wären wir ein Körper, richteten wir uns noch mehr auf und spitzten noch mehr die Ohren, wenn das möglich war. Ich bemerkte Menschen um mich herum, wie sie sich nach vorn beugten, noch genauer hinhören wollten und in angespannter Erwartung den Mund leicht öffneten. Krishnamurti sprach nahezu nie über sich selbst und seinen eigenen Prozess, und jetzt wollte er uns sein *Geheimnis* verraten. Das war doch der einzige Grund, warum wir jedes Frühjahr wieder nach Ojai kamen, um zu versuchen, sein Geheimnis herauszufinden. Wir wollten wissen, wie er es vermochte, so gewahr und erleuchtet zu sein, während wir mit unseren ganzen Alltagsproblemen kämpften.

Schweigen trat ein. Dann sagte er mit weicher, beinahe schüchterner Stimme: „Sehen Sie, mir ist es gleich, was passiert."

Wir lehnten uns zurück während wir seine Worte bedachten und versuchten, uns auszumalen, was es bedeuten würde, sich nicht mehr daran zu stören, was geschieht.

Eine Frau, der ich diese Geschichte erzählte, sagte: „Mir klingt dieser Gleichmut über das, was passiert, zu passiv. Das ist ja, als könnten die Menschen und das Leben mit Dir machen, was sie wollen. Ich meine, ich habe eine fünf Jahre alte Tochter. Ich wäre untröstlich, wenn ihr etwas zustieße. Ich unternehme jede Anstrengung, sie zu beschützen, für sie Sorge zu tragen." Ich erklärte ihr, dass es hier um ein tieferes Verstehen geht, die innere Freiheit und totales Erwachen. In dem Gedicht „Little Gidding" beschreibt T.S.Eliot den erwachten Zustand als „Bedingung größter Einfachheit, die nicht weniger als alles kostet".

Deshalb müssen Sie alles in Ihrem Geist loslassen, um wahrhaft frei zu sein. Um Krishnamurtis Satz zu zitieren, es muss Ihnen „gleich" sein, was geschieht, und das erstreckt sich auch auf die Unversehrtheit Ihrer Tochter. Aber Sie sind immer noch ein Mensch. Sie lieben Ihre Tochter und sorgen sich natürlich um sie und beschützen sie. Sie werden das nur nicht mehr zwanghaft tun und nicht ständig darüber nachdenken, denn das führt zur Paranoia bei dem andauernden Gedanken, wie vernichtet Sie selbst wären, wenn ihr etwas zustieße.

Erwacht zu sein bedeutet nicht, die normalen menschlichen Sehnsüchte und Vorlieben zu verlieren. Sie empfinden und ehren immer noch Ihre schöpferischen Impulse. Sie folgen noch immer Ihren Neigungen und tun mit Ihrer Energie, was Sie wollen. Wenn Ihnen die Lebensumstände nicht gefallen, in denen Sie sich befinden, dann nehmen Sie sich doch die Freiheit, sie zu ändern, wenn das möglich ist. Der Unterschied liegt darin, dass sie jetzt nur Umstände sind, keine Probleme.

Nach außen mag es so aussehen, dass Sie mit aller Kraft einen Weg verfolgen, um erfolgreich an ein Ziel zu gelangen. Nach innen besteht jedoch, wenn Sie wahrhaft frei sind, keine emotionale Anhaftung an das, was geschehen wird. Sie kennen sich selbst als das Feld des Gewahrseins, der Präsenz. Dieses Wissen und der andauernde Friede, den es bringt, hängen nicht davon ab, ob Sie Ihre Ziele erreichen oder nicht.

Mit anderen Worten, Sie treten leidenschaftlich für Ihre Absichten und Ziele ein, aber letztendlich haften Sie keinem bestimmten Ergebnis an. Diese Freiheit von der Anhaftung befreit Sie von Furcht, von der sorgenvollen Frage, ob Sie Erfolg haben werden oder nicht. Wenn Sie die Sorge aus Ihrer Arbeit entfernen, wird Erfolg sehr viel wahrscheinlicher.

Ob es darum geht, mehr Geld zu verdienen, etwas Neues zu lernen, eine Stadt zu erkunden oder die Erleuchtung zu erreichen, setzen Sie zunächst Ihre Absicht, Ihr Ziel und lassen Sie das dann los und konzentrieren sich auf die Reise. Achten Sie auf den Schritt, den Sie gerade jetzt machen. Das ist die beste Voraussetzung dafür, den darauffolgenden Schritt erfolgreich machen zu können.

Es ist eine zeitlose spirituelle Wahrheit: Lösen Sie die Anhaftung an Ergebnisse, und Sie werden sich in Ihrem Innern stets wohl fühlen, unabhängig davon, was außen geschieht. Sie fühlen sich gut, weil Sie mit der Energie des Universums verbunden sind, der Schönheit und Kraft der Schöpfung selbst. Sie werden eins mit der großen Stille, die hinter allem liegt, und darin liegt die wahre Kraft ...

Seien Sie jetzt eins mit der Stille ... Seien Sie sehr wach und präsent, aufgehoben im Strom der Schöpfung ... Nehmen Sie, als Bewusstheit, wahr, wie sehr Sie immer noch hier sind ... Dennoch gibt es jetzt, in genau diesem Augenblick, keine Notwendigkeit, sorgenvoll an die Zukunft zu denken ... Bald werden Sie darüber nachdenken können, was Sie tun müssen oder wollen, aber genau jetzt ist es genug, einfach das wunderschöne, gegenwärtige Gewahrsein zu sein, das Sie sind ...

Der Beweis, dass Ihre wahre Natur Bewusstheit ist

In einem Workshop sagte ein Mann: „Ich verstehe, dass obwohl ich eine persönliche, psychische und emotionale Geschichte habe, das nicht das ist, was ich wirklich bin. Aber was ist mit kultureller und ethnischer Identität? Ich bin Jude, und die gesamte jüdische Geschichte macht mich zu dem, was ich bin. Sie liegt mir im Blut, in meinen Genen. Ich habe aus meiner Kindheit eine muslimische Freundin, und sie sagt dasselbe über ihren Hintergrund. Dennoch sagen Sie, meine Bewusstheit und nicht mein Judentum sei meine wahre Natur. Können Sie mir das beweisen?"

Ich antwortete: „Ohne Zweifel ist Ihr Jude sein Teil Ihrer persönlichen Geschichte, Ihrer Familiengeschichte, Ihrer genetischen Herkunft sozusagen. Der Körper ist, was er ist, die Gene sind, was sie sind und sogar die kulturelle Konditionierung ist uns zu einem gewissen Grad aufgeprägt. Aber Sie müssen nicht einfach die Konsequenzen von all dem tragen. Schließlich sind Sie sich bewusst darüber, Jude zu sein, nicht wahr?"

„Ja."

„Das ist der Beweis", sagte ich. „Bewusstheit, das Gewahrsein von Körper, Geist, Sinnen und Identität, kommt zuerst. Bewusstheit ist die Grundlage, auf der Gedanken, Empfindungen, Glaubenssätze und Erfahrungen entstehen. Unabhängig von dem, was in Ihrer Erfahrung geschieht, womit Sie sich identifizieren, Sie sind dessen *gewahr*. Gewahrsein oder Bewusstheit sind die Voraussetzung. Die Praxis, die wir die ganze Zeit tun, verhilft uns zu diesem Erkennen."

Der Unterschied zwischen erwachten und nicht erwachten Menschen ist, dass erstere in der ultimativen, der nicht-dualen Wirklichkeit leben. Sie existieren im Gewahrsein, in reiner, stiller Bewusstheit selbst, während sie die relative Wirklichkeit der Gedanken, Glaubenssätze, Gefühle und Erfahrungen samt den Unterschieden zwischen ethnischen und religiösen Abstammungen, sowie Vererbungslinien anerkennen.

Weil sie im Zusammenhang des Ganzen, der ultimativen Perspektive leben und diese bejahen, sind sie in der Lage, den Inhalt, die täglichen Ereignisse und Umstände zu ehren und mit ihnen umzugehen, ohne sich darin zu verlieren. Indem sie das große Ganze sehen, sehen sie die dazugehörige Beziehung zwischen allen Teilen desselben zueinander.

Auf der anderen Seite sind unerwachte Menschen in der relativen Wirklichkeit gefangen, in ihrem Gehalt, in einem oder mehreren ihrer Teile. Ohne Offenheit für und Verbindung zu der ultimativen Wirklichkeit, ohne Bewusstheit, welches die Quelle für alle Gedanken, Empfindungen und Gefühle ist, hängen sie an dem, was sichtbar, fühlbar, erfahrbar ist.

Das betrifft auch alle Glaubenssätze über den Wert einer bestimmten ethnischen, nationalen, religiösen, kulturellen oder sozialen Identität, an der Menschen festhalten. Wenn Sie dazu die persönliche Geschichte nehmen, alle subjektiven schmerzhaften und auch schönen Erinnerungen der Vergangenheit, haben Sie die Welt zwischen unseren Ohren, die wir „Ich und meine Geschichte" nennen.

Solange Menschen an ihrer Geschichte oder ihrer Version der Wirklichkeit festhalten, ob sie nun jüdisch, moslemisch, christlich, buddhistisch, hinduistisch, schwarz, weiß oder geschlechterspezifisch ist, wird es Auseinandersetzung und Leiden in und zwischen den Individuen und Gruppierungen geben. Konflikte und Leiden werden dann in verschiedenen Formen religiöser, politischer, ethnischer oder sozialer Kämpfe nach außen projiziert. Es gibt Widerstand gegen den natürlichen Fluss der Dinge, das Auf und Ab des Lebens. Viele erkennen die Wahrheit nicht: Eine *Geschichte* ist nicht die Wahrheit darüber, wie die Dinge sind.

Es passiert die ganze Zeit um uns herum an verschiedenen Konfliktherden und Kriegsschauplätzen der Erde. Menschliche Wesen sind in Konfrontation und Kampf miteinander geraten seit sie einen Stock schwingen und einen Speer werfen können. Früher hatten sie nicht einmal religiöse Geschichten, über die sie sich streiten konnten, aber es gab Überlebensgeschichten, Geschichten über ihren Clan oder Stamm.

Eine Frage, die mir häufig im Zusammenhang mit der Grausamkeit in der Welt gestellt wird: „Was ist denn Ihre Lösung? Sie erwarten ja wohl nicht, dass die Menschen ihre jüdische oder moslemische oder christliche oder Hindu Identität aufgeben?"

Ich antworte, dass es schon mal ein enormer Schritt wäre, wenn die *Anhaftung* an diese Identitäten aufgegeben würde. Es würde die Welt verändern, wenn eine große Anzahl von uns sich mehr für die tatsächlich und wissenschaftlich bewiesene Wahrheit des Vorrangs und der Universalität von Bewusstheit interessieren würde anstatt der ethnischen, kulturellen, nationalistischen oder religiösen Geschichten, mit denen wir durch die Jahrhunderte hindurch ausgestattet wurden. Dann könnten wir sehr viel weniger Krieg und sehr viel mehr Frieden erfahren.

Gnade wird uns zuteil

Viele Menschen fragen sich, wie sich das Beten verändert, je mehr wir zu unserer wahren Natur erwachen. Anstatt zu einer Vorstellung von Gott oder einer höheren Macht zu beten, werden Sie äußerst wach in der Gegenwart sein, vollends aufmerksam auf den gegenwärtigen Moment, und Sie werden die ungeheure Stille hinter der Schöpfung als spürbare Realität wahrnehmen. Sie werden ihre vibrierende Kraft in jeder Zelle Ihres Seins wahrnehmen, und Sie werden ohne den Schatten eines Zweifels wissen, dass die Macht, die Sie einst angebetet haben, wirklich existiert. Sie ist die Voraussetzung aller Existenz, ihr Boden, genau die Energie und Bewusstheit, aus der Sie bestehen.

Dann werden Ihre Gebete anders klingen. Statt zu bitten oder zu fragen, werden Sie Dankbarkeit ausdrücken für die Gnade, die Ihnen und allen unaufhörlich zuteil wird, die da Augen haben, zu sehen, Ohren haben, zu hören und eine empfindsame Wahrnehmung.

Statt in der Furcht davor zu leben, nicht „gerettet" zu werden, nicht „gut genug" zu sein, nach Ihrem Tod nicht in den Himmel zu kommen oder nicht zur „richtigen" Religion zu gehören, werden Sie begreifen, dass alles absolut in Ordnung ist. Sie werden erkennen, dass alles *immer schon* absolut in Ordnung war. Der Himmel ist das Jetzt, hier, trotz der scheinbaren Hölle, die verirrte menschliche Wesen erschaffen.

Es ist so, wie Jesus sagte: „Das Königreich Gottes ist in Euch." Oder wie es ein Sufi Meister formuliert: „Gott und Himmel wohnen in Deinem eigenen Herzen." Oder was die Yogis und Weisen schon immer wussten: „Glückseligkeit, Frieden und Freude sind unsere wahre Natur."

Mit dem Erwachen stellt sich ein grundlegender Friede ein, ein Gefühl von Vertrauen und Freude – eine Freude, die nicht von Bedingungen oder Umständen abhängt, sondern von selbst strahlt, der genaue Ausdruck des wunderschönen, bewussten Wesens, das Sie wirklich sind: Reines, göttliches Gewahrsein, das sich durch diesen Körper, diese Augen und diesen Verstand ausdrückt, den andere als „Sie" wahrnehmen.

Sie haben immer noch Ihre eigene unverwechselbare Persönlichkeit und Ihr Temperament, aber Sie sind jetzt sehr viel offener, spontaner und authentischer. Ihre Persönlichkeit ist nicht länger starr, reaktiv und voraussagbar wie früher, als Sie noch in einer Geschichte davon hingen, wer Sie dachten, zu sein.

Mit dem Erwachen werden Ihre Aufgabe und Ihr einmaliges Schicksal deutlich. Sie leben jeden Tag und jede Stunde in Dankbarkeit für die großen und kleinen Gaben, die das Leben kontinuierlich auf Sie herabregnen lässt. Jean Klein sagte immer, je freier wir werden, desto mehr wird Dankbarkeit unser vorherrschendes Gefühl.

Ramakrishna, der bengalische Heilige sagte: „Gnade regnet unaufhörlich herab."

Diese Gnade ist immer zugänglich. Bewusstheit ist, wer und was Sie sind. Gnade ist Ihre wahre Natur. Gott ist nicht da draußen irgendwo an einem bestimmten Ort oder in einem bestimmten Zustand, wie es Ihnen als Kind beigebracht wurde. Er ist die Beschaffenheit Ihres Wesens. Gott ist Bewusstheit. Bewusstheit ist Gott.

Dieses Erkennen befreit Sie von der Angst vor dem Tod. Wenn Sie die Wahrheit von allem klarer sehen und die Anhaftung an die rigide Identifikation mit „Ich" und „mein" loslassen, wird Ihnen deutlich, dass niemand geboren wird und niemand stirbt. Als historische Person gibt es Sie lediglich als Bild oder Vorstellung in Ihrem Kopf. Ihr Körper wird geboren, ja, aber Sie sind nicht Ihr Körper. Sie sind die Bewusstheit, die den Körper geboren hat, die Bewusstheit, die Sie ins Sein bringt, ins Gewahrsein.

Wenn Ihr Körper stirbt, wird er zu Staub; die Bewusstheit, die Sie sind, wird aber nicht geboren und stirbt nicht. Bewusstheit war immer hier, unendlich inkarniert, unendlich sich selbst erkennend, sich unendlich in immer neuen Formen, neuen Körpern manifestierend. „Sie" sind ein individualisierter Ausdruck göttlicher Bewusstheit, so wie eine Welle ein Ausdruck des Meeres ist. Aber wie bei der Welle, ist auch Ihre wahre, zeitlose Natur das Meer; es ist die Bewusstheit.

Wenn Sie sich selbst als Bewusstheit erkennen, wird Ihnen klar, dass Sie – als Bewusstheit – vom Anbeginn aller Zeiten hier waren. Ihr Körper, Geist und Ihre Persönlichkeit werden sterben, aber Bewusstheit selbst stirbt nicht. Wie könnte Bewusstheit aussterben? Um zu wissen, dass Sie ausgestorben sind, müssten Sie sich dessen bewusst sein – und wenn Sie dessen gewahr sind, kann Bewusstheit nicht ausgestorben sein. Es ist so wie Tiefschlaf. Wenn Sie aus tiefem traumlosem Schlaf aufwachen, fühlen Sie sich wunderbar erfrischt; wenn der Tod also eine Art Tiefschlaf wäre, und dann würden Sie woanders aufwachen, warum sollte das irgendwie anders sein? Ob Sie nun in diesem Reich in einem neuen Körper oder in einem anderen Reich z. B. in Engelsform erwachen, Sie werden sich in jedem Fall erfrischt fühlen. Und wenn Sie niemals erwachen, dann wissen Sie auch nichts davon. Das ist die Befreiung, der kosmische Seufzer der Entlastung, den das Erwachen mit sich bringt. Anstatt den Tod zu fürchten, betrachten wir ihn als letztes großes Abenteuer dieser Inkarnation. Vielleicht heißen wir ihn, wenn die Zeit reif ist, sogar willkommen.

Dieses Erkennen über die Einheit von Bewusstheit in Geburt, Leben und Tod bringt eine ungeheure Verantwortung mit sich. Es bedeutet, dass wir nicht länger auf einen Gott da draußen hoffen können, der uns hilft oder rettet, noch können wir ihm die Schuld daran geben, was in unserem Leben alles schief gelaufen ist. Wir sind Gott. Menschliche Wesen haben die ganze Vorstellung von Gott erschaffen und Ihn nach unserem Bilde geformt. Er ist nur ein Wort, eine Geschichte, die wir uns erträumt haben, um die unbeschreibliche Kraft und Intelligenz der Bewusstheit hinter allem zu benennen.

Wenn wir einmal die Wahrheit der Bewusstheit sehen und erleben, wird unsere Aufgabe deutlich. Sie besteht darin, andere empfängliche Menschen auf ihrer Reise zum Erwachen zu leiten. Das können wir direkt tun, indem wir die Lehre und Praxis mit ihnen teilen. Wir können es aber auch indirekt tun, indem wir ein Beispiel geben durch die Art, wie wir Bewusstheit und Präsenz im täglichen Leben verkörpern.

Jean Klein sagte dazu: „In meiner Lehre richten wir uns direkt auf Bewusstheit aus, den natürlichen Zustand, verankern uns darin und wirken dann nach unten, sozusagen in das Transformieren der relativen Natur."

Dieses Transformieren der relativen Natur durch unsere Bewusstheit in jedem Bereich des täglichen Lebens bleibt unsere Aufgabe bis ans Ende unserer Tage. Wer kann schließlich von sich sagen, er habe die Kunst zu leben gemeistert? Ich nicht. Was das Leben in der Welt, auf dem Marktplatz angeht, bleibt es ein immerwährendes Lernen.

In vielen erwachten Menschen kommt ein Teil ihres alten „Selbst" noch einmal zum Vorschein und heftet sich an die Vorstellung, es sei jetzt erleuchtet – man könnte sagen, das ist der ultimative Egotrip. Mir ist das passiert und ebenso anderen Lehrern, die ich kenne.

Im Zen heißt das der „Gestank der Erleuchtung". Es ist ein besonders unter konkurrenzorientierten Männern verbreitetes Phänomen, die meinen, sie müssten allen anderen immer eine Nasenlänge voraus sein, sogar auf dem Gebiet der Spiritualität.

Aber irgendwann durchschaut man auch die „Ich bin jetzt erleuchtet" Geschichte. Man lässt die Anhaftung an die Vorstellung von Erleuchtung los, von sich selbst als Boten, als demjenigen, der weiß und nun angekommen ist. Dann kann man beginnen, sich auf die Botschaft zu konzentrieren. Nicht so viel darüber zu reden, sondern sie zu *sein*. Es kommt darauf an, das Erkennen zu verkörpern.

Eine Übung zum Erwachen

Nehmen Sie sich ein wenig Zeit, und werden Sie jetzt still, aufmerksam und alles dessen gewahr, was ist. Seien Sie präsent mit was auch immer Sie gerade erleben. Nehmen Sie die Geschichten, Gedanken und Vorstellungen wahr, die Ihnen durch den Kopf gehen, und erkennen Sie, dass Sie nichts davon sind. Was Sie sind, ist die Bewusstheit, das Gewahrsein welches Ihren Körper, Geist, Ihre Persönlichkeit durchdringt und alles betrachtet.

Wenn Sie möchten, können Sie bestätigend sagen: „Ich bin nicht meine Geschichte. Meine wahre Natur ist reine Bewusstheit, die sich in diesem Körper/Geist/Selbst manifestiert, das ich bin ..." Dann lassen Sie den Gedanken los, nehmen einen tiefen, bewussten Atemzug und entspannen sich in das reine stille Gewahrsein, das Sie sind.

Wenn Sie auf diese Weise präsent sind, alles ohne irgendeine Geschichte betrachtend, sind Sie frei. Alles im Universum, auch alles, was Sie gewählt haben, zu erschaffen, strömt aus diesem Moment jetzt ...

Kapitel Sechs

Die Kraft der Liebe

Mit dem Erwachen zu unserer wahren Natur als Bewusstheit, wird jeder Tag von Liebe, Sinn und Zweck erfüllt. Liebe ist die wesentlichste, lebendigste Emotion, die wir menschlichen Wesen empfinden können. Der indische Weise Ramakrishna sagte: „Der Geist wird Dich in den Hof der Geliebten führen, aber nur das Herz wird Dir ihr Schlafzimmer öffnen."

Die Menschheit muss mehr Liebe zeigen, wenn es jemals so etwas wie eine globale Heilung geben soll. Weit vor der Zeit Christi, dessen Lehre von der Liebe handelte, haben Propheten und Weise uns gesagt, dass wir einander mehr lieben müssen. Dennoch scheinen Menschen überall auf der Welt mit der Nächstenliebe ebenso viele Schwierigkeiten zu haben, wie mit all ihren inneren und äußeren Problemen.

Die moderne Psychologie hat recht, wenn sie sagt, wir müssen zuerst lernen, uns selbst zu lieben, und dann können wir andere lieben. Solange wir aber im Bereich des Psychologischen und Emotionalen bleiben, ist das nicht leicht. Da ist das „Selbst", was wir glauben, zu sein und dann das „Selbst", was wir verbessern oder lieben wollen. Es kann sehr verwirrend sein – wie meistens, wenn wir noch mit dem Persönlichen identifiziert sind und nicht über die Belange unseres eigenen Ego hinaussehen können.

Durch die dreistufige Praxis, die ich hier darstelle, durch das Verkörpern der Lehre, dass Sie nicht Ihre Geschichte sind, werden Sie an das Verständnis herangeführt, dass es nur eine Energie, eine universale Bewusstheit in einer unendlichen Vielzahl von Formen gibt. Sie sind *jene* Energie, und Ihre wahre Natur, wie das menschliche Herz sie ausdrückt, ist Liebe.

Die Wirklichkeit ist ein unsichtbares Ganzes. Jedes lebendige Wesen ist eine Welle, die im Ozean der Schöpfung aufsteigt und wieder vergeht. Sich mit der Einheit allen Lebens zu verbinden, weist den Weg zum Öffnen des Herzens. Wenn Sie begreifen, dass alle Ängste selbstgemacht sind, setzen eine tiefe Entspannung und ein Loslassen auf somatischer Ebene ein. Dann wird Ihr Herz ganz natürlich das Erblühen von Güte, Freundlichkeit und Liebe empfinden.

Das ist die Essenz der Liebe – sein Herz zu öffnen und sich mit seinem wahren Mitgefühl zu verbinden. Es bedeutet, unsere energetische Einheit zu spüren, unsere Verbundenheit mit jedem Menschen und jedem lebendigen Wesen. In den meisten von uns muss dieses Erblühen des Herzens genährt und gestärkt werden.

Je mehr wir sie spüren, desto mehr verbreiten wir die Liebe und desto mehr unserer Handlungen werden von Herzensqualitäten wie Mitgefühl, Freundlichkeit, Zuneigung, Zärtlichkeit, Empathie, Vergebung, Großmut, Dankbarkeit und Mut gelenkt.

Dadurch steigt die Erleuchtung vom Berg herab und kommt auf den Marktplatz. Was ich als den „Blick vom Berggipfel" bezeichne, beschreibt Zeit, die wir in Meditation, Kontemplation und Selbstbefragung verbringen, um unsere wahre Natur zu erfahren, die Weisheit, Liebe und Freiheit in uns.

Aber dieses Erwachen zur Wahrheit, zur göttlichen Liebe in uns selbst, ist nur der erste Schritt. Unsere Fähigkeit, diese Liebe vom Berggipfel hinunter auf den Marktplatz zu bringen, ist der Test dafür, wie tief und real unser Erwachen ist. Hier zeigt sich unsere Fähigkeit, mit anderen und für sie da zu sein; daran misst sich, wie offen unser Herz wahrhaftig ist.

Innere Freiheit ist absolut erreichbar. Sind Sie einmal frei, sind Sie immer frei. Sie werden nicht mehr hinuntergezogen außer kurzfristig durch die kleinen Reste oder Echos der Vergangenheit, die sich gelegentlich bemerkbar machen. Reste zeigen sich am ehesten, wenn der Körper mit Schmerzen oder Krankheit beschäftigt ist oder das Überleben in irgendeiner Weise bedroht ist.

Aber das Meistern der Liebe ist ganz etwas anderes. In gewisser Weise sind wir alle Anfänger in der Liebe. Das Meistern unseres Geistes verschafft uns die Erfahrung von Klarheit und Distanz, Freiheit und Offenheit oder Geräumigkeit und Präsenz. Aber das

Öffnen und Erwachen unseres Herzens führt zu intimer Vertrautheit mit dem Leben und anderen Menschen.

Indem Ihr Herz sich öffnet und Angst sich auflöst, wird Ihr Brustraum weiter und füllt sich mit Wärme und Liebe. Dieses Gefühl der Ausdehnung ist das Zeichen, dass Bewusstheit Ihr Herz erreicht. Wenn Sie Ihrem Herzen vertrauen und aus ihm leben, werden Ihre wahren Leidenschaften befreit. Das Herz ist der wahre Heiler.

Praktische Liebe

Nisargadatta Maharaj sagte: „Weisheit bedeutet, zu erkennen, dass ich nichts bin. Liebe ist, zu erkennen, dass ich alles bin und zwischen diesen beiden bewegt sich mein Leben." Das ist ein wunderschöner, wahrer Satz.

Wenn Sie erwachen, werden Sie tatsächlich feststellen, dass Sie „nichts" und „alles" sind. In dieser Entdeckung werden Sie die Kraft des Universums in sich spüren und erkennen, dass Sie mit allem und jedem verbunden sind. Wahre Freiheit entsteht im Erkennen, das sich als Weisheit ausdrückt und im Empfinden, das sich als Liebe ausdrückt.

Das Leben wird dann sehr reich, denn jetzt sind Sie mit der Liebe in sich selbst verbunden und damit mit der Kraft des ganzen Universums. Sie heißen die Liebe anderer Menschen weiterhin willkommen – schließlich möchten Sie die ganze Welt zu dieser Liebe im Innern erwachen sehen – aber Sie *brauchen* sie nicht länger. Das Licht und die Liebe leuchten nun kraftvoll genug in Ihnen. Sie fließen bereits über, so dass Sie nicht anders können, als Ihre strahlende, liebende Präsenz mit jenen zu teilen, die dafür offen und empfänglich sind.

Wenn ich auf diese Art über die Liebe spreche, wird mir oft die Frage gestellt: „Was Sie sagen klingt wahr, aber ich finde es immer noch sehr schwierig, bestimmte Menschen zu lieben. Ich glaube, das geht vielen so. Ich meine, was ist mit Terroristen, deren einziges Ziel es ist, zu töten und zu zerstören? Sollen wir die lieben? Oder wie kann von einer Mutter erwartet werden, den Mörder ihrer Tochter zu lieben?"

Betrachten wir die Liebe aus einem sehr praktischen Blickwinkel: Liebe heißt nicht notwendigerweise jedes menschliche Wesen auf der Erde zu mögen oder auch nur ihren Nachbarn, besonders wenn er oder sie geizig, bösartig oder gemein ist. Es geht nicht darum, schädliches oder zerstörerisches Verhalten zu dulden.

Aber auch wenn Menschen zum Teil oder beinahe ganz davon abgeschnitten sind, ist Liebe grundsätzlich das Respektieren der Menschlichkeit in jedem einzelnen und die Suche nach dem Funken Wahrheit, Güte und Licht, die irgendwo tief im Herzen und der Seele eines jeden von uns wohnen.

Die fortlaufende Arbeit des Erwachens ist, die Liebe aus dem Innern Ihres Herzens in die Welt hinauszutragen, wo sie verwandelnd wirkt. Das zu lernen, ist ein lebenslanger Prozess. Er erfordert, dass Sie den ganzen Tag über sehr bewusst und gewahr sind. Wenn Ihnen auffällt, dass Sie nicht gewahr sind, wenn Sie sich in einer Ablenkung, einem Urteil, einer Geschichte verfangen, nehmen Sie das als Aufforderung, zurückzukehren ins Gewahrsein. Nehmen Sie es als Erinnerung daran, in das gegenwärtige Sein hier und jetzt zurückzukehren.

Sie müssen wachsam sein. Manchmal müssen Sie sich ermahnen, sorgfältiger zuzuhören. mitfühlender zu sein, die Hand auszustrecken und jemanden in den Arm zu nehmen. Sie haben vielleicht die Illusion der „Person" durchschaut, Ihrer eigenen Geschichte, aber Herzöffnung ist ein unabschließbarer Prozess. Es ist eine Reise, in die Liebe *hinein*zuwachsen, um Ihr wahres, mitfühlendes Wesen immer mehr auszudrücken. Es geht darum, in jedem Augenblick sehr gewahr, präsent, offen und in Ihrem Körper verankert zu sein.

Indem die Freiheit für Sie Wirklichkeit wird, werden Sie ganz von selbst und ohne Aufwand zentriert und geerdet sein. Von diesem Ort aus können Sie sich ausdehnen und sich selbst mit anderen teilen. Sie können Ihnen Ihr Herz öffnen. Vor allem werden Sie jedoch in der Lage sein, Ihre Stille und Ihren Frieden zu teilen. Lassen Sie sich so oft und so sehr wie möglich von Gewahrsein, Präsenz und Liebe leiten, dann werden Sie eines Tages wahrhaft frei sein. Dann werden Sie wissen, wie Sie sich verhalten und was Sie zu tun haben – sogar im Fall eines terroristischen Anschlags, sogar im Fall, dass Ihr Kind getötet wird, was Gott verhüten möge.

Die Religion des Herzens

Ein Mann sagte einmal zu mir: „Ich möchte mein Herz weiter öffnen. Ich spüre häufig eine Enge in der Brust, die sicherlich mit Angst zu tun hat. Mein Arzt hat gesagt, mir fehlt nichts, daher weiß ich, dass es nichts Organisches ist. Sie haben uns eine gute Übung vermittelt, um der Furcht und den Geschichten um sie herum zu begegnen. Ich habe das gemacht, und die Angst wird tatsächlich weniger. Können Sie mir von da weiterhelfen?"

Enge in der Brust ist die somatische und körperliche Manifestation des Herzens, das manchmal verschlossen ist. Sie ist ein Zeichen unerlöster Angst. Der erste Schritt besteht darin, die Furcht willkommen zu heißen oder wenigstens zu akzeptieren mit dem Blick darauf, dass sie Ihnen zeigt, wo Sie noch nicht frei sind. Es hilft auch, mit der inneren Frage zu leben: „Wovor habe ich Angst?" Nehmen Sie dann die Bilder, Intuitionen und Einsichten wahr, die im Lauf des Tages zu Ihnen kommen.

Themen des Herz-Chakras werden in Beziehungen deutlich, also seien Sie besonders aufmerksam darauf, was geschieht, wenn Sie in menschlicher Gesellschaft sind. Beziehungen prüfen Ihre Fähigkeit, Liebe zu geben oder zu empfangen.

Sie werden vermutlich entdecken, dass die Angst mit Ablehnung, Themen rund um Verlassensein oder Gefangensein, mit Schmerz oder Verurteilung zu tun hat. Wie all solche Ängste, kann dies auf ein Muster emotionaler Verletzung in der Kindheit zurückgeführt werden. Je mehr Sie lernen, der Furcht entgegenzutreten, sich ihr zu stellen, desto mehr Einsicht werden Sie darein erlangen, wie und warum diese Angst all die Jahre Ihre Lebensgeschichte bestimmt und gelenkt hat.

Sie werden dann freier werden, wenn Sie erkennen, dass Sie nicht Ihre Geschichte rund um die Angst sind. Unabhängig davon, wie wahr die Geschichte einmal gewesen ist, Sie werden mit wachsender Gewissheit erkennen, dass Sie das Gewahrsein, das Feld der Präsenz sind, welches *jetzt* die Geschichte betrachtet. Sie werden erleben, dass Sie sich in Ihre wahre Natur hinein entspannen.

Während Sie lernen, das wunderschöne, bewusste Wesen zu sein, das Sie sind, wird die Angst von Ihnen abfallen. Auch wenn sie sich wie eine wahre Empfindung anfühlt, ist sie doch auf einer illusionären Geschichte gegründet und kann im Licht der Wahrheit und Ihrer Präsenz nicht mehr bestehen.

Nehmen Sie sich jetzt ein paar Minuten Zeit, um darüber zu meditieren ... Schauen Sie nach innen ... Nehmen Sie wahr, dass in Ihrem Geist alte Erinnerungen auftauchen können, Geschichten über Verletzungen in der Kindheit und Ängste ... und darauffolgend entsprechende Empfindungen und Gefühle in Ihrem Körper ... Lassen Sie die Geschichte und die Gefühle da sein, in dem ungeheuren Raum Ihres Gewahrseins, Ihrer Bewusstheit ... Diese Geschichten und Gefühle kommen und gehen, aber was Sie sind – dieses weite, leuchtende und liebende Gewahrsein – ist zeitlos und immer gegenwärtig ... Es ist Ihre wahre Natur... Also seien Sie es ... Seien Sie wer und was Sie wirklich sind ...

Angst, das Hindernis vor der Liebe, hat ihre Wurzeln in Glaubenssätzen und Geschichten rund um diese Glaubenssätze. Menschen glauben manche Dinge so inbrünstig, dass sie bereit sind, dafür zu sterben oder zu töten – besonders wenn es um Religionen geht.

Denken wir an das Christentum der Kreuzzüge und die Inquisition. Während der Inquisition bedeutete schon der Hauch eines Verdachts auf Häresie, dass man auf grässliche Art und Weise gefoltert werden konnte. Stellen Sie sich Jesu Reaktion vor, wenn er gewusst hätte, was die Kirche mit seiner Lehre der Liebe gemacht hat! Das Christentum hatte jedoch zweitausend Jahre Zeit, zu reifen. Der Islam ist im Vergleich eine jüngere Religion, und seine fundamentalistischen Elemente zeigen ihren eigenen alarmierenden Grad an Brutalität, wenn es um die Behandlung dessen geht, was die Mullahs als Häresie bewerten.

Es ist tragisch und absurd, Menschen zu steinigen, nur weil sie nicht dieselbe Geschichte über Gott und die Schöpfung glauben oder weil sie eine andere sexuelle Orientierung haben oder nach der Definition der „Autoritäten" – den Regeln ihrer Religion oder Gesellschaft – etwas Verbotenes getan haben.

Technologisch gesprochen leben wir in einem Zeitalter der Erleuchtung, aber es existieren immer noch entsetzliche Dunkelheit,

Vorurteile und Bigotterie auf der Welt – alles nur, weil Menschen gefangen sind in irgendeinem Mythos, einer Geschichte über Gott und die Bedeutung des Lebens.

Freiheit beginnt jedoch genau hier, bei jedem einzelnen von uns. Kehren Sie in Ihre eigene Situation, Ihr eigenes Leiden, zurück und fragen Sie, was es für *Sie* braucht, um sich zu befreien. Wenn Sie Freiheit erlangen, werden Sie nicht länger in Angst leben. Je mehr von uns echte innere Freiheit erlangen, desto mehr wird sich die Wahrheit in die Welt hinein ausbreiten. Dann werden Sie, je nach Ihren Gaben und Talenten, Ihren Beitrag zu einer bewussteren Welt leisten.

Wenn Sie Wissenschaftler sind, werden Sie einen Weg über die Wissenschaft finden. Wenn Sie Jurist sind, werden Sie ihn über Gerechtigkeit für eine lohnende Sache finden. Wenn Sie Vorstandsvorsitzender eines Unternehmens sind, werden Sie dafür sorgen, dass nicht nur der Gewinn zählt, sondern dass sich auch um das Wohlergehen der Angestellten, Kunden und der Umwelt gekümmert wird. Wenn Sie Politiker sind, werden Sie jene politischen Maßnahmen verfolgen, die unsere Gemeinden und unser Land verwandeln helfen.

Wenn Sie Priester, Rabbi, Pastor oder Mullah sind, werden Sie das, was ursprünglich gut und wahr in Ihrer Religion ist, mit der Gemeinde teilen.

Als er nach seiner Religion gefragt wurde, sagte Dada, einer meiner Lehrer in Indien: „Meine Religion ist die Religion des Herzens."

An diese Worte habe ich mich immer erinnert. Wenn Sie Präsenz und Gewahrsein üben und zu Ihrer wahren Natur als Bewusstheit erwachen, öffnet sich Ihr Herz. Dann werden liebende Freundlichkeit, Liebe und Großzügigkeit natürliche Eckpfeiler Ihres Verhaltens.

Wenn jeder die Religion des Herzens befolgen würde, wäre die Welt ein wunderschöner, sicherer Ort für uns alle. Da wäre Raum, unsere kämpferische, ehrgeizige Natur auf gesunde Weise auszuleben, denn das wäre ausgewogen durch Zusammenarbeit und teilen. Wenn wir so lebten, wäre unsere Wirklichkeit nicht so fragmentiert, wie jetzt.

Wie kann man also die Religion des Herzens praktizieren? Magrabi Sahib, ein spiritueller Meister aus Indien, hat uns ein feines Rezept überlassen: „Als ich nach innen schaute, fand ich etwas, das durch alle Zeiten hindurch von der gesamten Menschheit gesucht ist. Wir haben viele Menschenalter hindurch von einem Ende der Welt bis zum anderen danach gesucht. Aber wir haben es nur in unseren Herzen gefunden. Suchen Sie deshalb nach dem verlorenen Geliebten nicht im außen. Sie werden ihn oder sie nur in der Tiefe Ihres Herzens finden.“

Entdecken Sie die heilende Kraft der Vergebung

Vergebung ist in einfachen Worten das Loslassen von Schuldzuweisung oder Verbitterung jemandem gegenüber, der Sie verletzt, brüskiert oder in der Vergangenheit gekränkt hat.

Solange Sie noch aus Ihrem Ego, Ihrer Geschichte oder der Vorstellung davon, wer Sie sind, leben, werden Sie immer wieder verletzt werden. Früher oder später wird jemand etwas tun oder sagen, was Sie trifft. Dann werden Sie eine Weile lang mit dem Gefühl leben, verletzt worden zu sein und wütend darüber sein, verletzt worden zu sein. Manche Menschen pflegen ihre verletzten Gefühle und den Zorn darüber wochen- und monatelang, andere tun das Jahre und Jahrzehnte lang.

Wenn Sie jedoch auf einem Pfad persönlichen oder spirituellen Wachstums sind, werden Sie irgendwann erkennen, dass Verletzung und Zorn, an denen Sie festhalten, Ihnen selbst mehr schaden, als dem anderen. Der andere lebt schön sein Leben weiter (was Sie natürlich noch wütender macht!), und Sie leiden elendiglich an dem, was er vor Monaten gesagt oder getan hat. Aber nun begreifen Sie, dass Sie um Ihrer eigenen Gesundheit und Ihres Wohlbefindens willen darüber hinweg kommen müssen. Sie müssen loslassen. Wie macht man das? Es gibt Übungen, Praxishinweise, Visualisierungen, um Vergebung zu lernen. Ich teile eine besonders kraftvolle am Ende dieses Kapitels mit Ihnen.

Lassen Sie mich erzählen, wie ich Vergebung entdeckte. Vor Jahre begegnete ich einer sehr viel jüngeren Frau und verliebte mich in sie. Sie erfüllte all meine Vorstellungen von einer perfekten Partnerin. Das war unzweifelhaft der erste Fehler, den ich machte, all diese Projektionen! Ich fabrizierte in meinem Kopf eine ganze Geschichte darüber, wer sie war und was sie für mich darstellte. Sie wurde zu einem großen Teil meiner Identität.

Nach zwei Jahren verliebte sich meine Freundin in jemanden, der ihr im Alter ähnlicher war, und das läutete das Ende unserer Beziehung ein. Da sie mir von dem anderen Mann nichts erzählte, gab es Lügen, Täuschungen und Verrat. Mein Herz zerbrach, und ich beendete die Beziehung schon allein, um nicht verrückt zu werden. Ich war dieser jungen Frau mit Haut und Haaren verfallen. Ich hatte mich so komplett mit der rund um sie entworfenen Geschichte identifiziert, dass es schrecklich weh tat, als alles in Scherben fiel.

So schmerzhaft diese Erfahrung jedoch war, ich wusste, dass sie notwendig war. Der emotionale Schmerz brachte mich mit Macht in mein Herz, in meine Gefühle, in die Wirklichkeit. Sogar in den schlimmsten Zeiten, die einige Monate dauerten, wusste ich, dass es zu meinem eigenen Besten war.

Der Satz, welcher mir zu der Zeit durch den Kopf ging, lautete: „Gott erteilt mir eine sehr notwendige Lektion in Schmerz und Fühlen.“ Was mich am meisten überraschte, war die Wut, die sich in mir zusammenballte. Während ich den Schock ihres Verrats verarbeitete, erlebte ich eine mir bis dahin unbekannte Wut. Sie schrie innerlich: „Wie kann sie es *wagen*, mir das anzutun!“ Ich hatte sogar mörderische Gedanken. Ich bin sicher, dass fast jeder abgelehnte Liebende schon einmal ähnlich empfunden hat. Das ist das Material für große Dramen. Solche Art Dramen überlässt man am besten dem Fernsehen, der Bühne, einem Roman oder der Kinoleinwand. Wenn wir zu den wunderschönen, bewussten Menschen erwachen, die wir wirklich sind, scheinen wir dazu bestimmt, diese Dramen im wirklichen Leben auszuagieren.

Ich reagierte auf meine Wut und meinen Schmerz, indem ich mir für eine Woche eine kleine Hütte im Sonoma Mountain Zen Center mietete. Ich nahm meine Mahlzeiten gemeinsam mit den anderen ein und meditierte einige Male im Zendo, der Meditationshalle. Meistens aber saß ich allein in meiner Hütte oder machte lange meditative Spaziergänge auf dem wunderschönen Gelände.

Ich saß mit meinen Gefühlen und hieß alles willkommen, was sich zeigte. Manchmal fühlte ich mich sehr verletzlich und weinte über den Verlust dieser Frau, die ich liebte. Zu anderen Zeiten fühlte ich mich beinahe selbstgerecht. Ich dachte mit Verachtung an sie und malte mir aus, wie ich meine Wut an ihr auslassen könnte. Ich ließ mich all das tun. Es war das, was ich tun musste, um heil zu werden. Dann gab es Zeiten, in denen die Empfindungen von Verlust und Zorn abebbten; ich saß dann in einer klaren, beinahe glückseligen Freiheit, weil ich zu mir selbst nach Hause gekommen war. Ich war in der Lage, alle Gedanken und Vorstellungen von ihr loszulassen und einfach in der Stille, Schönheit und Fülle des *Seins* auszuruhen.

Diese klareren Momente halfen mir, zu erkennen, dass sie ihre eigenen Themen hatte und lediglich dem Ruf ihrer eigenen Seele folgte. Sie hasste mich nicht. Sie musste sich nur weiterentwickeln, und ich musste sie gehen lassen. So visualisierte ich sie vor mir stehend, umgab sie mit Licht und wünschte ihr alles Gute. Innerlich dankte ich ihr für alle Gaben, die sie in mein Leben gebracht hatte und wünschte ihr das Beste für ihre Reise.

Einer der Schlüssel zur Vergebung ist das Erkennen, dass der Mensch, der uns verletzt hat, nur sein eigenes Glaubenssystem, seine eigene Geschichte der Bedürftigkeit oder des Leidens ausagiert. Im Fall meiner früheren Freundin waren es ihr Erforschen und der Versuch, sich selbst zu finden. Wenn ich die innere Wahrheit und Freiheit so liebte, wie ich sagte, warum hätte ich sie hindern sollen? Schließlich ging es in meinem ganzen Leben darum, Menschen beim Erwachen zu unterstützen. Diese Erkenntnis half mir, relativ schnell über meinen Schmerz hinweg zu kommen. Schlussendlich müssen wir uns der kalten, harten Kernwahrheit stellen: Wir müssen Schuldzuweisung und Selbstgerechtigkeit loslassen. Vielleicht üben Sie, sich davon zu verabschieden, indem Sie sich vorstellen, wie Sie ihnen zum Abschied zuwinken oder den Zorn und das Verletztsein in seidene Stoffe einwickeln und in ein imaginäres Feuer werfen. Tun Sie, was auch immer Ihnen passend erscheint.

Letztendlich führt alles immer auf den direkten Weg zurück. Sie atmen tief, zucken mit den Schultern und schütteln symbolisch alles ab, was Sie festhalten und was Sie nicht sind. Sie werden außerordentlich präsent, entspannen Ihren Körper und öffnen Ihr Herz. Sie sind genau hier, jetzt, in diesem Augenblick – gewahr, lebendig, wach. Durch die Kraft des klaren, gegenwärtigen Gewahrseins verbinden Sie sich wieder mit der wahren Schönheit und Unendlichkeit des Lebens. Sie spüren, wie sich die Energie des Universums durch Sie bewegt. Sie erkennen, dass Sie eins mit dem Universum sind. Sie sind das Universum.

In dieser Einheit lösen sich nach und nach alle Gefühle von Trennung, Schmerz und Zorn auf und werden von Klarheit, Licht, Präsenz und einem großen Frieden abgelöst ...

Seien Sie diese Einheit jetzt ... Gehen Sie nach innen und stellen Sie sich Ihren Körper als weiten, leeren Raum vor, Raum, der zur gleichen Zeit unendlich erfüllt ist ... Verbinden Sie sich mit Ihrem Herzen, der Liebe, die in Ihnen atmet, der Liebe, die Sie sind ... Denken Sie jetzt an jemanden, der Sie in der Vergangenheit verletzt oder verraten hat ... Sehen Sie das Bild dieser Person vor sich, umhüllt von der Liebe, die Sie sind ... Was auch immer ihre Absicht war, sie waren auf jeden Fall fehlgeleitet ... Sie handelten im Sinne ihrer eigenen inneren Dämonen ... Daher ist es jetzt leicht für Sie, ihnen zu vergeben ... Schicken Sie ihnen Liebe, strahlen Sie Liebe in ihre Richtung aus, wenn Sie langsam ausatmen, und lassen Sie dann das Bild von ihnen los ... Seien Sie jetzt einfach hier, als das Gewahrsein und die Präsenz, die Sie sind ...

Durch diese Übung, das liebende Gewahrsein zu sein, das Sie sind, mag sich ein wundervoll entspanntes Gefühl der Leichtigkeit, des Freiraums und Wohlbefindens in Ihnen entfalten. Denken Sie daran, dass Sie dieses Gefühl weder festhalten noch es konservieren können, denn es ist das, was Sie in Ihrer Essenz *sind.* Es ist Ihr natürlicher Zustand, also versuchen Sie es gar nicht erst.

Wenn Sie spüren, wie Sie sich zusammenziehen – in Auseinandersetzung, Stress oder Aufregung verfangen sind – dann ist das der Hinweis, wieder in die Präsenz zurückzukehren. In der Präsenz, dem Gewahrsein jetzt hier zu sein, erkennen Sie Ihre wahre universale Natur wieder. Um aber vollends zu erwachen, müssen Sie erforschen, wer Sie sind. Sie müssen das „Ich“ untersuchen. Sie müssen tief in Ihrem Innern nach seiner Quelle suchen.

Wie tief Sie auch suchen mögen, Sie werden es nicht finden. Ihr „Ich“, Ihr Ego hat an und für sich keine Realität. Nur die Bewusstheit ist letztendlich real. Das ist die große Befreiung. Sie ist der Schlüssel, der das Geheimnis innerer Freiheit erschließt.

Lieben Sie bedingungslos

Am Ende meiner Zeit im Zen Center fühlte ich mich sehr viel besser, sehr viel klarer, wahrhaftiger fähig, zu verzeihen. Ich arbeitete all meine Gefühle durch und im Großen und Ganzen ließen sie von mir ab. Dieses Abfallen oder Loslassen ist die Essenz der Vergebung. In dem Raum, der sich dadurch öffnete, begann eine ganz neue Energie durch mich hindurch zu fließen.

Ungefähr um jene Zeit las ich „The Chasm of Fire" („Der Weg durchs Feuer") der Sufi Lehrerin Irina Tweedie. Das Buch handelt von ihren Studien bei einem Sufi Meister in einem kleinen Dorf in Indien – all ihren Prüfungen und Schwierigkeiten, den erstaunlichen energetischen Erfahrungen und ihren Einsichten und Einweihungen.

Auf der ersten Seite schreibt sie: „Nur ein Herz, das sich leer gebrannt hat, ist zur Liebe fähig."

Das ist ein wunderschöner Ausdruck der Wahrheit. Wir müssen uns von allem leeren – unserem Ego, unserer persönlichen Geschichte, unserer Geschichte von Leiden und Schuldzuweisung – und dann können wir uns endlich dem Erblühen der Liebe öffnen. Dann kann die Liebe durch uns fließen.

In den meisten traditionellen spirituellen Geistesschulungen und auch beim psychologischen Ansatz geschieht dieses Leerwerden schrittweise, indem geübt wird, die Vergangenheit loszulassen und denen zu vergeben, die Ihnen weh getan haben. Aber auf dem direkten Weg geschieht das Loslassen natürlich und ohne Mühe, weil Sie sehen, dass Sie an etwas Irrealem festhalten.

Indem Sie die dreistufige Praxis üben und durch das Bedenken der Lehre erkennen Sie, dass Sie die Geschichten, Glaubenssätze und Bilder des Leidens beobachten können, also können Sie sie nicht *sein*. Sie sind das weite, zeitlose Gewahrsein, das beobachtet und erlebt.

Seien Sie also, was Sie sind. Genießen Sie die Freiheit und Geistesklarheit und die Offenheit des Herzens, die Ihre wahre Natur sind. Dann wird die Liebe wie sie durch Sie hindurchfließt immer bedingungslos sein, denn „Sie" sind nicht darin, kein Ego, das Spielregeln, Erwartungen, Bedingungen oder Pläne vorgibt.

Sie lieben einfach, weil Sie lieben. Was andere daraus machen, ist deren Sache. Die, deren Herzen weit genug offen sind und deren

Vertrauen tief genug ist, werden Ihre Liebe annehmen, sie anerkennen und zurückgeben. Die, deren Herzen verschlossen sind, werden nicht in der Lage sein, die Gabe von Ihnen anzunehmen. Auch das ist in Ordnung. Es gibt keine Bedingungen in Ihrer Liebe.

Je freier Sie sind und je mehr Ihr Herz sich öffnet, desto mehr fühlen Sie sich aufgerufen, nach außen zu gehen und sich mit Ihren Mitmenschen zu verbinden. Da wir alle Teile eines unsichtbaren Ganzen sind, spüren Sie deren Leiden, nehmen es aber nicht persönlich.

Ich erinnere mich, dass der englische Schriftsteller und Philosoph Aldous Huxley etwas Wunderschönes über die Verbundenheit aller Menschen sagte. Er verglich Jesu berühmtes Wort „Liebe Deinen Nächsten wie Dich selbst" mit dem großartigen Satz aus den Upanishaden: „Du bist Das."

Christus war vermutlich für den Weg des Herzens der größte Meister, den die Welt je gesehen hat. Und seine Lehre war im Kern non-dualistisch, wie folgender Satz beweist: „Ich und der Vater sind eins". Das Wort Vater kann dabei als eine Metapher für Bewusstheit gedeutet werden.

Die christliche Religion basiert allerdings auf Dualität. Sie wurde von Männern entworfen, die mit Christi Worten vertraut waren, zum großen Teil aber seine Erfahrung des Einheitsbewusstseins nicht teilten.

Die herrschenden Kräfte der frühen Christenheit entschieden, dass der Mensch getrennt von Gott sei und Erlösung nur durch das Annehmen von Christus als dem Erlöser erlangen könne – und dann durch die Vermittlung eines Priesters und der Kirche. In der dualistischen Interpretation der Lehren Christi ist Ihr Nachbar also getrennt von Ihnen, aber wenn Sie ihn so lieben können, wie sich selbst, dann wird mehr Friede auf Erden sein, und Sie werden eine der Forderungen für die Erlösung erfüllt haben.

Die Lehre der Upanishaden ist demgegenüber ein grundsätzlich non-dualistischer Ansatz. Sie besagt, dass Sie und Gott – *Das* – eins sind. Sie und die göttliche Energie, die Bewusstheit hinter der Schöpfung, sind eins; wie Welle und Ozean.

Huxley wies auf die Übereinstimmung zwischen Christus´ Bhakti oder Herzensvorschrift und dem Jnana oder Weisheitssatz aus den Upanishaden hin. Er sagte: „Liebe Deinen Nachbarn, denn er ist Du selbst." Sehen Sie diesen Satz aus der Perspektive der Bewusstheit, der Geräumigkeit Ihrer wahren Natur, und Sie werden ihn mit Ihrem ganzen Wesen verstehen. Deshalb sage ich, es gibt etwas Wichtigeres als die Liebe. Dieses Etwas ist Bewusstheit. Was ist Liebe schließlich ohne Bewusstheit? Ohne Bewusstheit ist Liebe immer an Bedingungen gebunden. Sie ist nicht rein. Sie ist emotional. Sie hat Ziele. Sie kann sich in Kälte, Abneigung oder sogar Hass verwandeln.

Aber im Licht von Bewusstheit und zeitlosem Gewahrsein ist die Liebe immer bedingungslos. Schauen Sie alles im Leben vom Standort der Ganzheit aus an, nicht von den Teilen aus. Sehen Sie das große Ganze. Nehmen Sie die bedingungslose Perspektive ein, und Ihre Liebe wird bedingungslos sein.

Oder wie Kunihiro Yamate sagt: „Das Geheimnis dieses Weges liegt darin, alles aus der Perspektive purer Bewusstheit zu betrachten. Es ist der einzige, wahre Weg, Dinge zu betrachten."

Lieben Sie Ihre Energien

Eine Frau sagte einmal zu mir: „Mein Mann beschwert sich, dass ich zu emotional sei, weil mich das Leiden anderer Menschen und der Schmerz der Welt zutiefst angehen. Mit kommen leicht die Tränen, und dann kritisiere ich mich als weinerlich und überemotional. Manchmal werde ich zornig über die Ungerechtigkeit der Welt und dann über meinen Mann und dass er mich verurteilt. Wie kann ich meine eigene emotionale Energie ausgleichen, ohne zu werden wie mein Mann, der in seinem Kopf lebt und so distanziert von seinen Gefühlen ist?"

Eines der Haupthindernisse vor der Freiheit ist die Auseinandersetzung mit unserem empfindenden, emotionalen Selbst. Wenn wir wie der Ehemann dieser Frau zu sehr in unseren Köpfen leben, wenn wir Gefühle unterdrücken, sei es Trauer, Zorn, Furcht oder sogar Liebe, dann frisst uns das innerlich auf. Das kann auf die Dauer sowohl unsere Psyche als auch unsere Gesundheit schädigen.

Viele Fälle von Bluthochdruck, Magengeschwüren, Reizdarm oder Diabetes haben ihren Ursprung in der Unfähigkeit oder Unwilligkeit, zu seinen eigenen Gefühlen zu stehen. Männer müssen besonders darauf achten, da sie häufiger als Frauen abgeschnitten sind von ihren Gefühlen. Im Grundsatz gilt, es ist gesund, tief zu empfinden und emotional verletzlich zu sein. Empfindungen, Gefühle und sogar die Energie des Begehrens sind Teil des Menschseins. Je mehr Sie zur Freiheit erwachen, desto mehr gelangen diese Energien zu einem natürlichen Ausgleich und sind daher weniger problematisch.

Es gibt die Geschichte eines Zen Meisters, der auf einem Stein sitzt und sehr weint. Sein Schüler kommt zu ihm und sagt: „Meister, Ihr weint! Das verstehe ich nicht. Ihr seid erleuchtet. Ich dachte, Ihr wärt über Tränen erhaben." „Unsinn", schniefte der Meister. „Mein ältester Freund ist gerade gestorben. Natürlich bin ich traurig."

Einige Jahre nach dem Beginn meiner eigenen spirituellen Reise erlebte ich meine erste Scheidung. Eines Tages brachte meine Ex-Frau Briar einen Freund mit als sie mich besuchte. Wir saßen beim Tee und unterhielten uns, und als ich Briar ansah, begann ich darüber nachzudenken, was in unserer Ehe schiefgelaufen war. Ich wurde sofort sehr traurig. Dann kamen Tränen. Da ich mich vor ihr oder ihrem Freund nicht blamieren wollte, entschuldigte ich mich und ging ins Badezimmer. Dort ließ ich den Tränen freien Lauf, all den zurückgehaltenen Empfindungen der Scheidung, den unerlösten Gefühlen, mit denen ich innerlich immer noch kämpfte. Als ich mich im Badezimmerspiegel ansah, mit Tränen, die mir übers Gesicht liefen, fiel mir eine kleine Karte auf, die neben dem Spiegel an die Wand gepinnt war. Es war ein Satz von Jesus, und ich hatte ihn dort aufgehängt. Nun las ich die Worte: „Liebe Deine Energien" („Love your energies"). Ich blinzelte, um mich zu vergewissern, ob ich recht gelesen hatte, wischte mir die Tränen aus den Augen und betrachtete die Karte näher. Natürlich stand da: „Liebe Deine Feinde" („Love your enemies"). Aber die erste Botschaft war an mich nicht verschwendet. Was mich betraf war das ein Zeichen des Universums und meine Lesart – „Liebe Deine Energien" – war in dem Moment die wirkliche Bedeutung hinter Jesu Worten.

Schließlich ist es der Feind, den wir in uns selbst erleben, unsere eigenen Dämonen, kontroversen und turbulenten Emotionen – kurz: unsere Energien – die wir zuerst lieben müssen, wie können wir sonst anfangen, die Menschen zu lieben, die wir als unsere Feinde wahrnehmen? Wie können wir wahrhaftig jemand anderen lieben, wenn wir nicht uns selbst zuerst lieben können?

Ich erinnere mich daran, unter Tränen gelächelt zu haben und mir gesagt zu haben: „Hey, meine Trauer ist eine meiner Energien und dass sie mir peinlich ist, auch. Es wird Zeit, diese Energien zu lieben, Jim." Damit kehrte ich ins Wohnzimmer zurück und erzählte Briar und ihrem Freund von meinen Gefühlen und Einsichten.

Ein Freund sagte einmal zu mir, dass nach seiner Meinung die spirituelle Reise nur mit Annehmen zu tun hat, und dass das heitere, gelassene Annehmen von allem, was geschieht, den Weg zu bedingungsloser Liebe bereitet. Dem kann ich nur zustimmen. Je mehr Sie im Annehmen leben, desto weniger Widerstand leisten Sie dem Leben und desto weniger Leiden erleben Sie. Innere Freiheit bedeutet, in totaler Akzeptanz des Lebens zu leben, mit ihm zu fließen.

Je mehr Sie in der Lage sind, das, was in Ihrem Leben geschieht als Geschenk willkommen zu heißen und zu akzeptieren, desto näher sind Sie der wahren Freiheit. Das bedeutet nicht, dass Sie sich von den Menschen in Ihrem Leben übervorteilen lassen. Noch, dass Sie nicht handeln könnten, um unangenehme Erfahrungen zu verändern oder Ihr Los im Leben zu verbessern.

Dadurch, dass Sie lernen, *innerlich* zu akzeptieren, was ist, leisten Sie keinen Widerstand mehr. Ohne Widerstand gibt es weder Konflikte noch Leiden. Ihr Herz öffnet sich immer mehr, und Sie sehen alles klarer, was bedeutet, dass Sie intelligenter, schöpferischer und liebevoller handeln...

Üben Sie jetzt das innere Annehmen ... Gehen Sie nach innen, und verbinden Sie sich mit dem weiten Raum dort drinnen ... Atmen Sie, und spüren Sie die Energie und Wärme Ihres Herzens ... Nehmen Sie wahr, ob irgendeine Geschichte Ihren Geist beschäftigt und Stress oder Spannung verursacht ... Versuchen Sie, einfach damit zu sein, es so zu akzeptieren wie es ist ... Sie können leise zu sich selbst sagen: „Ich bin nicht meine Geschichte, ich bin das reine Gewahrsein, was jetzt präsent ist ..." Seien Sie dann das Gewahrsein, das durch Ihre Augen sieht ... Sie fließen einfach mit dem Augenblick, erlauben der Gänze des Lebens, durch Sie hindurchzuströmen ... Alles, was Sie sehen, fühlen, hören, schmecken ... Sie sind allem gegenüber offen, wehren nichts ab, denn auf einer intuitiven Ebene erkennen Sie, dass Annehmen das Tor zu wahrer innerer Freiheit ist ...

Nehmen Sie Ihre Gefühle nicht persönlich

Menschen können sich von ihren Gefühlen überwältigt fühlen. Manchmal ist überwältigt werden genau das, was notwendig ist. Es ist wichtig, wahrzunehmen, dass die Gefühle in Wellen kommen. Wenn Sie von einer emotionalen Welle überrollt werden, sollten Sie nichts anderes tun, als es geschehen zu lassen. Aber beobachten Sie dabei alles, was Sie empfinden sehr genau. Ob Sie es als Angst, Zorn, Trauer oder jegliches andere Gefühl bezeichnen, verlieren Sie sich nicht in einer Geschichte darüber. Bleiben Sie bei dem gegenwärtigen Gefühl und erlauben Sie ihm, sich zu entfalten, sich auszudrücken.

In Kapitel 1 erwähnte ich zwei Dinge, die Jean Klein zu meinem spirituellen Verstehen beigetragen hat. Eines war die Vorstellung, alles willkommen zu heißen, was auch immer geschieht. Das andere war, mit meinem Gewahrsein zurückzutreten. Das gab mir die hilfreiche Möglichkeit, in einer Erfahrung und gleichzeitig distanziert von ihr, ihrer gewahr zu sein.

Ich habe den Prozess, zurückzutreten nicht in die dreistufige Praxis aufgenommen. Was essenziell wichtig *ist*, ist seinem eigenen Leiden nicht auszuweichen, die Geschichte wahrzunehmen, die Sie sich selbst erzählen und mit Ihrer ganzen Energie sehr präsent zu sein. Dann sehen Sie, dass Sie *nicht* die Geschichte sind, sondern sowohl das, was die Geschichte betrachtet, wie auch alles andere.

Ich bekam meinen ersten Vorgeschmack des Aspekts von Zurücktreten während einer Eheberatung zu meiner bevorstehenden Scheidung, meiner zweiten, von der Mutter meines Sohnes. Ich saß auf dem Sofa im Zimmer des Therapeuten und begann zu weinen. Da erinnerte ich mich plötzlich an Jeans Lehre. Ich richtete mich auf und brachte mein Gewahrsein leicht hinter und oberhalb von mir in Position. Ich war als Zeuge dessen präsent, was ich erlebte. Es geschah etwas Erstaunliches. Ich war in der Lage, die Trauer zu spüren und die Tränen zu beobachten und sie ohne Urteil fließen zu lassen, ohne daran anzuhaften. Ich spürte den Schmerz, aber verlor mich nicht darin. Es war ein außerordentlich transformierender Moment. Danach war ein Teil von mir auf Dauer frei, und ich empfand doch jedes Gefühl ganz und gar und ehrlich. Aber etwas blieb Zeuge, blieb reines Gewahrsein.

Dadurch entdeckte ich, dass unabhängig davon, was in diesem Körper/Geist geschah, ich – als Gewahrsein und Bewusstheit – größer war. Ich war größer als das, was ich erlebte.

Der Schlüssel dazu ist, allem, besonders Ihren Gefühlen, die Möglichkeit zu geben, sich zu entfalten. Lassen Sie die Gefühlswellen kommen, wenn sie kommen. Versuchen Sie, keinen Widerstand zu leisten oder sich darin durch denken, analysieren, urteilen und verstehen wollen zu verfangen. Bleiben Sie nur präsent, und seien Sie sehr gewahr. Nehmen Sie wahr, ob es Empfindungen in verschiedenen Teilen Ihres Körpers gibt, während die Gefühle anbranden und wieder zurückweichen. Wenn es überwältigend zu werden droht, dann erinnern Sie sich daran: „Auch dies wird vorübergehen."

Das Verstehen kommt danach, wenn die Wellen intensiver Gefühle abgeflaut sind. Je mehr Sie sich selbst gestatten, zu erleben, was Sie erleben, dabei ganz und gar präsent und mit Ihrem Gewahrsein im Hier und Jetzt zu bleiben, desto mehr wird Ihnen von der Bedeutung solcher Ereignisse enthüllt werden.

Was deutlich wird, ist, je mehr Sie daran festhalten, dass Dinge so und so sein müssen, je mehr Sie darauf bestehen, dass *dies* richtig und *jenes* nicht erlaubt sein sollte, desto mehr emotionale Ladung sammeln Sie an. Wenn Ihre Erwartungen dann nicht erfüllt werden, entstehen Schmerz und Leiden. Wenn z. B. Ihre Position als falsch entlarvt wird, macht Sie das vielleicht traurig oder es ist Ihnen peinlich. Wenn jemand Sie klein macht, Sie demütigt oder verrät, drücken Sie vielleicht Abneigung oder Zorn aus.

Die Arbeit besteht darin, Ihr Leiden willkommen zu heißen und zu akzeptieren – und sich dann anzuschauen, woran Sie im Innern festhalten, die Glaubenssätze, Erwartungen, Bilder und Vorstellungen. Schauen Sie sich die Geschichte an, die Sie sich selbst erzählen darüber, wer Sie sind und was Sie brauchen, um glücklich zu sein. Beginnen Sie, zu erkennen, dass es nur eine Geschichte ist, die Sie erfinden. Sie ist ganz und gar Ihre eigene Schöpfung. Begreifen Sie, dass Sie nicht die Geschichte sind, sondern die leuchtende, stets präsente Bewusstheit, die sich die Geschichte anschaut, sie *erfindet*.

Die Geschichte, die Sie sich selbst erzählen, hält die Gefühle in ständiger, unkalkulierbarer Bereitschaft. Freiheit entsteht, wenn Sie die Geschichte als das erkennen, was Sie ist: Ein Produkt Ihrer

Einbildung. Wenn Sie nicht an einer Vorstellung oder einem Bild von sich selbst festhalten, baut sich keine emotionale Energie auf. Sie sind dem Leben in der Gegenwart gegenüber offen. Das Geheimnis liegt darin, das *Gewahrsein* selbst zu betonen, mit allen Sinnen wach zu sein, und sich nicht im Denken zu verlieren. Dann wird Ihr Kopf klar sein, und Sie werden die tiefere Energie, die tiefe Schönheit und Kraft der Schöpfung spüren, und das wird Sie nähren. Dann werden Ihre Gefühle in eine Balance kommen. Sie werden spontan und authentisch entstehen.

Beim Verlust eines lieben Menschen werden Sie Trauer empfinden oder auch in der Konfrontation mit dem immensen Leid vieler unschuldiger Menschen auf der Welt. Oder Sie empfinden vielleicht Zorn im Gedanken an die horrenden Ungerechtigkeiten, die Brutalität und Unterwerfung einer Gruppe von Menschen durch eine andere.

Aber keines dieser Gefühle wird zu persönlich genommen. Das „Ich" wird sich nicht mit einer neuen Geschichte einmischen, zum Beispiel einer Opfergeschichte wie: „Oh je, die Welt ist schrecklich, und ich bin zu empfindsam, um in ihr zu leben." Menschen, die daran glauben, Opfer zu sein, erzählen ihre Leidensgeschichte jedem, der ihnen zuhört und bestärken damit die Geschichte, die sie gebunden hält.

Wenn Sie einmal die Identifikation mit Ihrer eigenen Geschichte losgelassen haben, lernen Sie auch, die Anhaftung an die Geschichten anderer loszulassen. In der Klarheit Ihrer wahren Natur sehen Sie dann, ob und welches Handeln notwendig ist. Wenn es darum geht, in einer Situation intensiver Gefühle etwas zu tun, werden Sie wissen, was und werden es tun. Aber Sie werden daraus kein Drama machen.

Wenn Sie Zurückweisung, Verlassensein oder Verrat von jemandem, den Sie lieben, erleben, wird Sie das natürlich treffen, aber Sie sollten wissen: In Ihrem tiefsten Innern wird weiterhin Frieden sein. Der Frieden bleibt Ihnen erhalten.

In diesem Zusammenhang erinnere ich mich an einen Satz aus dem Zen: „Jetzt, wo mein Haus abgebrannt ist, habe ich einen ungehinderten Blick auf den aufgehenden Mond."

Das ist eine der erlesensten Lehren über die Bedeutung innerer Freiheit. Sie möchten nicht, dass Ihr Haus abbrennt (oder Ihre Beziehung endet), und wenn es brennt, dann tun Sie alles, um das Feuer zu löschen und zu retten, was zu retten ist. Wenn Ihr Haus abbrennt, trauern Sie naturgemäß um den Verlust. Aber irgendwann heben Sie den Blick über die rauchenden Trümmer hinaus, und dann ist da das große, silberne Rund des Mondes zu sehen, wie er in den Nachthimmel hinaufsteigt.

Beziehungen als Spiegel

Eine Frau fragte mich einmal Folgendes: „Mein Freund ist häufig arrogant und kontrollierend. Es scheint, dass er immer recht haben muss. Ich bin seit zwei Jahren mit ihm zusammen. Und ich bin nur noch mit ihm zusammen, weil er auch ein weiche, sanfte Seite hat. Wie kann ich mehr von dieser Freundlichkeit und weniger Arroganz an ihm hervorbringen?"

Wenn wir etwas in einem anderen sehen und es missfällt oder ärgert uns, ist das häufig, weil wir denselben oder einen ähnlichen Zug in uns haben. Indem wir uns auf den anderen konzentrieren und ihn bewerten, vermeiden wir es, unsere eigenen emotionalen Muster zu betrachten. Wir projizieren auf andere, was wir an uns selbst nicht sehen wollen.

Wenn Sie Auseinandersetzung, Angst oder Leiden in einer Beziehung erleben, ist das ein Hinweis darauf, dass etwas in Ihnen selbst vorgeht, das angeschaut werden sollte. Sagen Sie einfach: „Ich heiße diese Erfahrung willkommen ..." oder „Ich akzeptiere diese Erfahrung ... Sie zeigt mir, wo ich noch nicht frei bin."

Wenn Sie so leben, haben Sie vielleicht nicht das Gefühl, zu leiden, aber im Festhalten an einem bestimmten Urteil, entsteht ein Widerstand gegenüber dem natürlichen Fluss der Kommunikation. Sie können nicht ganz und gar präsent und ehrlich sein. Wann immer es einen Mangel an Authentizität in Ihrem Leben gibt, sind da bereits die Samen des Leidens gesät.

Lassen Sie uns klarstellen: Diese gesamte Arbeit, die wir hier erforschen, geht um Ihre Freiheit. Je freier Sie werden, desto weniger werden Sie anderer Menschen repetitive, reaktive, unbewusste Verhaltensmuster ertragen müssen. Sie werden in der Lage sein, andere Menschen Richtung Freiheit zu lenken und zu führen. Sie könnten mit anderen Worten mit dem zornigsten Menschen der Welt zu Mittag essen, und obwohl dessen Energie Sie vielleicht dazu bringt, nicht zu nahe neben ihm zu sitzen, werden Sie doch keines der Worte oder Verhaltensweisen dieses Menschen persönlich nehmen. Denn Sie kennen sich selbst und sind grundsätzlich entspannt und im Frieden mit sich. Sie werden dem Zorn des anderen keinen Widerstand entgegensetzen.

Ich nahm einmal an einem Workshop teil, in dem der Lehrer uns einen wunderbaren Satz mitgab, der dazu gedacht ist, Spannung in Beziehungen sofort aufzulösen: „ Das sagt nichts über mich selbst aus." Wenn jemand beginnt, Sie anzugreifen oder zu beschuldigen, dann sagen Sie sich diesen Satz: „Das sagt nichts über mich selbst aus."

Lauschen Sie achtsam auf die Wahrheit, aber geben Sie der Meinung und den Worten anderer nicht über Gebühr Gewicht und Bedeutung. Glauben Sie deren Geschichte über Sie nicht.

Wenn Sie aufhören, die Kritik anderer persönlich zu nehmen, wenn Sie sie nicht länger beurteilen oder ihnen Fehler vorwerfen, werden diejenigen Ihre Gesellschaft als entwaffnend erleben. Sie werden sich wahrscheinlich akzeptiert und von Ihnen gesehen fühlen. Ihr Zorn wird nirgendwo andocken können, sondern einfach an Ihnen vorbeigehen. In dieser Art nicht bedrohlicher Offenheit ist es Menschen eher möglich, sich selbst, ihren Zorn und ihre Arroganz zu erkennen. Vielleicht erleben sie sogar Heilung oder eine Verwandlung.

Dies ist der Schlüssel, um zu erkennen, was für Sie im Bezug auf Ihre innere emotionale Realität wahr ist: Jegliche nicht anerkannten oder unterdrückten Gefühle führen zu Leiden. Wenn eine Situation oder ein Mensch Sie zu heftigen Gefühlen oder Konflikten veranlasst, stellen Sie sich folgende Fragen, um Einsicht zu gewinnen:

„Was ist mit mir los?"

„Warum reagiere ich so?"

„Was muss ich mir im Bezug auf mich selbst anschauen?"

Und denken Sie zusätzlich daran, sich zu sagen:

„Ich heiße diese Situation oder dieses Gefühl willkommen,
denn es zeigt mir, wo ich noch nicht frei bin."

Seien Sie dann still, schweigsam und sitzen Sie bewegungslos. Lauschen Sie nach innen auf neue Gefühle, neue Einsichten oder was immer auch aufsteigen mag. Das Geheimnis der Kommunikation mit uns selbst und mit anderen ist Schweigen. Je tiefer Ihr Schweigen, desto klarer Ihr Denken und desto kraftvoller Ihre Worte. Die Bereitschaft, still und wachsam präsent zu sein und so Ihr eigenes Unwohlsein anzunehmen, ist das wahre Tor zur Freiheit.

Die Einsicht in Ihren eigenen emotionalen Zustand kommt vielleicht nicht unmittelbar, aber schon durch das Leben mit der Frage „Was löst dieses Unglück in mir aus?" wird sich früher oder später eine Antwort einstellen. Das kann durch eine alte Geschichte oder eine Erinnerung sein, mit der Sie sich noch identifizieren. In dem Augenblick, in dem Sie gleichzeitig begreifen, dass Sie nicht Ihre Geschichte sind, nicht die Erinnerung, sondern das luzide, ewig präsente Gewahrsein, das die Geschichte betrachtet, werden Sie frei sein.

Der Beweis, dass Freiheit für Sie zu einer Realität wird, zeigt sich wiederum im Spiegel Ihrer Beziehungen. Sie werden die Unsicherheiten, Ängste und emotionalen und psychologischen Spielchen anderer erkennen, aber Sie werden auch darüber hinaussehen. Sie werden die Wahrheit von deren Wesen sehen, die Schönheit in Ihrem Kern. Sie werden den Ausdruck göttlicher Bewusstheit sehen, derselben Bewusstheit, die sich durch Ihren eigenen Körper, Geist und Ihr Selbst manifestiert. Es ist die Essenz der Liebe, dies wahrzunehmen und zu ehren.

Im Zen spricht man vom „leeren Spiegel". Das ist eins der Kennzeichen der Erleuchtung. Sie schauen in den Spiegel, und da ist niemand. Da sind nur das Licht und die Schönheit der klaren, leuchtenden Bewusstheit, die Sie durch zwei weit geöffnete Augen anstrahlen.

Kinder in Liebe erziehen

Je bewusster und liebevoller wir unsere Kinder großziehen, desto weniger psychisches und emotionales Gepäck werden sie haben, und desto freier werden sie sein können. Dennoch haben unsere Kinder immer noch ihr eigenes Karma, ihre eigenen Themen, an denen sie zu arbeiten haben. Sie müssen Dinge für sich selbst herausfinden.

Als Vater eines Jungen, der bereits ein junger Mann ist, habe ich eins der wesentlichsten Dinge über die Erziehung von Kindern von

Jean Klein gelernt. Er sagte, wir lieben jene Menschen am meisten, in deren Gegenwart wir am meisten wir selbst sein können. Meditieren Sie eine Weile über diesen Satz. Bedenken Sie, wie er sich in Ihrem eigenen Leben auswirkt.

Stimmt es nicht, dass Ihre wertvollsten Freunde diejenigen sind, die Ihnen am meisten Raum geben, Sie selbst zu sein, die Sie wirklich so akzeptieren, wie Sie sind und Sie auch noch lieben, wenn Sie sich wie ein Idiot benehmen?

Die Hauptsache für einen Elternteil ist, nicht an dem Bild von „Vater" oder „Mutter" festzuhalten. Geben Sie Ihren Kindern Führung, wenn sie die brauchen. Betreten Sie deren Welt, und lernen Sie, wenn Sie dazu eingeladen werden. Stellen Sie Fokus und Richtung für ihre Energie zur Verfügung, bis sie das selbst vermögen. Setzen Sie wirksame Grenzen, wenn das gebraucht wird.

Und wenn es ans Loslassen geht, wenn Bewusstheit deutlich wird, geht es darum, nicht emotional an Ergebnissen anzuhaften. Sie geben Ihren Kindern Ihr Bestes, aber was letztendlich geschieht, ist jenseits Ihres Einflusses. Ein weiser Mensch sagte mir einmal: „Wir sind verantwortlich für unsere Anstrengungen, nicht für die Resultate." Sie richten Ihre Absicht auf das bestmögliche Ergebnis aus, Ihre Aufmerksamkeit halten Sie jedoch vollends in der Gegenwart.

Dennoch ist das Thema „Kinder" ein Bereich, in dem von Zeit zu Zeit heftige Reste unserer Vergangenheit auftauchen können. Wir sind biologisch, genetisch und emotional mit unseren Kindern verbunden, also ist es verständlich und oft unvermeidlich, dass wir uns um ihr Wohlergehen Sorgen machen und aus dieser Sorge heraus auch leiden. Dann ist es schon befreiend, wahrzunehmen, wenn wir uns in einer Geschichte rund um sie herum verfangen, denn dann können wir die Praxis der Freiheit anwenden. Tun Sie das in Ihrer Erziehung und Ihre Kinder werden liebend gern mit Ihnen zusammen sein. Sie werden eine besondere, einzigartige, wahrhaft wunderschöne lebenslange Beziehung haben. Klingt das nicht gut?

Lassen Sie uns also eine Minute Zeit nehmen, atmen, entspannen und einfach annehmen, sogar willkommen heißen, was ist. Spüren Sie in die Stille hinein, die Liebe, die Schönheit, die jetzt gerade hier um uns herum sind. Die besten und schöpferischsten Handlungen strömen immer aus diesem klaren Empfinden des *Seins*.

Eine Übung für Vergebung: Frieden mit den Eltern schließen

Eines der Haupthindernisse für unser spirituelles Erwachen, die Erleuchtung oder Selbsterkenntnis, ist die ungeheilte Beziehung zu unseren Eltern, ob sie am Leben sind oder nicht. Wenn Sie Schwierigkeiten mit einem Elternteil haben, beziehen Sie ihn in Ihre tägliche Meditation mit ein. So wie Sie es mit anderen erschütternden Situationen in der Übung am Ende von Kapitel Eins gelernt haben.

Unabhängig davon, ob die Eltern Widerstand, Zorn, Schuld, Verlassenheit, Bedauern, Schuldzuweisung oder Angst in Ihnen auslösen, Sie heißen jegliches Gefühl willkommen, denn es zeigt ihnen, wo Sie noch nicht frei sind. Wenn Ihr Verhältnis viele intensive Gefühle hervorruft, müssen Sie vielleicht tief und langsam atmen. Atmen Sie sehr bewusst, und bleiben Sie mit allem gegenwärtig. Wenn es zuviel für Sie wird, legen Sie eine Pause ein und kehren vielleicht am nächsten Tag dazu zurück. Bleiben Sie der spirituelle Krieger, der Sie sind und begegnen Sie diesem Dämon – der verletzten Beziehung mit Ihrem Elternteil – in Ihrem Innern.

> *Die Übung besteht darin, sich mit Ihrem Elternteil in vergangenen Situationen zu sehen und dann zu erleben, was auch immer aufsteigt. Nehmen Sie diese Geschichten rund um die ausgelösten Gefühle wahr. Wenn eine Erinnerung hochkommt, wie Sie selbst jung und verletzlich waren, dann visualisieren Sie Ihr reifes Selbst, wie es das Kinder-Selbst tröstet, ermutigt und liebt. Sie können sagen: „Keine Sorge ... auch sie leiden, sie haben auch ihre eigene unglückliche Geschichte, und deshalb können sie sich Dir gegenüber nicht anders verhalten."*

Letztendlich gilt: Sie sind *überhaupt keine* Geschichte, keine Erinnerung, sondern stattdessen leuchtende, stets gegenwärtige Bewusstheit, die immer *jetzt* hier ist. Also atmen Sie, entspannen Sie sich, und seien Sie jetzt hier. Das ist die Essenz der Vergebung: Ihre Geschichte der Schuldzuweisung loszulassen. Dieses Loslassen geschieht ganz natürlich, wenn Sie erkennen, dass die Geschichte nicht wirklich ist.

Sie werden vermutlich erkennen, dass die Beziehung zu Ihrem Elternteil vollkommen ist, wenn Sie mit sich selbst im Frieden sind und Sie ihm mit Zuneigung, Fürsorge und Liebe in die Augen sehen können – ob tatsächlich oder imaginiert. Diese Übung bereitet den Weg für die Arbeit mit anderen, denen Sie vergeben möchten: Sie beziehen sie in Ihre Meditation ein und vollziehen dieselben Schritte.

Oder vielleicht gibt es jemanden, dem gegenüber Sie sich falsch verhalten oder dem Sie Schaden zugefügt haben, und Sie wünschen sich Vergebung von demjenigen. Dann bitten Sie diese Person in der Stille um Vergebung, und nehmen sich selbst wahr, wie Sie gleichzeitig diesem Menschen eine Welle der Liebe und des Mitgefühls schicken. Umgeben Sie ihn mit Liebe, Licht und Gutwilligkeit ...

Zwei Übungen zum „In die Augen Schauen“

Der deutlichste Beweis, wie präsent und innerlich frei wir sind, ist unsere Fähigkeit zur entspannten und nicht-bedrohenden Verbindung ohne Furcht und ohne Urteil zu jedem Menschen, nicht nur zu unseren Eltern, die uns verletzt haben mögen oder Menschen, denen wir Schaden zugefügt haben. Wir erscheinen offen und willkommen heißend. Wir müssen nichts beweisen und nichts verbergen. Wir können uns entschuldigen, wenn das nötig ist. Die folgenden zwei Übungen unterstützen den Prozess der Befreiung:

1.) Sich selbst in die Augen schauen

Die meisten Menschen betrachten sich im Spiegel, daher ist dies die perfekte Übung zum Erwachen zu der Wahrheit und Schönheit, die Sie tatsächlich sind – die Übung des leeren Spiegels, von der einige Seiten zuvor schon die Rede war.

Schauen Sie sich einfach im Spiegel an, und achten Sie auf jegliches Urteil, jegliche Selbstkritik und andere negative Gedanken, die sich zeigen. Üben Sie dann die Praxis der Freiheit rund um diese Gedanken.

Schritt 1: Seien Sie zuerst sehr präsent mit ihnen, und lernen Sie, sie willkommen zu heißen.

Schritt 2: Nehmen Sie sie wirklich wahr. Sie können sich sagen: „Oh, ich hänge mich schon wieder an diesem Urteil auf."

Schritt 3: Sehen Sie die Wahrheit ... und die Wahrheit ist, dass Urteile und Selbstkritik kommen und gehen, genauso wie das Leiden, was sie verursachen, kommt und geht. Sie aber sind das wunderschöne, bewusste Wesen, das immerdar ist. Atmen Sie also, entspannen Sie sich und seien Sie, indem Sie sich anschauen, der wunderbare Mensch, der Sie sind.

Das Ziel dieser Praxis ist es, sich selbst voller Akzeptanz und Vergebung anzuschauen, mit echter Liebe und fürsorglicher Freundlichkeit. Dafür muss das kleine Ich, das Ego natürlich aus dem Weg gehen. Sie müssen den vierten Schritt der Übung der Freiheit vollendet haben.

Hilfreiche Mantren während Sie sich selbst im Spiegel ansehen, sind: „Ich bin reine, liebende Bewusstheit" oder „Meine wahre Natur ist reines, liebendes Gewahrsein".

2.) Einem anderen in die Augen schauen

Die folgende Übung ist Teil meiner Workshops. Sie kann an unsere Ängste, Urteile und unser Unwohlsein rühren, besonders wenn wir jemandem zum ersten Mal begegnen. Das zeigt, wieviel Material uns häufig hindert, einem anderen zu begegnen. Die Übung kann jene Geschichten ansprechen, mit denen wir uns im Innern immer noch identifizieren.

Ziel ist jedoch, uns die praktische Erfahrung zu vermitteln, entspannt, offen, nicht-urteilend, liebevoll und „Selbst"-los mit anderen zusammen zu sein.

Schritt 1: Setzen Sie sich einander gegenüber, so nah, dass Ihre Kniee einander berühren. Dann schließen beide ihre Augen und lassen Ruhe und Geräumigkeit sich ausbreiten, indem sie alles, was da ist, willkommen heißen – den eigenen Körper, seine Empfindungen,

Gefühle, den Atem, aufsteigende Gedanken, Glaubenssätze, Geschichten ...

Wenn Sie sich ausreichend entspannt und klar fühlen, öffnen Sie die Augen und sehen Ihr Gegenüber an. Lassen Sie Ihren Blick weich sein, offen und aufnehmend, als ob Sie die ganze Welt einladen. Halten Sie den Blick fünf Minuten lang sanft auf ihr Gegenüber gerichtet. Diesen Zeitraum können Sie nach und nach auf zehn Minuten ausdehnen, wenn Sie sich daran gewöhnt haben.

Schritt 2: Achten Sie während der Übung auf jegliche urteilenden Gedanken über sich selbst oder Ihr Gegenüber. Verurteilen Sie vor allem sich selbst nicht dafür, Urteile zu haben; kritisieren Sie sich nicht dafür, kritisch zu sein. Wenn Sie etwas dergleichen wahrnehmen, atmen Sie einfach und sagen sich: „Oje, ich hänge mich schon wieder an einer Geschichte auf", und kehren Sie dann in die Gegenwart mit Ihrer Partnerin/Ihrem Partner zurück.

Schritt 3: Sehen Sie die Schönheit und das Licht in ihren/seinen Augen. Nehmen Sie wahr, dass das, was Sie im anderen sehen, ein perfekter Spiegel Ihrer eigenen Schönheit und Ihres eigenen Lichts ist. Schließlich existiert hier nur eine wunderschöne, strahlende Bewusstheit, verkörpert in zwei verschiedenen Menschen.

Das kann besonders zu Anfang ein intensives Erlebnis sein. Wenn Sie immer mal wieder die Augen schließen und sich zentrieren müssen, erlauben Sie sich das. Wenn Sie dann bereit sind, kehren Sie dazu zurück, Ihrem Gegenüber in die Augen zu sehen. Wenn beide das Gefühl haben, genügend lange auf diese Art Verbindung gehalten zu haben, lächeln Sie sich an, umarmen Sie einander und teilen Sie einander mit, was jede/r in dieser Übung erfahren hat.

Kapitel Sieben

Eine neue Geschichte für Ihr Leben gestalten

Die Lehre dieses Buches ist nichts Neues, vor mir haben schon andere festgestellt, dass wir nicht unsere Geschichte sind. Advaita, der zurückgeht auf Shankara im 8. Jahrhundert, lehrt, dass wir nicht der Mensch sind, für den wir uns halten.

Dieses Buch kombiniert jedoch die Lehre und Praxis auf einmalige und neue Weise, so dass sie kraftvoll und relevant für unsere jetzige Zeit sind. Das Spirituelle und das Materielle bilden ein dynamisches, nicht-duales Ganzes. Deshalb ist die essenzielle Botschaft, dass das Leben sich genau hier und jetzt ereignet. Was zuvor „spirituell" genannt wurde, ist das Materielle und umgekehrt. Es ist alles ein und dieselbe Realität. Es kommt nicht darauf an, was wir in einer uns unbekannten Zukunft tun oder lassen werden. Was zählt, ist, was wir gerade jetzt *sind* und *tun.*

Anders ausgedrückt: Alles Sichtbare wandelt sich, Sie aber *sind* das unwandelbare Sehen. Wenn Sie sich als dieses unwandelbare Sehen erkennen, werden Sie immer erfüllt sein, im Frieden und im Fluss des Lebens. Sie werden stets eins sein mit Ihrer ureigensten Mission oder Ihrem Schicksal hier.

Lassen Sie mich das genauer erklären: Zunächst, dass alles Sichtbare sich verändern kann. Das wird offensichtlich, je näher Sie es betrachten. Unsere Körper verändern sich. Sie reifen, altern und sterben irgendwann. Unsere Gedanken, Glaubenssätze, Empfindungen und Gefühle verändern sich dauernd. Unsere *Geschichten* verändern sich. Sie kommen und gehen, werden mit der Zeit stärker oder schwächer und sind zahllosen Interpretationen ausgesetzt. Unsere

Freunde und Beziehungen verändern sich natürlich auch. Und die Welt um uns herum, die von Menschen gemachte, ebenso wie die natürliche, verändert sich ebenfalls unaufhörlich.

Der zweite Schlüsselsatz der Lehre besagt, dass Sie das *Sehen* sind, das, was unwandelbar ist. Bedenken Sie das. Wer oder was liest diese Zeilen, Wörter, die sich auch wandeln? Sie mögen antworten: „Na ja, ich bin es doch." Aber wer ist dieses „Ich"? Können Sie dieses „Ich" tatsächlich irgendwo in Ihrem Geist, Ihrer Bewusstheit finden? Oder ist dieses „Ich" auch nur eine Vorstellung, ein Geschichten-*Erzähler*, ein Objekt des Geistes, ebenso flüchtig, wie jedes andere Objekt oder jede Vorstellung?

Sie haben auf jeden Fall das Gefühl einer einmaligen Identität, Sie wissen, dass „Sie" existieren. Wenn Sie aber nach innen schauen und dieses „Ich" zu finden hoffen, werden Sie es nicht finden. Alles, was Sie über sich selbst sagen, egal wie „wahr" es für Sie selbst sein mag, wird nur eine weitere Vorstellung sein. Und wie wir erkannt haben, kann jede Geschichte, wie wahr sie auch immer sein mag, betrachtet werden und verändert sich dadurch.

Ich frage also noch einmal: Wer oder was in Ihnen sieht die wandelbare Geschichte, die Sie sich erzählen? Das ist die essenzielle Frage, und viele von Ihnen, die dies lesen, haben zumindest schon einen Vorgeschmack der Antwort, die natürlich nicht in Worten zu finden ist, sondern im *Sein*. Ein Vorgeschmack der Freiheit und Freude und Ausdehnung Ihrer wahren Natur ist alles, was es braucht, um Ihnen den Weg nach Hause zu zeigen. Und die dreistufige Praxis, die wir während dieser Reise miteinander gemacht haben, hilft Ihnen, dieses Gefühl von Zuhause zu verfestigen.

Was Sie also sind, ist das *Sehen*. Sie sind reine, universale Bewusstheit, das Gewahrsein, welches Ihnen aus den Augen schaut. Dieses Sehen nimmt im Zusammenhang mit allen anderen Sinnen die sich entfaltende Wirklichkeit Ihres Lebens wahr. Wenn Sie damit noch Mühe haben, ist es schon einmal gut, das intellektuell zu verstehen. Zu begreifen, dass Sie nicht Ihre Geschichte sind, dass alles Sichtbare sich wandelt und Sie das *Sehen* sind, was unveränderlich ist, ist ein großer Schritt. Diese Erkenntnis zu leben und jeden Tag zu bedenken, unterstützt den Weg in die Zellen Ihres Körpers, so dass sie langsam zu Ihrer tatsächlichen, spürbaren Erfahrung wird.

Der dritte Kernsatz besagt, dass Sie frei sind, sobald Sie sich als das *Sehen* erkannt haben. Das ist der „vierte“ Schritt, von dem ich sprach: Die Illusion von „Ich“ und „mein“, vom Ego durchschauen. Wenn Sie die Verschiebung von der Identifikation mit Ihrer Geschichte zum Erkennen Ihrer wahren Natur als unwandelbare Bewusstheit vollzogen haben, werden Sie erfüllt und im Frieden mit sich selbst sein.

Wenn Sie sich selbst als Bewusstheit erkennen, sind Sie mit der Quelle aller Manifestation verbunden. Einfach die Bewusstheit zu sein, die Sie sind, bringt tendenziell alles hervor, worauf Sie sich ausrichten, was auch immer Sie wahrhaftig wollen oder brauchen. Und während die Gedanken selbst substanzlos sind, im Sinne ihrer Unkörperlichkeit, haben sie doch einen Sinn. Sie nutzen sie zur Kommunikation und Gestaltung, um gute Entscheidungen zu treffen und um Ihre Absichten und Ziele in der physischen Realität zu verwirklichen.

Schließlich begann alles von Menschen Gemachte, vom höchsten Wolkenkratzer bis zum kleinsten Mikrochip, von Regierungsprogrammen bis zu Entwicklungshilfe-Organisationen mit einem Gedanken, einer Idee oder einem Bild im Gehirn von jemandem. Klären Sie also Ihre Absichten. Klären Sie, was Sie wollen. Denken Sie mehrmals am Tag über Ihre Absichten und Ziele nach, und vergessen Sie sie dann. Kehren Sie zur Kraft der Gegenwart zurück, und genießen Sie den Fluss dessen, was Sie gerade erleben, was sich gerade in diesem Moment manifestiert.

Eine Frage, die mir von Zeit zu Zeit gestellt wird, lautet: „Manche Menschen haben mir gesagt, dass Erwachen oder Erleuchtung ein Prozess ist, der uns immer freier macht, dass wir aber immer zu einem bestimmten Grad leiden werden, einfach weil wir Menschen sind. Sie scheinen jedoch zu sagen, dass wir – einmal erwacht – frei sein werden und ohne Leiden auf einer persönlichen Ebene. Was stimmt davon?“

Nun, wenn Erwachen geschieht, dann ist das endgültig. Es führt kein Weg zurück. Sie werden sich nicht mehr im Getrenntsein verlieren, obwohl Reste vergangenen Leidens von Zeit zu Zeit aufflammen können und Sie momentan Ihre wahre Natur vergessen lassen.

Der Glaube, dass das ein Prozess ist, ist jedoch weit verbreitet. Vielleicht kommt das daher, dass wir uns von Jahr zu Jahr freier fühlen während wir noch suchen. Manche Menschen meinen, der

Suchende gehe einfach durch verschiedene Türen zu immer weiteren Ebenen der Freiheit, aber da sei immer noch ein „Selbst“, was diese verschiedenen Ebenen erfahre. An diesem Punkt kann ein Lehrer oder jemand, der tatsächlich die letzte Tür durchschritten hat, Vieles erleichtern. Er hält – metaphorisch gesprochen – dem Suchenden den Spiegel vor, so dass er oder sie sich und seine Realität besser erkennen kann.

Eine Zen Geschichte illustriert, wie so ein Spiegel jemanden befreien kann: Keiji, der schon lange ein Zen Schüler war, kam zu seinem Meister und sagte: „Ich verstehe nicht, wie die Erleuchtung einen endgültig befreien kann. Ich meine, wir erhalten immer tiefere Einblicke in die Buddha Natur, die ungeheure Ausdehnung unseres Seins. Es ist ein endlos sich ausdehnender Prozess.“

„Das meinst Du vielleicht“, antwortete der Meister mit einem scharfen Blick auf Keiji. „Aber was erlebst Du genau in diesem Moment?“

Keiji sah augenblicklich verwirrt aus. „Meine Erfahrung genau jetzt, Meister?“

„Ja, erkennst Du Dich als Keiji mit einer sich stetig ausdehnenden Erfahrung der Buddha Natur? Oder erkennst Du Dich als Buddha Natur, welche die Erfahrung macht, Keiji zu sein?“

Als der Meister dies gesagt hatte, war es, als legte sich ein Schalter in Keijis Gehirn um. Licht strömte plötzlich in sein Bewusstsein. Alle Vorstellungen und Ideen verschwanden. Ein breites Lächeln erschien auf seinem Gesicht, als er begriff, dass er nicht Keiji war, sondern Buddha Natur, die die Erfahrung von Keiji machte – und dass alles und jedes in seiner Essenz Buddha Natur war. Auf diesem Weg erfuhr er endlich die gesuchte Erleuchtung.

Imagination und positives Denken

Was haben Sie für Ziele und Träume? Was ist Ihre Vision für Ihr Leben? Wie wollen Sie dienen?

Dr. Albert Schweitzer, der große Humanist und Nobelpreisträger, sprach vor einer Gruppe von jungen Leuten nach dem Zweiten Weltkrieg: „Ich kenne Ihr Schicksal nicht, aber eines weiß ich: Die Einzigen von Ihnen, die wahrhaft glücklich werden, sind diejenigen, die einen Weg gefunden haben, zu dienen.“

Das sind wahre und kraftvolle Worte, die uns heute ebenso inspirieren können wie damals. Erwachen macht das Leben reich an Liebe, Bedeutung und Sinn, es befreit Sie von der Sorge um sich selbst, von der Obsession mit sich selbst, von Bildern und Vorstellungen der „Selbst"-Zeit. Sie nehmen nichts persönlich, weil Sie nicht länger an der Vorstellung von sich selbst als Person festhalten. Stattdessen betrachten Sie alles aus dem Blickwinkel reiner Bewusstheit. Sie sehen, was zu gegebener Zeit getan werden muss, und Sie handeln und tun es. Sie sehen, wie Sie dienen wollen, wie Sie von Ihrem Gewahrsein und nicht vom Ego oder einem persönlichen Plan geleitet werden.

Sie möchten eine neue, *bewusste* Geschichte Ihres Lebens schreiben. Eine der Freuden des Erwachens besteht darin, sich endlich darüber klar zu werden, was Sie hier tun sollen, welche Identität Sie jetzt bewusst annehmen möchten auf dem Marktplatz des täglichen Lebens. Und das ist bei jedem von uns eine andere. Manche werden Lehrer, so wie ich. Andere arbeiten ehrenamtlich oder leisten ihren Beitrag in den Künsten, in der Wirtschaft, dem Handel, im öffentlichen oder privaten Leben. Die schöpferischen Möglichkeiten sind unbegrenzt. Es kommt nicht darauf an, was Sie tun, nur, dass Sie es tun.

Imagination ist eine kraftvolle Funktion unseres Geistes. Sie gibt uns die Möglichkeit, Bilder zu formen, Vorstellungen und Bilder erwünschter Resultate zu visualisieren.

Wie Intuition, Vernunft und Logik, ist auch die Imagination eines unserer mentalen Werkzeuge zur Lösung von Problemen. Mit diesem geistigen Pinsel können Sie Vieles tun: Potenzielle Ergebnisse visualisieren, ganze Szenarien entwerfen und mit möglichen Lösungen spielen. Oder vielleicht fühlen Sie sich berufen, etwas Anderes, Schöpferisches mit Ihrem Leben anzufangen. Sie können Ihre Imagination einsetzen, um neue Möglichkeiten zu erkunden. Sie können Ihrer Vorstellungskraft die Zügel schießen lassen. Es macht Spaß, im Geist ungehindert zu spielen. Was Sie beachten müssen, ist, wie Jean Klein einmal sagte, dass Imagination das Leben verbessern, nicht ersetzen soll.

Ich wurde einmal gefragt: „Was ist mit Phantasien, ob es sich nun um sexuelle Phantasien, den Traum von der perfekten Partnerschaft oder Arbeitsstelle oder von Ruhm und Geld handelt?"

Eine Phantasie ist tatsächlich nur eine übertriebene Wohlfühl-Geschichte. Phantasien führen nirgendwo hin. Sie bringen nichts hervor.

Wenn Sie jedoch häufig phantasieren, gibt es eine Möglichkeit, diese Tendenz Ihres Geistes zu ehren und doch zu begrenzen. Ich weiß, dass sie funktioniert, weil auch mein Geist sich manchmal in Phantasien verlor.

Gehen Sie eine Minute lang vollends in eine Traumvorstellung, und verlassen Sie sie dann wieder. Kehren Sie ins Gewahrsein und die Bewusstheit der Gegenwart zurück. Kehren Sie ganz in den gegenwärtigen Moment zurück, zu dem, was Sie jetzt empfinden, fühlen, wahrnehmen. Wenn Sie dann den Drang verspüren, wieder in die Traumvorstellung zu gehen, tun Sie das, aber nur für eine Minute. Halten Sie sich im Lauf des Tages so oft Sie wollen in der Phantasie auf, aber jedes Mal nur für eine Minute.

Diese Technik löscht die Traumvorstellung langsam aus. Sie werden das Interesse an ihr verlieren. Bald werden Sie sich nur noch dreißig Sekunden lang darin aufhalten, dann fünfzehn oder zehn. Sie werden sich sehr bald mehr für die Kraft und Lebendigkeit Ihrer tatsächlichen Lebenserfahrung interessieren, dafür, was Sie hier und jetzt empfinden und fühlen.

Vergessen Sie nicht, wenn Sie Phantasien oder Ihre Imagination benutzen, um die Unsicherheit Ihres Egos auszugleichen, dann hat Ihr Verstand Sie mit seiner Geschichte im Griff. Unser Ziel ist es in diesem Fall, das Verhältnis umzukehren und frei von unserem Verstand und seinem Netz an Gedanken zu werden. Nur dann können wir anstrengungslos in klarem Gewahrsein der Gegenwart leben, in dem, was im Zen leerer Geist oder „no mind" heißt.

Sie werden eine außerordentliche Offenheit und Geräumigkeit in sich spüren, wenn Sie endgültig erkennen, dass Sie nicht Ihre Gedanken sind, sondern die Bewusstheit, aus der alle Gedanken kommen. Da wird kein „Selbst" im Weg sein, keine Vorstellung vom Selbst, kein Selbst-Bild, das den Fluss des Lebens und der kreativen Energie behindern könnte. Sie werden sich selbst als das Universum, den Ozean universaler Bewusstheit erkennen, der sich durch Ihren Körper/Geist ausdrückt, durch die Wellenform, die Sie sind.

Dann werden Gedanken nicht länger zum Problem. Sie werden kommen und gehen wie zuvor, aber Sie werden sich nicht mehr mit ihnen identifizieren. Ihr Geist bildet Gedanken und Geschichten, aber wenn er erwacht ist, dann entstehen Gedanken aus dem

Gewahrsein und stehen Ihnen zur freien Gestaltung von was auch immer zur Verfügung. Da Ihr Geist nicht mehr die Quelle von Stress und Furcht ist, können Sie es genießen, darin herumzutanzen und mit allen Vorstellungen und Ideen zu spielen.

Nehmen Sie sich jetzt Zeit, sich einer Traumvorstellung hinzugeben und sie dann loszulassen ... Gehen Sie in Ihren Geist und lassen Sie sich bewusst auf eine Ihrer Lieblingsphantasien ein ... Bringen Sie sie wirklich auf die Bühne, mit allen Details, die Ihrer Vorstellungskraft zur Verfügung stehen ... Empfinden Sie die Gefühle, die das in Ihrem Körper weckt. Spielen Sie damit ... Lassen Sie sie dann genauso bewusst los und seien Sie einfach da ... Nehmen Sie wahr, dass Sie einen Geist haben, der Gedanken, Geschichten und Phantasien entwirft ... Sie haben einen Körper mit Gefühlen und Empfindungen ... Und Sie haben eine Persönlichkeit mit Qualitäten, Ecken und Kanten ... Aber wer und was Sie wirklich sind, ist enorm viel größer als alles, was Sie sehen oder erfahren können ... Also entspannen Sie sich, atmen Sie und seien Sie das Gewahrsein, das Sie sind ...

Ich werde auch manchmal gefragt: „Was ist mit Abhängigkeiten? Wie geht man mit Rauchen, Trinken, Drogen, Esssucht und so weiter um?"

Wenn es um Sucht geht, müssen Sie genau auf die Geschichte achten, die Sie sich selbst erzählen, während Sie nach dem Objekt zur Befriedigung Ihrer Sucht greifen – ob es nun eine Zigarette, Alkohol, Essen oder was auch immer ist. Vielleicht sagen Sie sich: „Ich habe eine Belohnung verdient" oder „Ein Glas wird mir helfen, mich zu beruhigen". Erkennen Sie, dass das nur eine Geschichte ist. Es ist nicht Ihre wahre Natur. Es ist nicht reine Bewusstheit.

Sich selbst eine neue Geschichte über die negativen Folgen des süchtigen Verhaltens zu erzählen, kann hilfreich und potenziell heilsam sein, ist aber nur ein Zwischenschritt, weil es immer noch eine Geschichte ist.

Die Hauptsache, wenn Sie sich der Sucht hingeben wollen, ist, das sehr *bewusst* zu tun. Verlieren Sie sich nicht in einer weiteren Geschichte, wie zum Beispiel: „Morgen werde ich aufhören". Seien Sie ganz und gar bewusst und präsent, sogar wenn Sie sich der Sucht hingeben.

Eine gute Übung für die Bewusstwerdung einer Sucht ist das Innehalten für einen Moment, bevor Sie nach der Zigarette, dem Essen, dem Glas oder der Droge greifen. Fragen Sie sich einfach: „Will ich das jetzt wirklich?“ Lauschen Sie dann sehr aufmerksam auf die Antwort aus Ihrem Innern.

Wenn Sie erkennen, dass die Sucht einen Weg darstellt, sich taub zu machen, sich noch unbewusster zu machen, dann entwöhnen Sie sich langsam davon. Jean Klein sagte: „Die Dinge verlassen uns, wenn sie ihr Versprechen nicht mehr halten.“ In diesem Sinne hört es vielleicht von selbst auf.

Menschen fragen mich manchmal nach dem Nutzen positiven Denkens. Jean sagte einmal: „Wenn Sie schon denken müssen, dann doch besser positiv als negativ.“

Die Einschränkungen durch negatives Denken sind klar: Stressgeladene, furchtsame Gedanken wie „Meine Güte, alles wirkt so hoffnungslos“ oder „Ich halte das alles nicht mehr aus“ führen zu Unglücklichsein und Depression.

Die Einschränkungen durch positives Denken sind nicht so offensichtlich, weil positive Gedanken wie „Ich schaffe das“ oder „Ich fühle mich wunderbar klar und entspannt“ einen korrespondierenden positiven Effekt auf die Psyche haben. Sie erfüllen uns mit Optimismus, geben uns ein gutes Gefühl und heben die Stimmung.

Was ist aber die Motivation dahinter, positives Denken als Seinsform anzunehmen? Es geht auf jeden Fall darum, das Bedürfnis des Egos nach Sinn und Sicherheit zu unterstützen und zu verstärken. Diese Notwendigkeit basiert auf dem Glauben, dass Gutes geschehen wird, mein Leben sich verbessert und ich ein glücklicher Mensch werde, wenn ich nur positiv denke.

Das stammt von dem alten Paradigma *tun, haben, sein*, nach dem man stets außer sich nach der Erfüllung sucht. *Tue* zunächst dies – denke und handle positiv – und Du wirst die Umstände *haben*, die Dir ermöglichen, glücklich zu *sein*. Das Problem besteht darin, dass Ihr innerer Friedens- und Glückszustand dann davon abhängt, was Sie haben, und somit immer bedingt ist.

Das erwachte Paradigma des Lebens ist gekennzeichnet davon, erst zu *sein*, um dann zu *tun* und dadurch zu haben. Sie lernen, mit sich im Frieden zu sein durch die dreistufige Praxis und durch das Verstehen der Lehre, dass Sie nicht Ihre Gedanken oder Ihre Geschichte sind. Je mehr Sie die Praxis ausführen und der Lehre gedenken, desto friedlicher wird es in Ihnen, unabhängig davon, was im Außen mit anderen Menschen oder in Ihrer Lebenssituation vor sich geht.

Lao Tse sagt im Tao Te Ching: „Der Weg, zu handeln, ist, zu sein." Authentisches Handeln strömt ganz natürlich aus dem Sein. Aus dem zufrieden sein und leicht sein in der Gegenwart, tun Sie nicht nur, was Sie lieben, sondern wozu Sie sich berufen fühlen oder was getan werden muss.

Erwacht oder nicht, was Sie tun mündet in die Manifestation bestimmter Ergebnisse – die Früchte Ihres Handelns, ob nun in Beziehungen, der Arbeit, Gesundheit, Erholung oder Ihren Finanzen. Der Unterschied zum erwachten Zustand besteht darin, dass Sie, weil Sie bereits im inneren Frieden mit sich sind, und damit nicht von diesen Dingen abhängig für Ihr Wohlbefinden, Sie deren Resultate ganz frei genießen können. Äußere Gaben sind wie ein Bonus, die Sahne auf dem sprichwörtlichen Kuchen des Lebens.

Als Antwort auf die Frage nach dem positiven Denken ist der affirmative Satz „Erwacht und bewusst zu sein ist der natürliche Zustand meines Seins" jedenfalls hilfreicher als zu denken „Das Leben ist beschissen" und dann hoffnungslos zu sein.

Aber das Erwachen zur inneren Freiheit ist unser natürlicher empfundener Zustand des *Seins*. Wir haben ihn nicht erschaffen. Er ist immerdar. Ihn wahrhaftig zu entdecken, muss der Geist frei von jeglichen Gedanken, besonders dem „Ich"-Gedanken sein. Unsere wahre, erwachte Natur ist genau hier und *jetzt* zu entdecken.

Manifestation

Ein Mann erzählte einmal in einem Workshop: „Ich war früher finanziell sehr erfolgreich. Ich wusste, wie man sich Ziele setzt und sie auch erreicht; ich wusste, wie man Dinge in der materiellen Realität manifestiert. In Wahrheit war ich aber nicht glücklich. Vor einigen Jahren geschah dann ein Unglück, das mich zwang, alles mit anderen Augen zu sehen. So begann mein spiritueller Weg. Ich begann zu meditieren, spirituelle Bücher zu lesen und zu Workshops zu gehen.

Ich lernte, mehr in der Gegenwart zu leben, und wie Sie sagen, bin ich jetzt wesentlich mehr im Frieden mit mir. Aber ich habe scheinbar die Kraft – oder vielleicht das Interesse – verloren, mein Leben zu gestalten. Ich habe jetzt finanzielle Probleme in nie gekanntem Ausmaß. Was ist da los?"

Viele Menschen, die sich spirituell auf die Suche begeben, ringen mit dem Thema Erfolg. Was geschieht jetzt mit den weltlichen Bedürfnissen und Zielen, die sie einst hatten? Was ist mit ihrem Bedürfnis, etwas in ihrem Leben zu erreichen oder eine wie immer geartete Spur zu hinterlassen? Es geschieht häufig, dass Menschen, die ihre Aufmerksamkeit nach innen richten, scheinbar die Fähigkeit verlieren, Resultate im außen zu manifestieren – ob es sich um ein Karriereziel oder das Geld für ein sorgloses Leben handelt. Sie erleben, dass ihre Ausgaben ständig ihre Einnahmen überschreiten anstatt umgekehrt.

Spirituelles Erwachen ist jedoch nicht unvereinbar mit weltlichem Erfolg. Wäre es das, würden sich ja nur Wenige dafür interessieren! Tatsächlich gelten dieselben Grundprinzipien für den materiellen Erfolg wie für das Erwachen. Das eine ist nach außen gerichtet, das andere nach innen. Wenn Sie das einmal verstanden haben, können Sie den Ausgleich zwischen beiden für Ihr Leben finden.

Wenn Sie die Freiheit wirklich wollen, müssen Sie das Erwachen zu Ihrem inneren Selbst zu Ihrem Hauptziel machen. Dieselben Energien können Sie jedoch auch nutzen, um bewusst das, was Sie wollen, in Ihrem äußeren, weltlichen Leben zu erschaffen. Der Unterschied liegt darin, dass Sie nicht an einem bestimmten Ergebnis anhaften.

Ihren Geist zu beherrschen führt zunächst zu innerem Frieden und Freiheit, aber dann können Sie die Kraft Ihres Geistes auf die Absicht lenken, eine bessere Welt zu gestalten. Letztendlich erkennen Sie, dass es keinen Unterschied zwischen dem Spirituellen und dem Materiellen gibt. Es existiert nur eine göttliche Energie, Bewusstheit, die sich unendlich in verschiedenen Formen manifestiert. Das ist im Kern die Definition der Bezeichnung „nicht-dualistisch".

Manifestation ist tatsächlich ein sehr einfacher Prozess. Je mehr Sie sich selbst als Bewusstheit erkennen und in diesem Wissen leben, desto leichter geschieht sie. Manchmal müssen Sie nur an etwas denken, was Sie haben möchten, und es erscheint unmittelbar danach.

Nehmen Sie sich einfach jeden Tag ein paar Minuten Zeit, setzen Sie sich hin und visualisieren Sie innerlich, was nach Ihrem Wunsch geschehen soll. Oder stellen Sie sich das auf einem Spaziergang oder beim Joggen vor. Seien Sie ganz klar in Ihrer Absicht. Absicht ist alles, wenn es um Erfolg im Leben geht. Ohne solche Klarheit und innere Überzeugung kann nichts Produktives geschehen. Je realistischer, desto besser. Beteiligen Sie so viele Sinne daran, wie möglich. Sie können auch eine kurze Affirmation sprechen, zum Beispiel: „Ich manifestiere jetzt leicht und mühelos die perfekte Arbeitsstelle" oder „die vollkommene Beziehung jetzt".

Sehen und *spüren* Sie sie dann auch, als sei sie schon Wirklichkeit. Das ist ein wesentlicher Schlüssel: Das, was Sie absichtsvoll herbeiführen wollen, so zu sehen, als sei es schon eingetreten. In Ihrem Innern, Ihrem Geist und Ihrem Herzen, ist es bereits lebendige Realität. Jetzt warten Sie nur noch darauf, dass es sich im Außen zeigt.

Der Management Guru Peter Drucker sagt: „Der beste Weg, die Zukunft vorherzusagen, ist, sie zu gestalten." Sie erschaffen Ihre Zukunft und die Ergebnisse, die Sie haben möchten – durch die Klarheit und Kraft Ihrer Absicht. Nun müssen Sie Ihre Aufmerksamkeit konzentrieren und den Prozess mit leidenschaftlichem Engagement verfolgen. Sie müssen die Arbeit machen. Der Schlüssel dazu ist *Fokus*. Alle erfolgreichen Menschen, egal in welchem Bereich, haben die Fähigkeit geschärft, sich auf Ihre Absichten und Ziele zu fokussieren. Um tatsächlich etwas in der Welt geschehen zu lassen, müssen Sie Ihre Energie zusammenziehen und fokussieren. Sie müssen Ihre Energie an sich ziehen – so funktioniert das Gesetz der Anziehung. Wenn Sie Ihre Energie hineinziehen, wie ein Magnet, und dabei höchst präsent sind, werden Sie tendenziell das Gewünschte an sich ziehen.

Wenn dieser Prozess Arbeit erfordert, ob wenig oder viel, müssen Sie sich dem ganz und gar hingeben – mit Körper, Geist und Herz. Damit überhaupt irgendetwas Wertvolles in Ihrem Leben passiert, müssen Sie den leidenschaftlichen Wunsch danach verspüren. Um Ihre Leidenschaft zu finden, müssen Sie nach innen schauen. Fragen Sie sich, was Ihnen wichtig ist. Stellen Sie sich die Frage: „Wenn ich wüsste, dass nichts schief gehen kann, was würde ich liebend gern tun oder erreichen?"

Der letzte Teil des Prozesses ist manchmal der Schwierigste. Lassen Sie die Visualisierung oder Affirmation und den Wunsch los und auch jegliche Erwartung daran, wie es sich manifestieren sollte. Lassen Sie ganz und gar los, übergeben Sie das Ziel oder die Absicht dem universalen Willen und kehren Sie dann zurück zu dem, was auch immer gerade jetzt geschieht. Fahren Sie mit Ihrem Tagwerk fort und stellen Sie sicher, dass Ihre Energien auf jegliche Arbeit konzentriert bleiben, die getan werden muss, um Ihr Ziel, das, was Sie wirklich wollen, in der Realität zu manifestieren. Sie richten mit anderen Worten Ihren Blick auf den Berggipfel, richten Ihre Absicht darauf aus, dort hin zu gelangen, und dann denken Sie nicht mehr daran und konzentrieren sich auf die Reise. Ohne das Loslassen der Anhaftung bauen Sie in Gedanken lediglich eine neue Geschichte auf und machen sich Sorgen darüber, ob es nun gelingen wird oder nicht. Die Energie der Sorgen behindert die Chancen des Erfolges.

Es ist wesentlich, sich selbst nicht im Weg zu stehen und nichts zu überstürzen. *Dieser* Schritt zählt, der, den Sie gerade jetzt machen. Leben Sie diesen Moment ganz und gar, und der nächste wird sich daraus ergeben. Sie werden bei jedem Schritt geführt. Intuitiv werden Sie wissen, was zu tun ist.

Gehen Sie bewusst mit Geld um

Oft wird mir die Frage gestellt: „Ich mache mir ständig Sorgen um Geld – dass ich meine Rechnungen nicht bezahlen kann oder am Ende des Monats nichts mehr übrig habe. Wie geht jemand, der erwacht ist, mit Geld um?“

Geld ist lediglich eine der Bedingungen im Leben. Der erwachte Mensch verwaltet sein oder ihr Kapital mit Weisheit und wird üblicherweise nicht mehr ausgeben, als er oder sie sich leisten kann. Das Ringen um Geld ist häufig ein Thema unter denjenigen, die bewusst einen spirituellen Weg im Leben gewählt haben. Ich habe schon oft Aussagen wie diese gehört und ähnliche Sätze in der Vergangenheit selber gedacht: „Manchmal denke ich, meine Spiritualität ist ein Fluch. Ich sehe mir Leute an, die ich kenne und die sich nichts aus spirituellen Wahrheiten machen, die sich nur ums Geldverdienen kümmern. Es geht ihnen gut, sie können Reisen machen und wohnen in schönen Häusern, sie wirken ziemlich glücklich. Manchmal denke ich, ich habe die falsche Wahl im Leben getroffen und hätte mich einfach auf Geld und materiellen Reichtum konzentrieren sollen, wie die meisten Menschen.“

Es stimmt, dass Menschen, die sich um Geld und materielle Sicherheit kümmern, meistens ziemlich glücklich *sind* – so lange es gut für sie läuft. Es ist aber eine unentrinnbare Tatsache: Wenn Sie Ihr Glück von äußeren Umständen abhängig machen, dann werden Ihre Ängste durch alles hervorgerufen, was diese Umstände verändert oder auch nur damit droht und diese Möglichkeit eröffnet.

Es ist wesentlich, dass Sie die gesamte Situation betrachten. Jene, die kein Interesse an innerer Freiheit haben, die all ihren Glauben in materielle Dinge und das Kontrollieren ihrer äußeren Umstände gelegt haben, erfahren ein sehr bedingtes Glück. Es ist sehr leicht in unserer Kultur, sich vom äußeren Erscheinungsbild der Dinge blenden zu lassen. Die einzige Aufgabe der Werbeindustrie ist es, uns in dem Glauben zu wiegen, dass, wenn wir nur genügend Kaufkraft haben, also Bargeld oder Kreditkarten, um lauter schöne neue Dinge, Spielzeuge oder Dienstleistungen zu erwerben, unser Leben sorglos sein wird.

Natürlich ist Geld ein notwendiger Bestandteil eines gesamten und ausgewogenen Lebens. Sie müssen sich um Ihre Finanzen ebenso kümmern, wie um Ihren Körper, Ihre Beziehungen, Geschäfte und alle anderen Bereiche Ihres Lebens. Je mehr Sie jedoch an die wahre Quelle des Reichtums angeschlossen sind – die Weisheit, Liebe und Schöpferkraft in Ihnen selbst – desto mehr Klarheit und Leidenschaft werden Sie für Ihre Arbeit haben und desto größer ist die Wahrscheinlichkeit finanziellen Erfolges.

Sie müssen ein Transportmittel haben, um den Geldfluss zu erzeugen und dazu dient Arbeit. Wenn Sie ihre Arbeit gut machen, wenn Sie wirklichen Wert erschaffen für diejenigen, denen Sie dienen, werden Sie immer Menschen finden, die bereit sind, für das zu bezahlen, was Sie anzubieten haben. Die Menschen werden von Ihrer Energie und Ihrer Begeisterung für das Leben angezogen sein, und das allein wird Ihnen schon eine größere äußere Fülle bescheren.

Geld hat einen zentralen Platz in unserem Leben. Wir brauchen es alle, um zu überleben, um Nahrung, Kleidung, Wohnung und

Bildung für uns selbst und unsere Kinder zu finanzieren. Wir brauchen es vielleicht, um unsere alternden Eltern zu versorgen. Wir können auch alles andere genießen, was es uns verschafft, die Dinge, die wir kaufen können, die Freiheit, die es uns gibt, um Zeit mit rein schöpferischen, nicht-kommerziellen Vorhaben zu verbringen. Wenn uns aber eine exzessive Sucht danach beherrscht, wenn wir glauben, es rette uns oder könne uns das gesuchte Glück verschaffen, dann machen wir einen Fehler.

Je mehr Sie sich Ihren Ängsten und Geschichten rund ums Geld und Ihren echten und imaginierten Bedürfnissen stellen und dann erkennen, dass Sie *nicht* Ihre Geschichten sind, sondern das Gewahrsein, das die Geschichten *betrachtet*, desto freier werden Sie von allem, was Sie binden könnte.

In meinen Dreißigern war meine spezifische Angst, dass ich keine Arbeit und kein Geld mehr hätte und dann als Wohnungsloser unter einer Brücke landen würde. Während meiner Meditationen stellte ich mich in meinen Gedanken wieder und wieder der schlimmstmöglichen Vorstellung bis sie nach und nach keine emotionale Ladung mehr enthielt. Ob ich unter einer Brücke schlafen würde oder nicht, würde auf jeden Fall meinen inneren Frieden nicht gefährden. Schließlich gab es eine ganze Reihe von Zen Meistern, die unter Brücken lebten, sich ihrer Freiheit und der stets gegenwärtigen Naturschönheiten erfreuten, Dharma-Gesellen in ihren Mitreisenden hatten und Haikus verfassten. Ich wäre in bester Gesellschaft gewesen! Als ich das sicher wusste, hatte ich eine deutliche Wahl. Eine Möglichkeit war, auf meinem Hintern sitzen zu bleiben und stets in Glückseligkeit zu meditieren, aber mit dem Wissen, dass ich mir vielleicht bald das Dach über meinem Kopf nicht mehr leisten konnte. Die andere Möglichkeit war, mich ans Werk zu machen mit dem, wovon ich wusste, dass es mir Spaß machte, so dass ich mir das Einkommen verschaffte, um Körper und Seele auf angenehme Art und Weise zusammenzuhalten. Da ich die Annehmlichkeiten eines bürgerlichen Lebens dem Mangel in Armut vorzog, wählte ich die Möglichkeit, zu arbeiten.

Jemand fragte mich einmal: „Da ich wahrnehme, wie ich selbst der inneren Freiheit, die meine wahre Natur ist, immer näher komme, möchte ich das lehren und mit anderen teilen. Ist es falsch, Geld für meine Dienste zu nehmen?“ Die nicht duale, weltumspannende Anschauung eliminiert die Trennung von Spirituellem und Materiellem und sieht sie als eine vereinigte Wirklichkeit. Daher ist es in Ordnung, Geld zu nehmen für die Zeit, die Sie damit verbringen, Lehren der Freiheit zu verbreiten. Schließlich ist Geld ein essenzieller Teil des Lebens, und Lehrer des Erwachens müssen ebenso ihren Lebensunterhalt verdienen, wie alle anderen auch. Es muss einen energetischen Austausch geben. Wenn der „Lehrer“ wahrhaft frei ist, wird er oder sie nicht von Gier getrieben sein, und das Honorar wird stets angemessen sein, nämlich so, dass der „Schüler“ es sich leisten kann.

Die gute Nachricht für den „Schüler“ ist, dass, wenn er oder sie einmal zur inneren Wahrheit erwacht ist, kein Geld mehr darauf verwendet werden muss. Es ist eine Investition, die, einmal gemacht, reiche Zinsen trägt und diese ein Leben lang ausschüttet. Die Investition führt zu nichts Geringerem als zur Freiheit ...

Sehen Sie, ob Sie die Freiheit Ihrer wahren Natur jetzt schmecken können ... Öffnen Sie sich dem inneren Raum, der Weite, die sich durch Ihren Körper, Geist und Ihre Persönlichkeit ausdrückt ... Nehmen Sie dann wahr, wie Sie Gedanken, Glaubenssätze und Geschichten in Ihrem Geist und Gefühle und Sinneswahrnehmungen in Ihrem Körper haben ... Nehmen Sie wahr, wie Sie all diese Phänomene beobachten können, so dass Sie sie nicht sein können ... Sie sind das, was beobachtet ... Sie sind die zeitlose, stets präsente Bewusstheit, der Zeuge alles dessen, was in Ihrem Gewahrsein aufsteigt und wieder fortsinkt .... Also seien Sie dieses Gewahrsein ... Dehnen Sie sich aus in die Freiheit Ihrer wahren Natur ...

Weisen Sie den Weg

Ein gut gekleideter Mann sagte zu mir: „Ich bin im Vorstand eines börsennotierten Unternehmens und beschäftige mich schon lange mit dem Thema Führung. Ich bin extrem ausgelastet, habe einen Haufen Verantwortung, arbeite mindestens zwölf Stunden am Tag und bin generell enorm unter Druck. Aber was Sie zu sagen haben, interessiert mich. Mich zieht die Vorstellung vom Erwachen zu innerer Freiheit an und wie das dazu führt, Menschen auf authentische Weise zu dienen. Was können Sie mir darüber sagen?"

Wenige Menschen werden leugnen, dass wir mehr erleuchtete Führungskräfte in unserer Welt brauchen. Dieser Mann war sowohl Schüler, als auch Praktizierender der Kunst, Menschen zu führen, daher war es gut, dass er sich über die Anwendung dieser Lektionen auf Arbeit und Leben Gedanken machte.

Ich sagte ihm: „Ohne Zweifel sind Sie von Geschichten großartiger Führungspersönlichkeiten inspiriert. Vermutlich haben Beispiele von Einzelnen, die eine Vision hatten, Mut, Mitgefühl, schöpferisches Denken, klares Entscheiden und selbstlosen Dienst an der Menschheit, Sie bewegt. Es ist spürbar, dass Sie die beste Führungskraft und der beste Mensch werden wollen, der Sie nur sein können. Ich weiß nicht, was genau Sie motiviert, aber ich vermute, es fühlt sich gut für Sie an, eine positive Energie zu sein, um die schöpferische Kraft anderer zu beeinflussen, zu formen und auszurichten. Es ist deutlich, dass Sie gern dienen wollen. Auch sind Sie gern Teil einer Gruppe, eines Teams oder einer Organisation, in der die Menschen gut zusammenarbeiten, wo jeder die Zugehörigkeit zu einem gemeinsamen Ziel empfindet. Erfahrung lehrte Sie, wie man solche Einheit herstellt, und Sie sind deutlich bereit, die Verantwortung für das Entstehende zu übernehmen."

Alle wahren Führungskräfte begreifen die Kraft der Vervielfachung und was erreichbar ist, wenn eine Gruppe bewusster, fokussierter Menschen sich auf eine gemeinsame Vision konzentriert. Die besten nutzen diese Kraft nicht nur, um großartige Ergebnisse zu erreichen, sondern um ihre Organisation, ihre Gemeinschaft – und letztendlich unsere Welt – ein Stück zu verbessern.

Die größten Führungspersönlichkeiten in der Geschichte, von Marc Aurel über Martin Luther King bis zu Nelson Mandela, waren stets spirituell bewusste Menschen. Das war schon immer so. Der altchinesische Philosoph Lao Tse sprach vor über zweitausend Jahren vom Geheimnis bewusster Führerschaft: „Wenn Du lernen möchtest, zu regieren ... zeige Menschen den Weg zurück zu ihrer eigenen wahren Natur.“

Wenn Sie an führender Stelle das Höchste und Beste in anderen hervorbringen wollen, zeigen Sie ihnen den Weg zurück zu sich selbst, wie Lao Tse sagt. Dazu müssen Sie eine bestimmte Ebene der Meisterschaft in sich selbst erreicht haben, eine wahre Begegnung von Weisheit und Liebe. Sie müssen kein Heiliger sein oder ganz und gar ohne Ego, aber Ihr Geist muss klar sein, Ihr Herz offen, und Sie müssen wissen, wie man gänzlich ohne Erwartung präsent ist.

Jeder kann mit seinen Erwartungen – einer selbstbezogenen Motivation – präsent sein. Aber es bedarf einer sehr bewussten, innerlich freien Person, um ohne sie präsent zu sein. Nur dann können Sie wahrhaft offen und verfügbar für das unerschlossene schöpferische Potenzial eines jeden Augenblicks sein. Nur von einem Ort klarer, liebender Präsenz können Sie ein bewusstes Team oder eine Organisation aufbauen, gestalten und nähren.

Der Philosoph und Weise Nagarjuna, der etwa 500 Jahre nach dem Buddha in Indien lebte, erkannte die Unerlässlichkeit der Erleuchtung für die Kunst der Menschenführung. Er ging soweit, zu sagen: „Wenn ein Herrscher nicht die Politik der Erleuchtung verbreiten kann, soll er oder sie den Thron verlassen, um zuerst nach Erleuchtung zu suchen.“

Das muss nicht wörtlich genommen werden. Es bedeutet nicht, dass Sie als Voraussetzung für eine harmonische und erleuchtete Umgebung bei der Arbeit erstmal Ihre Stelle kündigen und eine lange spirituelle Rückzugszeit in einem Bergkloster absolvieren müssten. Es bedeutet allerdings, dass Sie sich in Ihrem geschäftigen Alltag Zeit nehmen müssen für innere Arbeit.

Machen Sie das Erwachen, Ihren eigenen inneren Frieden und Klarheit, zu *der* Priorität Ihres Lebens. Wenden Sie sich den Ressourcen zu, die Ihre Seele stärken, Ihr Herz nähren und Ihren Geist illuminieren. Lesen Sie die Bücher, machen Sie die Fortbildungen und nehmen Sie die Beratung oder das Coaching, um Sie bei diesem Prozess zu unterstützen. Das ermöglicht Ihnen, mit erneuter Klarheit, Vision und Leidenschaft an Ihre Führungsaufgaben zurückzukehren.

Verbringen Sie vor allem Zeit in Meditation und Kontemplation. Wenn Sie fortfahren, mit den Übungen zu arbeiten und die Lehre in diesem Buch zu studieren, sitzen Sie mit sich selbst zu Rate. Hören Sie nicht auf die Stimmen in Ihrem Kopf, die Ihnen Geschichten der Sorge und Angst erzählen, sondern lauschen Sie der Stimme der Wahrheit, die tief in Ihrer Seele und Ihrem Herzen widerhallt. Stärken und beschützen Sie diese Stimme.

Erkennen Sie, dass Sie nicht die stets sich wandelnden Geschichten sind, nicht Ihre Gedanken, sondern stattdessen das leuchtende Gewahrsein, endlose, stets präsente Bewusstheit, als Quelle der Erfahrung von Augenblick zu Augenblick.

Je mehr Sie dieses Erkennen verkörpern, desto mehr werden Sie natürlicherweise andere stärken, sich selbst zu leben. Sie werden ihnen ein Beispiel bewussten, erwachten Verhaltens sein. Sie werden sie inspirieren, tiefer in sich selbst einzutauchen. Sie werden ihnen dabei helfen, zu entdecken, dass für jene, die Augen haben zu sehen, jeder Augenblick neu und reich an schöpferischen Möglichkeiten ist.

So werden Sie zu einer großen Führungspersönlichkeit. So werden Sie zu einem großartigen Menschen – großartig im Sinne wahrer Meisterschaft über Ihren eigenen Geist, Ihre Gefühle – und ein wahrhaft selbst-verwirklichtes menschliches Wesen.

So wird die Welt verändert: Jeder von uns entdeckt die Größe in sich selbst, die Wahrheit der Bewusstheit und Freiheit, und dann teilen wir die Wahrheit und das Licht mit anderen.

Wie Sie erkennen können, dass Sie frei sind

Eine Frau kam nach einem Vortrag zu mir und fragte mich: „Woher weiß ich, wann ich frei bin?“

Ich sagte: „Wenn Sie sich selbst nicht mehr für jemanden halten. Wenn Sie nicht mehr an einer Vorstellung, einer Geschichte oder einem Bild von sich selbst festhalten. Wenn Sie nach innen schauen, und da ist keine Auseinandersetzung, keine Dunkelheit, keine scharfen Kanten, keine Spannung, keine Angst. Da ist nur eine immerwährende Frische und Klarheit, Geräumigkeit, Leichtigkeit – eine innere Stille, die dynamisch ist, vibrierend, lebendig. Dann wissen Sie, dass Sie frei sind."

„Und wird diese Freiheit von Dauer sein?" fragte sie.

„Grundsätzlich ja. Wenn Erkenntnis geschieht, erkennen Sie die Wahrheit Ihres Seins jenseits aller Glaubenssätze und Geschichten, auf denen Ihre vormalige Identität sich gründete. Und wenn Sie es einmal erkannt haben, wissen Sie es. Wie Ihren eigenen Namen oder Ihre Adresse, vergessen Sie das nicht mehr. Auch wenn Sie körperlich müde sind, Schmerzen haben oder krank sind, Sie selbst in Ihrem Innern fühlen sich immer gut. Ihr fundamentaler Frieden und Ihr Wohlbefinden bleiben unberührt. Das gilt für Wachen, Schlafen und Träumen."

„Dann ist man also immer glücklich?"

„Nicht unbedingt. Wenn Sie einen großen Verlust erlitten haben – vielleicht ist ein geliebter Mensch gestorben oder Sie haben Ihre Ersparnisse durch einen Kurssturz an der Börse verloren – werden Sie nicht glücklich sein. Aber Sie werden immer im Frieden sein. Nichts, nicht einmal der größte Verlust, hat die Macht, Ihren tiefen, inneren Frieden und Gleichmut länger zu stören, als nur für ein paar Augenblicke."

Ihre Augen wurden größer, und ihr Gesicht nahm einen abwesenden, träumerischen Ausdruck an: „Das klingt wirklich wunderbar."

„Es geht nur darum, sehr präsent zu sein", sagte ich, indem ich ihre Hand ergriff, um sie wieder in die Gegenwart zurückzuholen. „Es geht nicht um himmlische Zustände in anderen Dimensionen. Es geht nicht darum, woanders zu sein. Sie wissen, dass Sie frei sind, wenn Sie erkennen, dass es *nur noch* die Gegenwart gibt, diesen Augenblick jetzt. Sie, als Ausdruck der Bewusstheit, werden von der sich in diesem Moment entfaltenden Schöpfung belebt."

Sie nahm einen tiefen Atemzug, begann, sich zu entspannen, und runzelte dann die Stirn. „Was ist mit Ehrgeiz, Hoffnungen, Träumen, Sehnsüchten, etwas aus seinem Leben zu machen?" Plötzlich hob sie die Stimme. „Was ist mit all dem?"

„Sehnsüchte sind immer noch da, aber Sie haften nicht länger daran an. Sie haben immer noch Zu- und Abneigungen und Vorlieben, aber Sie werden nicht mehr von ihnen beherrscht. Wenn zum Beispiel das Begehren in Ihnen entsteht, mit Ihrem Partner zu schlafen, und es kommt dann nicht dazu, weil er oder sie nein sagt, dann gibt es keine Enttäuschung und keine Frustration. Und falls doch, ist sie vorübergehend und löst sich ganz natürlich wieder auf. Sie sind immer im Moment, und es gibt immer etwas Neues und Interessantes, was jeden Augenblick geschieht."

„Was ist mit der Ambition, mit dem Gefühl, eine Mission oder Berufung im Leben zu haben?"

„Ambition gibt es auch weiterhin, aber sie ist nicht mehr an Ihre Person gebunden. Sie stammt nicht mehr vom Ego. Als reine Bewusstheit erkennen Sie, dass Sie diesen Körper bewohnen, diesen Geist, diese Persönlichkeit, um etwas zu tun. Wenn Sie einmal die Freiheit Ihrer wahren Natur gefunden haben, wird sehr klar, wozu Sie hier sind – Ihre persönliche Mission oder Ihr Schicksal. Und zwar überdeutlich. Dann folgen Sie dem und tun es. Wunderbarerweise machen Sie sich dann keine Sorgen mehr um Gelingen oder Misserfolg. Die Freude liegt wahrhaftig in der Reise selbst."

„Und träumen Sie nachts noch?"

„Sie werden weiterhin nachts träumen", sagte ich „denn das tut unser Gehirn, wenn der Körper schläft. Träume sind eine Möglichkeit, Energie zu entladen, alle Bilder und sensorischen Eindrücke vom Tag zu verarbeiten. Im erwachten Zustand identifizieren Sie sich aber – wie beim Tagbewusstsein auch – nicht mehr mit den Träumen und Geschichten in Ihrem Kopf, mit Gedanken von „Ich" und „mein". Träume werden kommen, und Sie werden sie genießen wie eine Vorführung. Vielleicht kommt sogar nützliche oder voraussagende Information zu Ihnen, aber Sie werden sich nicht persönlich in einem Traum verfangen. So wie Sie bei Tage frei von Leiden sind, werden Sie nachts frei von Albträumen sein."

Unsere Unterhaltung nahm einen anderen Verlauf, als sie fragte, ob jemand, der seine wahre Natur verwirklicht hat, noch Zweifel hat. Ich erklärte, dass unabhängig davon, wie erwacht wir sind, wir immer noch kurze Phasen haben werden, in denen wir stressige oder herausfordernde Umstände meistern müssen. Schließlich sind wir immer noch Menschen, und alte Verhaltensmuster des Egos können in ihren emotionalen Reflexen noch einmal kurz aufflammen.

Das sind dann die Reste, von denen Jean Klein sprach. Ich erwähnte bereits, dass Nisargadatta Maharaj gelegentlich mentale oder emotionale Reaktionen oder Reste empfand. Wenn das Nisargadatta, der die Wahrheit der Befreiung so kraftvoll verkörperte wie kaum jemand, geschah, dann kann das jedem von uns auch so ergehen.

Etwas verschiebt sich aber auf jeden Fall, wenn Sie einmal mit vollendeter Klarheit gesehen haben, dass Sie *nicht* Ihre Geschichte sind. Sie halten sich nicht länger für „Marie" oder „Hannes", sondern erkennen sich selbst stattdessen als reine, leuchtende Bewusstheit, welche „Marie" oder „Hannes" ausdrückt. Die Verschiebung fühlt sich wie der Durchgang durchs letzte Tor an, ein Ort ohne Umkehr, an dem Sie sich nicht länger mit dem Persönlichen identifizieren.

Im Lauf der Jahre werden die Reste oder Echos aus der Vergangenheit schwächer, und sie erscheinen milder und weniger häufig. Bewusstheit ist wie der Ozean. Die Echos und Reste sind die Wellen oder Strömungen, die eine vorübergehende Bewegung verursachen, aber das beeinträchtigt die ganze große Klarheit und Stille des Ozeans nicht.

Sie nehmen das herausfordernde Problem oder die schwierigen Umstände wahr und erinnern sich sanft daran: „Das bin ich nicht." Ihre Seelenruhe wird bald zurückkehren. Das ermöglicht Ihnen, mit jedem Problem, das Ihnen begegnet, von einem praktischen, schöpferischen und fokussierten Ort aus umzugehen. Sie müssen tatsächlich nur völlig bei dem Problem in der Gegenwart sein, eingestimmt darauf, was es Ihnen sagen will, und früher oder später wird es seine eigene vollkommene Lösung präsentieren.

Indem Ihr Erwachen sich vertieft und reift, gelangen Sie nach und nach in einen Zustand, in dem Sie sich nicht einmal erinnern müssen. Sie leben im ständigen Wissen darum, wer Sie sind. Sie werden begreifen und keinen Schatten eines Zweifels mehr daran haben, dass Sie dasselbe wunderschöne, bewusste Wesen sind, für das Sie Ihren Lehrer gehalten haben. Sie werden niemanden mehr auf ein Podest stellen und auch niemanden mehr geringer schätzen als sich selbst.

In der Zwischenzeit kommt es darauf an, im Fall von Konflikten zu wissen, dass es an Ihrer Selbstwahrnehmung als Person liegt, die in Auseinandersetzungen steckt. Schließlich sagen Sie sich ja selbst: „Ich mache mir Sorgen, ich bin traurig, ich bin unglücklich".

Lassen Sie die Anhaftung daran los, jemand zu sein, die Erfahrung zu benennen und mit einem Etikett zu versehen, und Sie werden frei sein. Sie werden frei sein, wer und was Sie sind mit anderen zu teilen, während Sie die Handlungsschritte unternehmen, um Ihr Schicksal hinieden zu erfüllen.

Sie werden das Geschenk der Freiheit mit anderen teilen, indem Sie einfach Sie selbst sind, unabhängig davon, ob Sie offiziell ein Lehrer des Erwachens werden. Ihre unbedingte Art, in Beziehung zu gehen, wird anderen ermöglichen, frei zu sein, ob Sie sich dessen bewusst sind oder nicht. Urteile, Projektionen, Pläne und Erwartungen, die der Verbindung zu anderen im Weg standen, sind verschwunden. Sie können nicht anders, als diesen Wandel in Ihnen wahrzunehmen und werden dadurch auch verwandelt.

Zur Freiheit erwachen geschieht an einem zeitlich bestimmbaren Ort. Es geschieht, wenn Sie endgültig erkennen, dass alles zwischen Ihren Ohren – die ganze Welt der Gedanken, Glaubenssätze, des „Ich“ und „meine Geschichte“ – kommt und geht, und dennoch Sie als Gewahrsein und bezeugende Präsenz immerdar sind.

Die Verkörperung des Erwachens ist jedoch ein andauernder, lebenslanger Prozess. Das gilt für jeden von uns. Warum sage ich das? Weil Erwachen oder Erleuchtung vor allem das *Erkennen* der Einheit aller Menschen ist, und es ist dieses Sehen und Empfinden, welches in uns die Liebe zur Menschheit entfacht.

Es braucht Zeit, um die eine Quelle zu sehen und zu erfahren, die reine Bewusstheit, hinter jedem Paar menschlicher Augen, besonders, wenn Menschen durch Angst, Gier oder Hass motiviert sind.

Den Herausforderungen des Lebens begegnen

Auch einige Jahre nach meinem Erwachen kam manchmal noch rund um das Thema Geld und materielles Überleben Angst auf. Wenn diese Reste der Vergangenheit sich zeigten, hatte ich eine Weile damit zu tun und dachte, dass ich mein Erwachtsein vielleicht verlieren würde. Aber dann erinnerte ich mich meiner wahren Natur, entspannte mich in diese Gewissheit hinein und war bald wieder klar und präsent.

Mein Leben ist seit jenem Frühjahr 1995 ein sanfter, harmonischer Fluss. Das geschieht beim Erwachen: Sie sind die meiste Zeit im Fluss, und es fühlt sich immer gut an. Da ist nur noch wenig emotionale Reflexhaftigkeit, weil Sie nicht mehr an einer persönlichen Geschichte festhalten, die eine solche Reaktion hervorrufen könnte. Sie sind wirklich mit dem Sein identifiziert, mit der Bewusstheit, die Ihre wahre Natur ist. Sie empfinden zutiefst demütig und ungeheuer dankbar.

Wenn im täglichen Leben Probleme und Herausforderungen auftauchen, wie das unweigerlich der Fall ist, begegnen Sie ihnen einfach aus diesem klaren, geerdeten, offenen und präsenten Raum heraus. Ziehen Sie zum Beispiel in Betracht, wie es mir mit den Schlaganfällen erging:

Als ich mit dem dritten Schlaganfall in der Notaufnahme des Krankenhauses war, trat ein Radiologe an meine Krankentrage und wollte eine Unterschrift, mit der ich mich zu einer Angiografie bereit erklärte. Das ist eine Untersuchung, bei der ein Katheter durch die Leiste in die Karotisarterie eingeführt wird, um dann Farbstoff in die Zerebralarterien zu injizieren. Wenn auf diese Weise ein verengter Bereich markiert wird, wollte er einen Stent dort einführen, um die betroffene Arterie wieder durchlässig zu machen. Ich sollte die Einverständniserklärung unterschreiben, weil bei diesem Vorgehen eine 25-prozentige Möglichkeit bestand, dass ich einen weiteren, ernsthaften Schlaganfall erleiden oder sterben könnte.

Das klang mir nicht nach besonders guten Aussichten! An diesem Punkt erlebte ich eine kurze, sehr starke Kontraktion durch Angst, eine Antwort meines Überlebensinstinktes, wie ich später erkannte. Da mein Leben aber ohnehin gefährdet war, unterschrieb ich und atmete und entspannte mich dann soweit mir das möglich war. Ich kehrte Schritt für Schritt in meinen normalen Seinszustand, in das Fließen mit dem, was ist, zurück. Es stellte sich heraus, dass der Radiologe den Eingriff gar nicht vornahm. Ich hatte einige Arterienverengungen, aber sie lagen zu tief, um etwas dagegen zu unternehmen.

Ich erinnere mich, wie ich extrem schwach und erschöpft kurz nach der Rückkehr aus dem Krankenhaus im Bett lag und dachte: „Gott sei Dank bin ich frei." Wenn ich einen weiteren Schlaganfall haben oder sterben sollte – und beides lag zu dem Zeitpunkt im Bereich des unmittelbar Möglichen – dann wäre ich vorbereitet. Als die Tage vergingen und ich ein wenig Kraft zurückgewann, wurde mir klar, dass ich eine Entscheidung zu treffen hatte: Wenn ich leben wollte, musste ich mich bewusst dafür entscheiden.

Ich war erst 57. Ich hatte bereits vier Jahre damit verbracht, an einem neuen Buch zu arbeiten, einer früheren Version von diesem. Ich wollte das zu Ende bringen. Ich wollte wieder lehren, die gute Nachricht, die Vorteile des Erwachens zur Freiheit für jeden einzelnen von uns und die gesamte Menschheit mit anderen teilen.

Ich formte also die klare Absicht, gesund zu werden. Täglich setzte ich die Kraft der Visualisierung ein, um mehr Blutzufuhr in den Arterien meiner linken Gehirnhälfte entwickeln zu helfen. Die nächsten sechs Monate bekam ich Physio- und Sprachtherapie, um meine Rehabilitation zu unterstützen. Der ganze Prozess dauerte ungefähr zwei Jahre, und ich bin nahezu geheilt bis auf das Funktionieren meiner rechten Hand und ein leichtes, gelegentliches Nachziehen des rechten Beins. Meine rechte Hand war dominant und ist noch immer gelähmt, so dass ich sie kaum benutzen kann, außer zur Begrüßung, um eine Tür zu öffnen oder eine Einkaufstüte zu tragen.

Der dritte Schlaganfall hat mich wirklich umgeworfen. Mein Ego identifizierte sich zu dem Zeitpunkt manchmal noch mit einer „Geschichte" darüber, erleuchtet zu sein, und es schien, als hätte ich mit der kosmischen Keule eins übergezogen bekommen. Im Ergebnis bin ich jetzt sehr viel entspannter und von jeglicher Geschichte befreit, sogar derjenigen darüber, „frei" zu sein.

Die Schlaganfälle lehrten mich Vieles und verstärkten Dinge, die ich bereits wusste. Die Lektion der Dankbarkeit wurde mir bewusst. Ich war dankbar für Freunde, die mich mit ihrer Liebe und Energie unterstützten und mir Geld gaben, als ich es wirklich brauchte.

Ich bin auch dankbar, dass die Schlaganfälle mich aus der Karrierebahn warfen, die ich nicht mit Leidenschaft verfolgte, obwohl ich mit ihr im Frieden war. Sie brachten mich dazu, Arbeit als meinen authentischen Selbstausdruck zu leben: Schreiben und Menschen lehren, frei zu sein, den inneren Frieden zu finden, der nicht von äußeren Umständen abhängig ist.

Eine weitere Lektion ist die Affirmation, dass das Leben sich ständig wandelt. Eins der Geheimnisse des Erwachens ist, sich dem Wandel nicht zu widersetzen, sondern mit ihm zu fließen. In meinem

Fall hieß das: Ich war fit und gesund, als ich meinen ersten Schlaganfall bekam. Ich joggte regelmäßig, ging ins Fitness-Studio und praktizierte seit über 30 Jahren Yoga. Die Schlaganfälle kamen ohne Vorwarnung. Ich nahm allerdings zu der Zeit des ersten Schlaganfalls das Medikament Vioxx® gegen die Arthritis in meinen Händen. Vielleicht war das die Ursache. Vioxx® wurde bald vom Markt genommen, weil man herausfand, dass es das Risiko von Herzinfarkten und Schlaganfällen nahezu verdoppelte.

Ich musste jedenfalls mit den Veränderungen in meinem Leben klarkommen und lernen, jede neue Erfahrung als Geschenk zu betrachten. Das ist nach meinem Empfinden jetzt die wahre Bedeutung der Schlaganfälle und meines Lebens: Höchste Dankbarkeit, immer noch hier zu sein und meine Weisheit und Liebe mit anderen teilen zu können.

Eine Übung fürs Manifestieren

Diese Übung kann man sehr gut als erstes am Morgen machen. Sie können Sie auch zu Ihrer Meditation machen.

Schließen Sie die Augen oder lassen Sie sie geöffnet. Werden Sie eins mit der ausgedehnten, reinen Bewusstheit, der strahlenden Präsenz. Nehmen Sie die Gedanken wahr, wie sie kommen und gehen. Identifizieren Sie sich nicht mit ihnen, nicht einmal mit dem „Ich" oder „mein" Gedanken. Werden Sie zu reinem Sein. Sie sind eins mit der Schönheit, Harmonie und dem Fluss dieses Augenblicks, jetzt.

Nutzen Sie dann bewusst die Kraft Ihres Geistes, und denken Sie an etwas, das Sie wirklich gestalten oder manifestieren wollen. Ziehen Sie Ihre Energie an sich, wie ein Magnet und lenken Sie alle Kraft Ihrer Präsenz auf diese Manifestation. Es kann alles sein: Ihre ideale Beziehung zu gestalten, eine bestimme Summe Geld verdienen, die perfekte Arbeitsstelle zu finden, sich eine Selbständigkeit aufzubauen, Sport zu machen oder Ihre Gesundheit anderweitig zu unterstützen, eine schöpferische Idee zu erfüllen, etwas Neues zu planen und so weiter.

Werden Sie sich sehr klar über Ihre Absicht, und visualisieren Sie, wie Sie geschieht. Empfinden Sie so, als sei sie schon verwirklicht. Sagen Sie, wenn Sie wollen, eine Affirmation dazu: „Ich manifestiere jetzt mehr Kunden oder Klienten." Sehen Sie, wie Sie mit den Kunden oder Klienten sprechen oder wie Sie mehr Geld verdienen oder wie der Plan aufgeht. Sehen Sie es in Ihrem Geist als verwirklicht an.

Wenn Sie die Visualisierung sehr deutlich vor Augen haben und sich ihr Körper so anfühlt, als sei sie bereits Wirklichkeit, dann lassen Sie los und sprechen eine Affirmation wie: „Und so sei es ...". Solch ein Satz, mit Ihrem ganzen Sein geäußert, verhilft dazu, jeglichen persönlichen Rest von „Ich" oder Ego aufzulösen. Es geht wirklich um Hingabe und ein Zulassen der göttlichen Gnade oder wie immer Sie die mysteriöse Schöpferkraft des Universums bezeichnen möchten.

Kehren Sie dann einfach in das Gewahrsein der entspannten Gegenwart zurück. Wenn Sie aufstehen und an Ihr Tagwerk gehen, seien Sie jeder Handlung gewahr, die Sie tun müssen, um Ihre Absicht in die Realität hinein zu manifestieren. Seien Sie proaktiv. Denken Sie im Lauf des Tages immer mal wieder an Ihre Absicht, und bleiben Sie auf diese Weise darauf konzentriert. Seien Sie ansonsten einfach sehr präsent mit dem, was auch immer in diesem Moment geschieht und sich entfaltet.

Nachwort

Vor vielen Jahren hörte ich eine indianische Erzählung: Ein tapferer junger Mann hatte jede Nacht Albträume. Im Traum gehörten ihm zwei Hunde, ein weißer, der Liebe hieß und ein schwarzer, der Angst hieß. Jedes Mal, wenn es hinausging, sie zu füttern, knurrte der schwarze Hund ihn böse an und begann, den weißen Hund anzugreifen, so dass der Traum sich in einen Albtraum verwandelte.

Verzweifelt ging der Junge zum Medizinmann, dem weisesten Mann des Dorfes. „Der schwarze Hund wird immer größer und wilder. Ich habe Angst davor, dass, wenn er den weißen Hund tötet, die Liebe in meinem Herzen stirbt und ich meinen Kampfesmut verliere. Was soll ich tun?“

Der Medizinmann dachte einen Moment nach: „Es ist ganz einfach“, sagte er, „füttere nur noch den weißen Hund.“

Füttern Sie nur noch den weißen Hund. Richten Sie sich auf Liebe aus, nicht auf die Angst. Geben Sie dem Dunkel, den furchtsamen Gedanken in Ihrem Kopf, keine Nahrung, keine Energie mehr, und nähren Sie nur, was positiv und wahr ist, was Sie innerlich vertrauensvoll und als Ganzes empfinden lässt.

Die Lehre dieser Geschichte lohnt sich zu erinnern, wenn Sie mit Selbstzweifeln, persönlichen Auseinandersetzungen, Angst oder Leiden kämpfen. So wie die Geschichten, die man uns als Kinder erzählt hat, unabhängig davon, ob wir Christen, Juden, Buddhisten, Hindus, Mohammedaner oder Andersgläubige sind, hat auch diese Geschichte die Kraft, unseren Bewusstseinszustand zu verändern. Sie vermittelt uns Frieden und Ganzheit, wenn wir es gestatten.

Aber eine Geschichte ist immer noch eine Geschichte, egal, wie reizend, schön oder wahr sie ist. Wenn unser innerer Friede und unser Wohlbefinden von einer Geschichte abhängen, sind sie immer noch bedingt. Wenn wir nicht länger an Geschichten glauben oder diese uns einfach nicht mehr überzeugen, fallen wir wieder in Selbstzweifel und Konflikte.

In diesem Buch, das Sie gerade gelesen haben, habe ich eine radikal andere Herangehensweise an die Transformation dargestellt – an das Versprechen, Sie durch die letzte Tür in die wahre Freiheit zu entlassen. Ich habe wieder und wieder die bemerkenswert einfache Praxis beschrieben, deren Essenz es ist, Ihren inneren Konflikten, Selbstzweifeln und Ängsten ohne Geschichte zu begegnen.

Hier sind noch einmal die drei Schritte:

Schritt 1 – Seien Sie präsent mit Ihrer Erfahrung

Wie Sie gelernt haben, führt Widerstand gegenüber dem, was geschieht, zu persönlichem Leiden. Wenn Sie innere Konflikte, Kämpfe oder Traurigkeit erleben, ist das das Zeichen, sehr präsent, sehr wach und offen gegenüber dem zu sein, was ist. Fragen Sie sich: „Was erlebe ich gerade?" Noch besser, wenn Sie die Erschütterung willkommen heißen können. Schließlich zeigt Sie Ihnen, wo Sie noch nicht frei sind.

Schritt 2 – Nehmen Sie die Geschichte wahr

Hinter jeder reaktiven Emotion, ob es sich um Selbstzweifel, Schuld, Zorn, Neid, Einsamkeit, Angst oder Depression handelt, stehen immer Geschichten, Glaubenssätze oder Gedanken. Nehmen Sie die Geschichte wahr, die Sie sich selbst erzählen. Es kann hilfreich sein, zu affirmieren: „Oje, ich habe mich schon wieder in dieser Geschichte verfangen ..."

Schritt 3 – Sehen Sie die Wahrheit

Sehen Sie dann die Wahrheit. Beobachten Sie, wie die Gedanken, Glaubenssätze und Geschichten, ebenso wie die Empfindungen und Gefühle, sich stets verändern, erscheinen und verschwinden, aber Sie sind das Gewahrsein, das immerdar ist. Also seien Sie das klare, unwandelbare Gewahrsein, das Sie sind ...

Wenn Sie diese Übung lange genug machen, erkennen Sie auf einer bestimmten Ebene, dass Sie einfach klares, strahlendes, gegenwärtiges Gewahrsein selbst sind. Sie sind erleuchtete, unwandelbare Bewusstheit, die sich in diesem Körper/Geist/Selbst mit Ihrem Namen manifestiert. Wenn diese Erkenntnis sich vertieft, verleiht sie Ihnen eine neue Bedeutung, Berufung und Kraft. Wenn Sie sich nicht mehr so sehr mit den Inhalten Ihres Geistes identifizieren, sind Sie freier von emotionalem Stress und reflexhaften Reaktionen, und Sie erleben mehr Leichtigkeit und Harmonie.

Um durch diese letzte Tür zu gehen, zu Erwachen und innerer Freiheit zu gelangen, müssen Sie diese Praxis einsetzen, um *allem* in sich selbst zu begegnen, auch Ihren Dämonen. Sie müssen der Furcht selbst begegnen. Sie müssen dem schwarzen Hund begegnen. Sie müssen ihm in die Augen sehen und für sich selbst entdecken, wie real oder irreal er ist.

Wenn Sie sich Ihrer Angst wirklich stellen und lange genug bei ihr verweilen, werden Sie entdecken, dass sie *nicht* real ist. Nichts in Ihrem Geist oder Ihren Träumen ist real. Nur das Zeitlose, Unwandelbare, was immer *hier* ist, ist wirklich.

Natürlich haben Sie persönliche Gedanken, in denen „Ich" und „mein" vorkommen. Sie haben eine individuelle Geschichte. Sie haben Vorstellungen, Glaubenssätze und Ideen über Ihr Leben und darüber, was Sie tun und erreichen wollen. Sie haben Erinnerungen und Geschichten über Ihr Leben. Sie haben Empfindungen in Ihrem Körper. Sie haben Gefühle und Erfahrungen. Ereignisse und Umstände kommen und gehen in Ihrem Leben.

Weil diese sich aber dauernd verändern, kann keine dieser Manifestationen von Bewusstheit sein, wer und was Sie sind. Wer und was Sie sind, ist Bewusstheit selbst, die strahlende Präsenz, die sich aller wandelbaren Phänomene bewusst ist. Sie sind der gesamte Ozean, unendliches Gewahrsein, das sich durch Ihr unverwechselbares Körper/Geist/Selbst ausdrückt.

Erkennen Sie die befreiende Wahrheit dieser Auffassung, und Sie werden frei sein; frei von der Anhaftung an und der Identifikation mit persönlichen Pronomen wie „Ich" und „mein". Der vierte Schritt, diese Identifikation loszulassen, markiert den endgültigen Ebenenwechsel in die Freiheit. Sie werden gänzlich zu Ihrer wahren

Natur erwachen. Sie werden sich selbst als Bewusstheit, als Ausdruck des Göttlichen, der einen Wirklichkeit, des Grundes aller Schöpfung erkennen.

Sie werden deutlich und unzweifelhaft über die „Person", als die Sie sich immer betrachtet haben, hinaussehen. Sie existierte nie. Sie war nur eine Vorstellung oder Geschichte in Ihrem Geist, die Sie Ihr Leben lang geglaubt haben. Dann werden Sie wahrhaft präsent sein – natürlich, leicht, ohne Aufwand.

Nach dem Erwachen werden Sie Ihre Identität nicht in Geschichten, nicht in Gedanken oder Glaubenssätzen, nicht in Gefühlen, Umständen oder Ereignissen finden. Sondern im Sein selbst, in der Schönheit, Harmonie und Fülle der Existenz. Sie werden immer noch eine Identität haben, eine Geschichte in der Welt, eine professionelle Rolle als Arbeiter, Ingenieur, Künstler oder Musiker, als Mutter oder Vater. Aber jetzt werden Sie unzweifelhaft erkennen, dass wer und was Sie sind, viel viel mehr ist als das.

Der Geist wird Sie mit all seinen Gedanken nicht länger ablenken. Stattdessen wird er Ihnen ein wahrer Verbündeter sein, ein wundervolles Instrument, um Probleme zu lösen, mit anderen zu kommunizieren und Absichten zu formen, rund um das, was Sie erschaffen wollen. Ihre Berufung wird deutlich werden. Liebe, Dankbarkeit und Zuneigung werden jeden Aspekt Ihres Lebens bestimmen.

Das ist die Botschaft dieses Buches.

Das ist die Erkenntnis, die Sie erwartet.

Danksagung

Zunächst vielen Dank an Gabriele von Schroeter für die deutsche Übersetzung.

Herzlichen Dank an Gaiakai Harris, Kari Taber, Christine Case, Cameron Pazirandeh und Shari Faerman für Ihre Lektorats-Unterstützung und an Joe Kinnee für den großartigen Originaltitel: „end your story. Begin your life“

Besonderen Dank an Shelley Warren, die sehr genau und feinsinnig zweimal das Manuskript durchgegangen ist und mir sehr gute Formulierungshinweise gab. Vielen Dank an Doris Davis für das Schlusslektorat der amerikanischen Ausgabe.

Ich möchte auch meinen Freunden aus Sonoma County danken, die mir geholfen haben, auf dem Boden zu bleiben: Karl und Satri Andersen, Eduardo Barr, Steve Brum, Larry Elsener, Frederic Ernst, Richard Koobatian, Richard Murphy, Sheldon Murphy, Phil Sayer, Julia Melody und Glenn Siegel.

In Dankbarkeit auch an Mary Criquet, die in der akuten Phase meiner Genesung von den Schlaganfällen mit für mich sorgte. Dank an Suzanne Taylor, die mich Ihrer spirituellen Gemeinde in Los Angeles vorstellte und freundlicherweise unsere Zusammenkünfte über mehr als zehn Jahre in Ihrem Haus organisierte und empfing.

Vielen Dank auch an meine Klienten, Schüler und die Teilnehmer meiner Workshops. Sie sind der Grund, warum ich noch hier bin. Besonderen Dank an Lee Chiacos, der mir assistiert und die Morgenmeditationen und Qi Gong Übungen in meinen Workshops in Esalen anleitet; und an John Smith, der 2008 dabei war und mir ehrliche Rückmeldung über meine Praxis gab, was zur Verfeinerung in ihre jetzige Form beitrug.

Zuletzt möchte ich Emile Trienekens in den Niederlanden danken, der als Erster in eine gebundene Ausgabe dieses Textes investierte.

Über den Autor

© Jerry T. Ciaramello

Jim Dreaver wurde in Neuseeland geboren und lebt heute in Los Angeles, Kalifornien.

Seine spirituelle Suche begann mit den Lehren Jiddhu Krishnamurtis, dem er 1975 zum ersten Mal begegnete.

1984 lernte er Jean Klein kennen, einen europäischen Advaita Meister, der sein Lehrer wurde und unter dessen Anleitung Jim im Frühjahr 1995 „erwachte".

Heute lehrt und führt er selbst andere Menschen auf ihrem Weg zur Freiheit vom „Ich" und seinen Geschichten. Er hat die Gabe, allein durch die Kraft seiner Präsenz, anderen den Geschmack der wahren Freiheit zu vermitteln.

Jim hält Vorträge, gibt Interviews und Einzelsitzungen. Er unterrichtet am Esalen Institute in Kalifornien und überall dort, wohin er gebeten wird.

www.jimdreaver.com

Weitere Literatur von Jim Dreaver:

The Ultimate Cure: The Healing Energy Within You; Llewellyn Publications,U.S., 1996
Die heilende Energie in dir: Schritte zur vollkommenen Heilung; Rowohlt Tb., 1998
The Unexpected Goddess, Kindle Edition
Falling into Light, Kindle Edition, NOW BOOKS, 2011
The Way of Harmony: Walking the Inner Path to Balance, Happiness, and Success, Avon Books, 1999
Somatic Technique: A Simplified Method of Releasing Chronically Tight Muscles And Enhancing Mind/Body Awareness, Kendall Hunt Pub Co, 1997

Buchempfehlungen aus dem Sheema Verlag

Dr. David R. Hawkins
Das All-sehende Auge
- The Eye of the I
Ein brillantes Werk, das verbindet: Bekanntes und Unbekanntes, Wissenschaft und Spiritualität, das Newtonsche lineare Paradigma des Egos und die nicht-lineare Realität von Erleuchtung. Ein Buch zum immer wieder Lesen, dem unendlich viel Weisheit und Wahrheit innewohnt.
479 Seiten, Hardcover, ISBN 978-3-931560-19-5

Dr. David R. Hawkins
Licht des Alls
- Die Wirklichkeit des Göttlichen
Erklärt das innerste Wesen und die Essenz von Bewusstsein - von seinen Anfängen bis zur spirituellen Wirklichkeit von Erleuchtung und göttlicher Gegenwart. Es ist das Reich des Mystikers, dessen Wahrheit ausschließlich auf der radikalen Subjektivität der Erfahrung des göttlichen Seins beruht. Auch dieses ist ein Buch zum immer wieder Lesen, welches „das Unbeschreibbare" beschreibt, dem Leser das Verständnis erleichtert und damit tiefe Erkenntnisse ermöglicht.
584 Seiten, Hardcover, ISBN 978-3-931560-20-1

Dr. David R. Hawkins
Erleuchtung ist möglich
- Wie man die Ebenen des Bewusstseins durchschreitet
Ein praktisches Handbuch, in dem der Autor bei seiner mittlerweile weltweit bekannten „Tafel der Bewusstseinsebenen" anknüpft. Er erklärt ausführlich deren Erscheinungsbilder, Auswirkungen und der Weg zu ihrer Überwindung. Die Leser erhalten Anleitungen, um den eignen Standort zu erkennen, ihre Ziele zu definieren und zu erreichen. Sehr hilfreich, um sich selbst und andere zu verstehen.
447 Seiten, Hardcover, ISBN 978-3-931560-21-8

Dr. David R. Hawkins
Hingabe an Gott
- Der mystische Weg aus der Dualität
Stellt von Anfang an wesentliche und fortgeschrittene Lehren und Informationen für die spirituelle Entwicklung des Suchenden zur Verfügung. Der Inhalt ist weder Philosophie noch Metaphysik, weder Pädagogik noch Theologie, sondern ein Auszug der innersten Wahrheiten spiritueller Realität, wie sie nach und nach erkennbar und durch Erfahrung verstehbar werden, je weiter man dem Pfad folgt. David Hawkins schreibt: „Der wirkliche Autor dieses Buches ist Bewusstsein selbst."
328 Seiten, Hardcover, ISBN 978-3-931560-22-5

Dietrich Wild

Der Tigerbericht

Eine poetische Einführung in den Zen-Buddhismus, übermittelt und erläutert von Shunryu Suzuki Roshi, aufgeschrieben und erzählt von Dietrich Wild, mit Musik von Al Gromer Khan und (im Buch) Bildern von Holde Wössner.

„Wenn Du vollkommen still wirst, hörst Du alles!"

Eine Reise zur inneren Quelle mit Klängen aus den tiefen Räumen wortloser Weisheit. Diese Kultgeschichte ist ein wahres Hör- und Leseerlebnis!

Hörbuch-Ausgabe: 2 CDs, Länge 108 Min., ISBN 978-3-931560-18-8

Buch-Ausgabe: 72 Seiten, 5 Abb., Hardcover, mit den 2 CDs als Beigabe, ISBN 978-3-931560-17-1

Jim Young

Gewahr sein in einer schlafenden Welt

- 7 Aspekte für ein spirituelles Leben

Ein Buch für die Vielen, die Spiritualität als höchste Qualität ihres Lebens erkannt haben. Geistiges Streben ohne spirituelle Einsicht ist wie ein Ei ohne Gelb - nämlich seelenlos. Auf der Suche nach wahrer Bedeutung im Leben finden wir Trost und innere Kraft in der Wahrheit der Stille. Durch „Gewahrsein" verwandeln wir das ganz normale Chaos des Alltags in inneren Frieden und den freudigen Ausdruck der eigenen wahren Essenz.

200 Seiten, Paperback, ISBN 978-3-931560-31-7

Klaus Konstantin

Heilung braucht Wahrheit

- Was du nicht lebst, lässt dich nicht leben

Um zu erkennen, wer man wirklich ist, kommt man nicht umhin, dem eigenen Schatten zu begegnen. Das Buch ist eine Anleitung zur kompromisslosen Selbst-Demontage. Mit überraschenden Perspektiven und Impulsen ermutigt es, die Welt als Spiegel des Bewusstseins zu erkennen. Auf sich selbst zurück geworfen und aller äußeren Sicherheiten beraubt, bleibt schließlich nur noch eines: radikales Vertrauen.

200 Seiten, Hardcover, ISBN 978-3-931560-42-3

KONTAKT

Sheema Verlag
Fachverlag für Releasing und mehr
Postfach 1443
83504 Wasserburg am Inn

Tel.: 08071 - 94813
Fax: 08071 - 94814

E-Mail: info@sheema.de
http://www.sheema.de

SHEEMA
VERLAG

... für ein wahrhaft gutes Leben!

MÖGEN ALLE WESEN GLÜCKLICH SEIN